Allemand 2de

FANTASTISCH!

A2 / B1

Lycée

NOUVEAUX PROGRAMMES 2019

Sous la direction de :
Jocelyne Maccarini
IA-IPR
Académie de Nancy-Metz

David Closen
Professeur certifié et formateur
Lycée Blaise Pascal (57)

Audrey Paris
Professeure certifiée et formatrice
Collège Hubert Curien (88)

Nolwenn Hass
Professeure agrégée et formatrice
Collège Jacques-Yves Cousteau (57)

Sandrine Quenet
Professeure agrégée et formatrice
INSPÉ de Lorraine (57)

Marie-Hélène Hen
Professeure agrégée et formatrice
Lycée Charlemagne (57)

Séverine Schlernitzauer
Professeure certifiée et formatrice
Collège Jean Moulin (57)

Aurélie Lombardy
Professeure agrégée et formatrice
Collège Paul Langevin (57)

Nathalie Wallerich
Professeure certifiée et formatrice
Lycée Jean-Baptiste Colbert (57)

Editions maison des langues

Coordination pédagogique et éditoriale : Barbara Ceruti
Édition : Barbara Ceruti, Anne Katrin Meyer, Bettina Melchers
Conception graphique : Roser Cerdà
Mise en page : Nèlia Creixell
Couverture : Roser Cerdà
Iconographie et droits : Anne Katrin Meyer
Relecture et correction : Michael Krumm, Astrid Rogge
Cartographie : Éditions Maison des Langues
Remerciements : Nous tenons à remercier toutes les personnes qui ont contribué par leurs conseils et révisions à la réalisation de ce manuel, notamment Florence Pitti, Eduard Sancho, Ainara Munt Ojanguren, Óscar García, Luis Luján et Marta Cárdenas.

ISBN : 978-2-35685-553-4

EAN 13 spécimen : 3260500004749

Réimpression : août 2019

Chères et chers élèves,

Vous voici au lycée. Une page est désormais tournée. Bienvenue dans Fantastisch! 2de !

Vous avez débuté l'allemand il y a quelques années déjà et cette langue vous est devenue peu à peu familière. Vous avez acquis des mots et des tournures pour comprendre et pour vous exprimer, ainsi que des stratégies pour contourner les obstacles et, bien sûr, vous avez approfondi votre connaissance du monde germanophone.

Que l'allemand soit votre LVA ou votre LVB, et quelles que soient les compétences que vous avez développées jusqu'ici, nous vous proposons de **prendre un nouveau départ** et sommes prêts à **vous accompagner, pas à pas, à votre rythme**, vers les objectifs qui étaient déjà les vôtres au collège et qui restent d'actualité : **comprendre, exprimer, interagir, créer**. Atteindre ces objectifs nécessite un entraînement sur la durée ainsi que la maîtrise du vocabulaire, de la grammaire et de la prononciation. Pour **vous permettre de réussir**, vous trouverez dans votre livre des **fiches de méthodologie**, de nombreux **conseils** et des **activités adaptées au niveau et aux compétences de chacun/e**.

Ce qui vous attend ? **16 unités**, ni plus ni moins, pour assouvir votre **curiosité**. Nous les avons souhaitées courtes, certaines encore plus que d'autres, afin que vous puissiez en faire le tour aisément, sans jamais vous ennuyer. Elles s'organisent autour d'un thème commun à toutes les langues vivantes : **« L'art de vivre ensemble »**. Une belle entrée pour aborder des questions très diverses. Y a-t-il des perspectives professionnelles fun outre Rhin ? Quelle fonction le sport remplit-il en Allemagne ? L'Allemagne peut-elle sauver la planète ? Autant de **problématiques** qui s'inscrivent dans les **huit axes culturels au programme** et auxquelles nous vous invitons à **réfléchir ensemble**.

Les **documents** que nous avons choisis – extraits de romans, articles de journaux, graphiques, dessins humoristiques, photos, enregistrements audio et vidéos… – s'adressent à des germanophones et non à des élèves français. N'ayez crainte : vous les comprendrez grâce aux stratégies que nous allons vous aider à développer. Mais **apprendre, c'est aussi prendre des risques** ! Celui de se tromper ou de chercher en vain. N'hésitez donc pas à vous aventurer sur des chemins plus ardus. Les progrès sont toujours à ce prix et la récompense, à savoir le plaisir de faire de nouvelles découvertes, est forcément au bout.

Ces découvertes, vous avez pour mission de les partager. Informer sur le monde germanophone que vous avez appris à connaître permettra de susciter l'intérêt à son égard, de lever les éventuels préjugés, et de délivrer ainsi les clés d'un meilleur « vivre ensemble ». Vous accomplirez cette mission de **médiateurs / médiatrices** via des tâches variées grâce auxquelles vous développerez aussi des **compétences utiles pour votre parcours Avenir** : s'auto-évaluer, travailler en équipe, s'exprimer en public, seul/e/s ou en groupe.

« Apprendre l'allemand c'est fantastique ! », tel est le slogan imprimé sur la couverture de votre manuel. L'équipe de Fantastisch! 2de entend bien vous le démontrer.

Alors prêt/e/s ? Partez !

Jocelyne Maccarini
Directrice de la collection
IA-IPR d'allemand
Académie de Nancy-Metz

Votre méthode de page en page

Les pictos : mode d'emploi

Expression orale Interaction orale	Expression écrite Interaction écrite Compréhension de l'écrit	Prof. 15 Élève 07 — Compréhension de l'oral (audio) ; renvoi aux fichiers MP3 professeur du pack de ressources numériques pour la classe et aux fichiers MP3 élève sur espacelangues.emdl.fr Compréhension de l'oral (vidéo) ; renvoi aux vidéos du pack de ressources numériques pour la classe
Sprachmittlung Activité de médiation	Activité de pédagogie différenciée	fiche ENTR. LEXICAL / fiche AIDE À LA TÂCHE / fiche ÉVAL. TÂCHE — Renvoi aux fiches complémentaires du pack de fiches photocopiables pour la classe et du pack de ressources numériques pour la classe

La structure des unités

Ouverture

La **problématique**, c'est-à-dire la question qui sous-tend toute l'unité.

Des documents qui permettent d'**entrer en douceur** dans le thème.

L'**axe d'étude** du programme traité dans l'unité.

L'annonce de la **tâche finale**.

Un renvoi aux pages du **cahier d'entraînement**.

Documents

Une ou deux doubles pages par unité, avec des **supports variés** et toujours **authentiques** (textes, vidéos, enregistrements, images…).

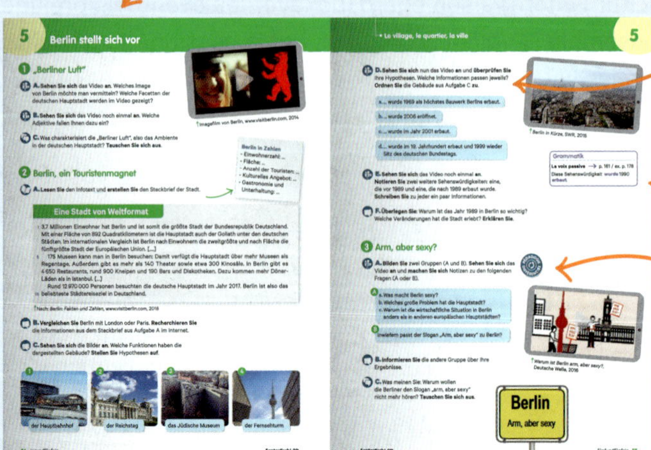

Des **activités qui font sens** et **préparent** à la tâche finale.

Les points de **grammaire** à retenir accompagnés d'exemples, ainsi qu'un renvoi au **précis grammatical** et à la **banque d'exercices** de fin d'ouvrage.

Des activités de **pédagogie différenciée**.

Lexique

Une **carte mentale** pour visualiser le vocabulaire utile de l'unité.
Classés de façon logique, les mots sont plus faciles à mémoriser.

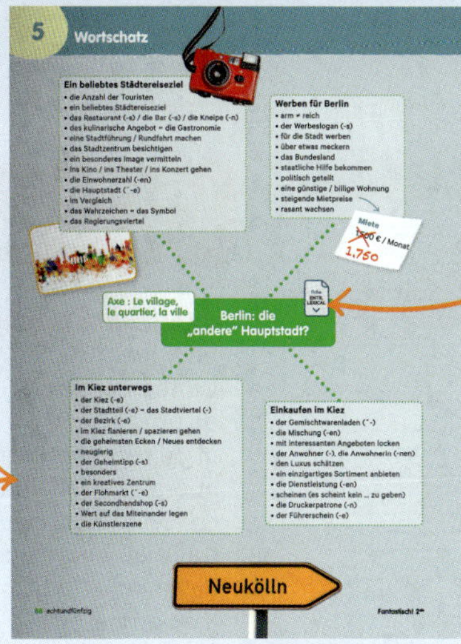

Un renvoi à la **fiche d'entraînement lexical** pour manipuler le vocabulaire de l'unité et réfléchir aux principes de formation du lexique.

Entraînement phonie-graphie

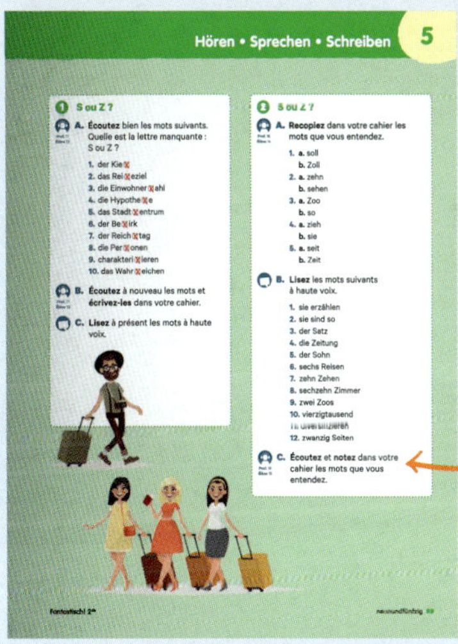

Un entraînement ciblé à la **maîtrise phonologogique** et à la **maîtrise de l'écriture**.

Tâche finale

L'**objectif de la tâche finale** qui clôt l'unité.

Les **étapes à suivre** pour atteindre l'objectif.

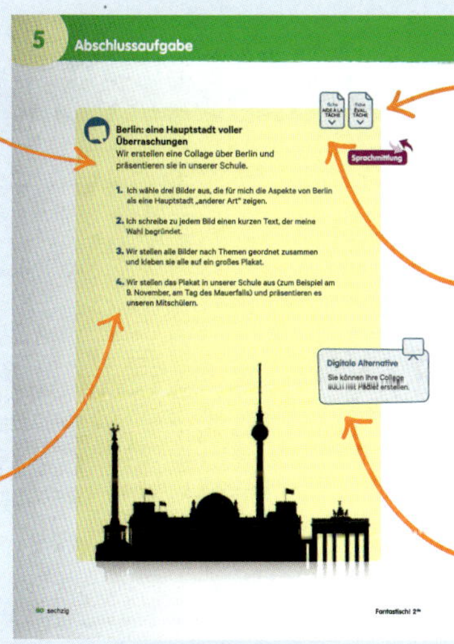

Un renvoi à la **fiche d'(auto-)évaluation de la tâche**.

Un renvoi à la **fiche d'aide à la réalisation de la tâche** qui propose des **explications** détaillées en français, des **amorces** et des **stratégies**.

Une **alternative numérique** à la tâche finale proposée.

Le cahier d'entraînement

Des activités pour **préparer, faciliter et approfondir** celles du livre de l'élève.

Des **conseils** pour développer des **stratégies de réussite**.

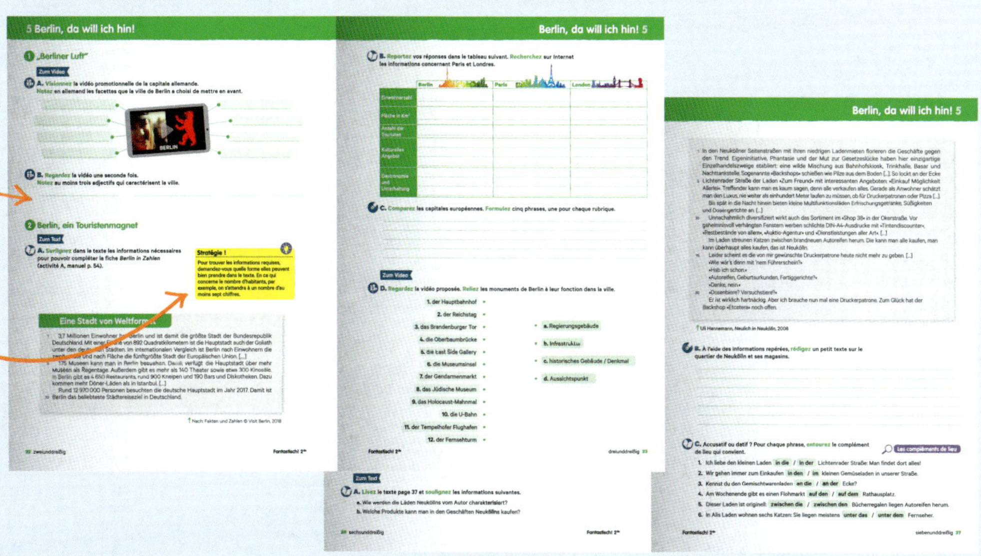

Les annexes

La banque d'exercices

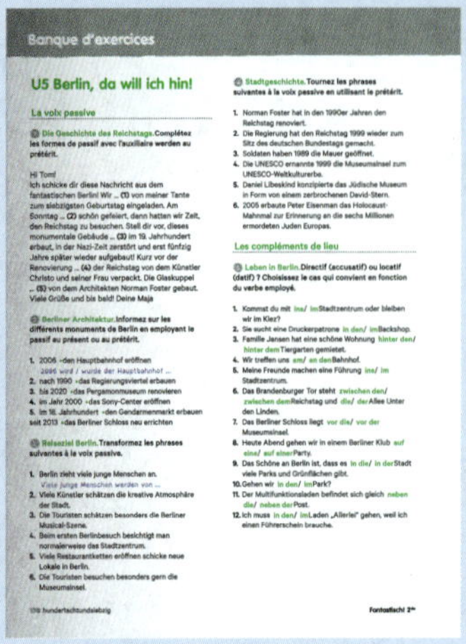
Banque d'exercices

U5 Berlin, da will ich hin!

Des **exercices d'application classés par thème grammatical et par unité** pour poursuivre l'entraînement proposé dans les séquences.

Les fiches de méthodologie

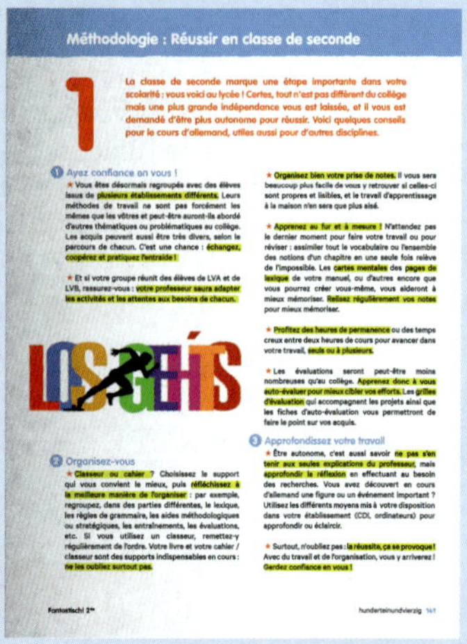
Méthodologie : Réussir en classe de seconde

Sept fiches pratiques pour maîtriser les techniques de production et de réception écrites et orales, ainsi que des conseils pour mieux travailler en groupe, devenir médiateur / médiatrice, etc.

Le précis de grammaire

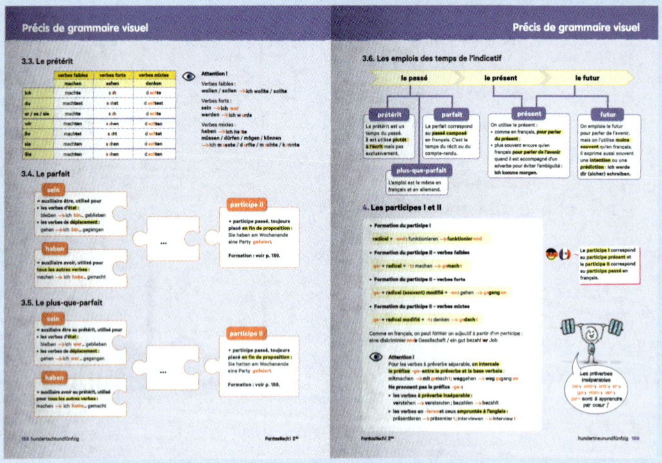
Précis de grammaire visuel

3.3. Le prétérit

3.4. Le parfait

3.5. Le plus-que-parfait

3.6. Les emplois des temps de l'indicatif

4. Les participes I et II

Des **explications très visuelles et claires** pour bien comprendre et mémoriser les faits de langue des unités.

Le lexique allemand-français / français-allemand

Lexique allemand-français

Lexique français-allemand

Un lexique bilingue pratique pour **retrouver facilement le vocabulaire à mobiliser** dans les activités des différentes unités.

Le pack de fiches de Fantastisch! 2de

Des fiches prêtes à l'emploi à imprimer, photocopier ou vidéoprojeter !

Pour **compléter le livre de l'élève de façon pratique et efficace**, les fiches sont disponibles au format imprimé dans le **pack de fiches photocopiables pour la classe** et au format numérique pour l'impression et la vidéoprojection dans le **pack de ressources numériques pour la classe**.

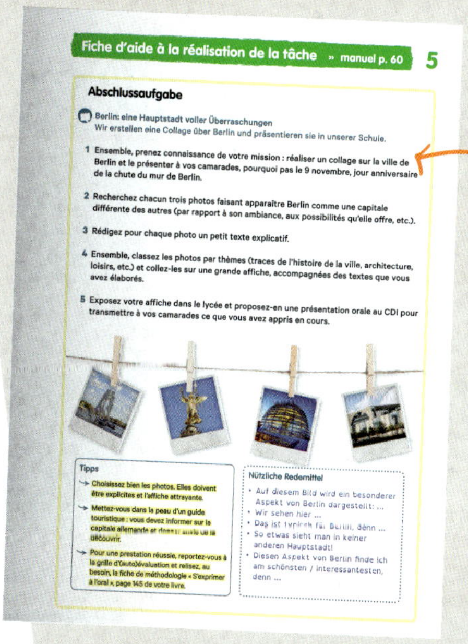

fiche
AIDE À LA TÂCHE

Des **aides concrètes à la réalisation des tâches finales** de toutes les unités (explications détaillées en français, amorces, stratégies…).

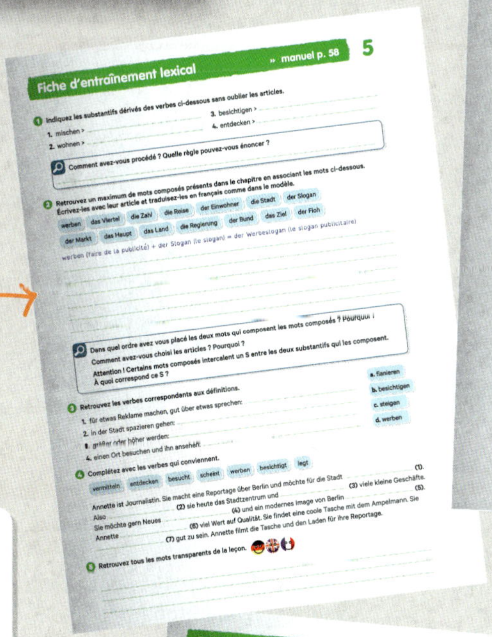

fiche
ENTR. LEXICAL

Des fiches pour **s'entraîner à utiliser le lexique** des unités en contexte et pour développer des **stratégies de compréhension** ou découvrir des **règles de formation**.

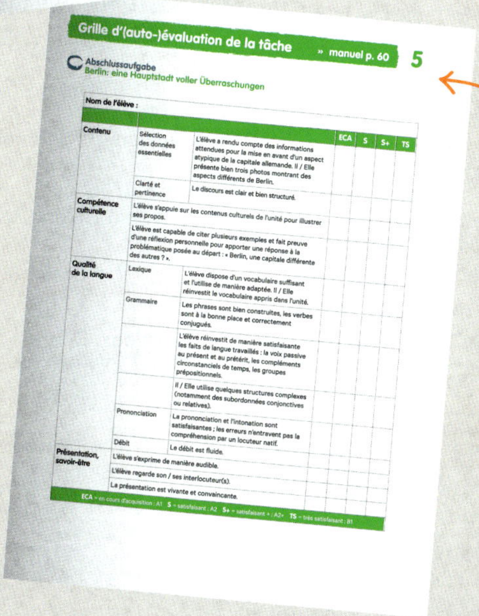

fiche
ÉVAL. TÂCHE

Pour chaque **tâche finale**, une **fiche d'évaluation clé en main** pour l'enseignant/e avec tous les critères de réussite à prendre en compte.

Tableau des contenus

	Outils grammaticaux	Outils lexicaux / Phonie-graphie	Tâche finale
	• L'opposition avec **während** • Le génitif • Les pronoms relatifs au nominatif et à l'accusatif	• Familienmodelle • Familie und Beruf • Glücklich in der Familie? • Typische Familien? **Hören • Sprechen • Schreiben** Les mots composés	**Familien im Trend** Ich beschreibe in einem Text für die Schülerzeitung die Familienmodelle, die in Deutschland heute im Trend liegen.
2 Oma ist die Beste **Blogbeitrag:** *Oma ist die Beste* **3 Lebensmodelle** **Pressetexte:** Drei verschiedene Wohnmodelle	• Le futur avec **werden** • Le comparatif de supériorité • **Wenn** pour exprimer le temps ou la condition	• Mit den Großeltern zusammen sein • Heimliche Helden • Gemeinsam unter einem Dach • Alternative Wohnprojekte **Hören • Sprechen • Schreiben** H muet / H expiré SCH / CH	**Alle unter einem Dach?** Wir diskutieren in der Klasse, welche der vorgestellten Möglichkeiten des Zusammenlebens wir am besten finden.

	Outils grammaticaux	Outils lexicaux / Phonie-graphie	Tâche finale
4 Welcher Job für Sie? **Webtexte:** Jobportal Europa-Park 	• L'adjectif attribut et l'adjectif épithète • La conséquence avec **darum / deshalb / deswegen** • Le souhait avec le subjonctif II	• Der beste Vergnügungspark • Unternehmergeist • Ausbildung und Jobchancen • Jobprofile **Hören • Sprechen • Schreiben** V / W Verbes à préverbe séparable et inséparable	**Mein Motivationsschreiben** Ich verfasse einen Brief, um mich für einen Ferienjob zu bewerben.
3 Vielfalt, Mann! **Broschüre:** *Vielfalt, MANN!*	• Le groupe infinitif complément avec **zu** • L'interrogative indirecte avec les **W-Fragen** et **ob** • L'hypothèse avec le subjonctif II	• Wo und was kann man lernen? • Wo und wie kann man arbeiten? • Zukunftspläne **Hören • Sprechen • Schreiben** EI / IE 	**Berufe mit Zukunft!** Wir informieren in unserer Schule über Berufe mit Zukunft für Jungen und Mädchen in Deutschland.

Tableau des contenus

	Outils grammaticaux	Outils lexicaux / Phonie-graphie	Tâche finale
4 Im Kiez unterwegs **Promovideo:** *Berlin Neukölln* **Literarischer Text:** Uli Hannemann, *Neulich in Neukölln*	• La voix passive • Les compléments de lieu	• Ein beliebtes Städtereiseziel • Werben für Berlin • Im Kiez unterwegs • Einkaufen im Kiez **Hören • Sprechen • Schreiben** S / Z	**Berlin: eine Hauptstadt voller Überraschungen** Wir erstellen eine Collage über Berlin und präsentieren sie in unserer Schule.
4 Ein besonderes Kaffeehaus **Pressefotos:** Café Central, Wien **Literarischer Text:** Stefan Zweig, *Die Welt von gestern*	• L'adjectif épithète au superlatif • Le prétérit • La conséquence avec **so ..., dass ...** • Les adjectifs invariables en **-er**	• Eine lebenswerte Stadt • Der „ewige" Kaiser • Wiener Spezialitäten • Das Wiener Kaffeehaus **Hören • Sprechen • Schreiben** ST / SP	**Ein Flyer über Wien** Wir erstellen einen Flyer mit dem Titel „Wien, eine alte Stadt mit modernem Flair" und präsentieren ihn in der Klasse.

	Outils grammaticaux	Outils lexicaux / Phonie-graphie	Tâche finale
2 Der neue Luxus! **Pressetext:** Die Deutschen und der Luxus	• Le groupe infinitif complément avec **zu** • La déclinaison du groupe nominal avec adjectif	• Nachhaltige Mode • Kaufkriterien • Spaß am Shoppen? **Hören • Sprechen • Schreiben** AU / ÄU ÄU / EU E en fin de mot	**Mode: So tickt Deutschland** Ich vergleiche das Modebewusstsein von Franzosen und Deutschen in einem Text für unsere Schülerzeitung.
4 Willkommen im Zeitalter der Außenseiter! **Blogbeitrag:** Patrick Hundt, *Zeitalter der Außenseiter*	• Le prétérit / La subordonnée de temps avec **als** • Les pronoms relatifs au nominatif, à l'accusatif et au datif	• Vielfalt bereichert • Respekt und Toleranz • Ich bin, wie ich bin • Außenseiter? **Hören • Sprechen • Schreiben** L'intonation CH / R	**Ein literarischer Vortrag** Ich wähle einen literarischen Text (Gedicht oder Romanauszug) aus der Lektion aus und trage ihn in der Klasse vor.

Tableau des contenus

Sports et société

La création et le rapport aux arts

	Outils grammaticaux	Outils lexicaux / Phonie-graphie	Tâche finale
	• La déclinaison du groupe nominal avec adjectif • **Weder … noch … / nicht (nur) …, sondern (auch) … / zwar …, aber …**	• Sport • Eine Sportnation? • Integration durch Sport? **Hören • Sprechen • Schreiben** Ä - A / Ü - U / Ö - O D en fin de mot	**Diskussion in der Klasse** Wir diskutieren, ob Sport in Deutschland nur positive Werte vermittelt, und vergleichen mit anderen Ländern.
3 Es geht auch anders! **Videoclip:** *Die (gar nicht mal so traurige) Geschichte von Neurundland*	• Le moyen avec **indem** • L'infinitif complément avec **zu** • La concession avec **obwohl**	• Stars von heute und morgen • Leistungsdruck • Probleme erkennen und bekämpfen **Hören • Sprechen • Schreiben** La voyelle Y AU / O AU / EU / EI / IE	**Unsere Meinung zum Leistungssport** Wir berichten über die Fälle Neuner und Mertesacker und nehmen dazu Stellung.

	Outils grammaticaux	Outils lexicaux / Phonie-graphie	Tâche finale
4 Leben oder Theater? **Gemälde:** Charlotte Salomon, *Selbstporträt* **Reportage:** Charlotte Salomon **Pressetext:** *Malen, um nicht verrückt zu werden*	• Le prétérit • Le plus-que-parfait / Les temps du récit 	• Kunst und Künstler • So ist Kunst • In der Kunst leben • Gefühle **Hören • Sprechen • Schreiben** CH (*Ich-Laut* / *Ach-Laut*) CHS / SCH	**Kunsterlebnisse** Ich erkläre in einem Text für die Schülerzeitung, inwiefern Kunst eine Offenbarung sein kann.
2 Kunst am Arbeitsplatz **Pressetexte:** Kunst im Unternehmen; Kunst in der Bank **Gemälde:** Etelka Kovacs-Koller, *Blau*	• La condition avec **falls** et **wenn** • Le participe I	• Formen der Kunst • Orte der Kunst • Mit Kunst kann man … • Das sagt die Wissenschaft **Hören • Sprechen • Schreiben** Voyelles courtes et longues S / SS / ß	**Kunst, wo man sie nicht erwartet** Ich berichte in einem Text für die Schülerzeitung über ein Projekt aus der Lektion und erkläre, warum es mir besonders gut gefällt.

Tableau des contenus

	Outils grammaticaux	Outils lexicaux / Phonie-graphie	Tâche finale
4 Deutscher Impuls? **Pressetext:** *Nicht unsere Strohhalme sind das Problem* 	• L'adjectif épithète au superlatif • Le but avec **um zu** et l'interrogatif **wozu?** • **Nicht (nur) ..., sondern (auch) ... / sowohl ... als auch ... / entweder ... oder ...**	• Das Müllproblem • Bewusstsein schaffen • Verantwortung übernehmen **Hören • Sprechen • Schreiben** Les mots composés	**Vorbild Deutschland?** Ich verfasse einen Text für die Schülerzeitung und stelle dem Leser am Ende die Frage: „Ist Deutschland in Sachen Plastik ein Vorbild?“
4 Hauptsache: fair **Promovideo:** *Fairtrade. Es beginnt mit Dir!* **Grafiken:** Fairer Handel **5 Die erste „grüne“ Partei Europas** **Infotext:** Die Grünen	• Les verbes à préverbe séparable / inséparable • L'impératif • Le comparatif de supériorité 	• Konsum • Wiederverwendung • Eine grüne Partei • Fairtrade **Hören • Sprechen • Schreiben** R en fin de mot R à la fin d'une syllabe	**Eine coole Initiative!** Wir wählen eine Initiative aus der Lektion aus und überzeugen unsere Mitschüler/innen, dabei mitzumachen.

	Outils grammaticaux	Outils lexicaux / Phonie-graphie	Tâche finale
4 Ostalgie **Literarischer Text:** Tanja Dückers, *Mein altes West-Berlin* 	• Dater un événement • Les verbes de modalité au prétérit • La concession avec la préposition **trotz** + génitif	• Berlin nach 1945 • Das geteilte Land • Geschichte und Erinnerung • Ostalgie **Hören • Sprechen • Schreiben** La consonne G IG en fin de mot Les lettres NG	**Quiz zur Geschichte Berlins** Wir erstellen ein Quiz zum Thema „Berlin im geteilten Deutschland“ und spielen es in der Klasse.
3 Auch Schulen erinnern ... **Bildmaterial:** Berühmte historische Persönlichkeiten **4 Ein Wimpernschlag in der Zeit** **Liedtext:** Wir sind Helden, *Der Krieg kommt schneller zurück als du denkst*	• La finalité avec **damit** • L'interrogatif **was für?** • Le prétérit 	• Schicksalsschläge • Erinnerung und Vergessen • Große Persönlichkeiten • Vorbilder **Hören • Sprechen • Schreiben** Voyelles ouvertes et fermées Voyelles courtes et longues	**Unser Vortrag gegen das Vergessen** Wir erklären in einem Vortrag, wie wichtig es ist, sich an die Geschichte zu erinnern.

Neuanfang

Abschlussaufgabe

Meine Stellungnahme zum Schüleraustausch
Möchten Sie auch einmal eine Zeit lang nach Deutschland gehen? Begründen Sie Ihre Meinung oder berichten Sie über Ihre Erfahrungen.

→ Cahier d'entraînement
p. 4-13

Zwei Sprachnachrichten

A. Sehen Sie sich diese Bilder **an**.
Was werden Sie wohl hören?

Prof. 01

B. Bilden Sie zwei Gruppen. Jede Gruppe konzentriert sich auf eine Sprachnachricht. **Notieren Sie** so viele Informationen wie möglich.

C. Berichten Sie nun der anderen Gruppe, was Sie über die Person erfahren haben.

1 Erste Eindrücke

A. Sehen Sie sich das Bild rechts **an**. Was ist das? Wer schreibt an wen? Was ist das Thema? Was werden Sie wohl erfahren? **Tauschen Sie sich aus.**

Senden Anfügen Verwerfen ···

Von: Lena (lena978@dmail.de)

An: Jonas (jonaskaufmann@dmail.de)

Betreff: Meine neue Familie!

B. Lesen Sie nun die ganze E-Mail. Was erfahren Sie über Lenas Gastfamilie?

Senden Anfügen Verwerfen ···

Von: Lena (lena978@dmail.de)

An: Jonas (jonaskaufmann@dmail.de)

Betreff: Meine neue Familie!

Hallo Jonas!

Wie geht's Dir? Ich bin seit gestern in Frankreich und kann schon sooooo viel erzählen. Es ist alles so neu! Meine Gastfamilie ist toll. Der kleine Bruder, Clément, ist süß. Er ist drei Jahre alt und sehr neugierig. Er will immer mit mir sprechen und stellt viele Fragen. Ich verstehe leider nicht viel. Aber Alexandra hilft mir. Sie ist genauso schüchtern wie ich und wir verstehen uns gut. Der Vater, Pierre, kann gut Deutsch, das ist für die ersten Tage praktisch. Die Mutter heißt Sandrine. Sie ist sehr nett zu mir und möchte, dass ich mich wie zu Hause fühle. Alexandra hat auch einen Hund. Er heißt Falco. Ich habe ein bisschen Angst vor Hunden, aber Falco ist ganz lieb.

Ich habe mein eigenes Zimmer und kann auch ein bisschen allein sein. Ich muss jetzt in einer neuen Familie leben und muss mich daran gewöhnen. Ich vermisse schon ein bisschen meine Familie und meine Freundinnen. Ich spreche den ganzen Tag nur Französisch und habe schon viele neue Wörter gelernt. Am Montag fängt die Schule an. Das ist am Anfang sicher ganz schön stressig. Aber ich freue mich, neue Leute kennenzulernen!

Ruf mich doch mal an und erzähl mir etwas über deine Gastfamilie!

Liebe Grüße aus Frankreich! 🙂

Lena

Senden Verwerfen

Kann ich das noch?

- **Conjuguer au présent : sein / haben et les verbes faibles**
  → p. 156 / ex. p. 172
- **La place du verbe dans la phrase déclarative**
  → p. 162 / ex. p. 172
- **L'appartenance / Le génitif saxon**
  → p. 154 / ex. p. 172

C. Lena nennt in ihrer E-Mail einige positive und negative Aspekte ihres Aufenthaltes in Frankreich. Welche? **Fallen Ihnen** andere Aspekte **ein**?

- Sie findet es toll / anstrengend, dass ...
- Sie mag / vermisst ... Ihr gefällt (nicht), dass ...

D. Stellen Sie sich vor, dass Lena Ihre Austauschpartnerin ist. Was könnten Sie ihr über Ihre Familie berichten? **Schreiben Sie** eine E-Mail.

2 Der Anruf

A. Sehen Sie sich die Bilder **an**. Was machen die beiden? Warum wohl? **Erklären Sie** die Situation.

B. Lena ist neugierig. Was möchte sie wohl wissen? **Formulieren Sie** Fragen.

a. Wer? b. Wie? c. Was? d. Wie viel/e?

e. Wo? f. Woher? g. Wann?

Kann ich das noch?

- **La phrase interrogative : interrogation globale / interrogation partielle**
- **Les mots interrogatifs**
  → p. 163 / ex. p. 172

Prof. 02 Élève 01 **C. Hören Sie sich** das Telefongespräch zwischen Lena und Jonas **an**. Haben Sie richtig getippt? Was fragt Lena? Was antwortet Jonas?

Prof. 02 Élève 01 **D.** Jonas spricht von den positiven und den negativen Seiten seines neuen Lebens in Frankreich. **Hören Sie** noch einmal **zu** und **machen Sie sich** Notizen.

E. Rollenspiel: **Spielen Sie** das Telefongespräch von Lena / Jonas mit der Mutter, dem Vater, dem Freund oder der Freundin. **Berichten Sie** über Ihre ersten Eindrücke.

3 Ein neuer Alltag

A. **Lesen Sie** die Nachrichten und **rekonstruieren Sie** den Chat zwischen Lena und ihrer besten Freundin Annika.

1. Hi Lena! Erzähl mal! Ich will alles wissen!!!

2. So vergisst du Deutschland nicht! Ich mache mal mein Pausenbrot ...

3. Etwas Bequemes: eine Jeans und ein T-Shirt. Wie fährst du zur Schule?

4. Ich fahre heute mit dem Auto. Mama bringt mich zur Schule. Morgen aber wieder mit dem Rad! Alles Gute!!! Ruf mich an, sobald du kannst. 😁

a. Neues Leben – neuer Alltag. Mein Frühstück! 😋

b. Schmeckt aber auch toll hier! Und was soll ich bloß anziehen???

c. Hi Annika! Ich stehe auf. Erster Schultag! Ich habe so schlecht geschlafen ... 😟

d. Mit dem Bus. Alex wohnt in einem Dorf. Zu weit mit dem Rad!

B. Alles neu! Was ist anders für Lena in Frankreich? Wie fühlt sie sich? **Erzählen Sie**.

C. Und wie sieht bei Ihnen der Alltag vor der Schule aus? **Berichten Sie**.

- Ich stehe um ... auf.
- Ich fahre mit dem Rad / gehe zu Fuß zur Schule ...

Kann ich das noch?

- **Les verbes à préverbe séparable**
  → p. 155 / ex. p. 172
- **Conjuguer au présent : les verbes forts**
  → p. 156 / ex. p. 172

4 In der Schule

A. Hören Sie sich Annikas Sprachnachricht an Lena **an**. Was erzählt sie über den ersten Schultag in Deutschland? **Machen Sie sich** Notizen.

Prof. 03

a. Klassenlehrer/in? **b.** Stundenplan? **c.** Nachmittagsunterricht? **d.** AGs?

B. Hören Sie sich nun Lenas Sprachnachricht **an**. Was ist für sie in Frankreich anders als in Deutschland?

Prof. 04

C. Erzählen Sie von Ihrem Schulanfang (Lehrer oder Lehrerinnen, Klasse, Mitschüler/innen, Stundenplan, Schulmensa usw.)?

5 Feierabend!

A. Lesen Sie den Chat und **nennen Sie** die Unterschiede zwischen dem deutschen und dem französischen Schulalltag.

18:00
Abendbrot! Erster Schultag und noch keine Hausaufgaben. Cool. Heute Nachmittag im Park mit Janna und Marie. Sie lassen dich grüßen!

18:15
Endlich zu Hause! Ich bin so müde! Ich muss aber noch etwas tun. Ich habe schon eine Hausaufgabe für Englisch!

18:17
Ach, du Arme!

19:15
Abendessen! Die ganze Familie ist da. Der kleine Clément erzählt von seinem ersten Schultag. Drei Jahre alt und schon in der Schule!

19:33
Duschen, Zähne putzen, fernsehen mit Mama und dann ins Bett! Gute Nacht!

20:03
Gute Nacht! Ich will noch in meinem Blog über meinen ersten Tag schreiben!

B. Was wissen Sie noch über das deutsche Schulsystem? **Sammeln Sie** gemeinsam Informationen.

C. Machen Sie eine Umfrage in der Klasse: Was machen Ihre Mitschüler/innen nach der Schule?

- Was machst du nach der Schule?
- Zuerst mache ich meine Hausaufgaben, dann ...

6 Wie Gott in Frankreich …

A. Sehen Sie sich die Textdokumente **an**.
Was ist das? Worum geht es?

1 Sonntag, den 3. Oktober
Mensch, wie schnell die Zeit vergeht! Ich bin schon seit einem Monat in Frankreich!!

Meine neue Familie ist wirklich lieb. Eine ganz neue und fremde Familie, das macht schon Angst, aber ich fühle mich hier jetzt „wie Gott in Frankreich“. Am Anfang war es mit der französischen Sprache nicht so leicht. Ich konnte nicht so viel verstehen und noch weniger sprechen. Aber nun verstehe ich alles ziemlich gut, sogar den kleinen Clément! Mit Alexandra und ihren Freundinnen mache ich auch viel. Mittwochs gehen wir zusammen in einen Tanzkurs!

2 Mittwoch, den 6. Oktober
In der Woche haben wir nicht viel Freizeit. Ein Schultag ist in Frankreich länger als bei uns. Oft sind wir nicht vor 18 Uhr zu Hause. Und dann haben wir noch Hausaufgaben. Die erste Woche war sehr anstrengend. Alles war neu: die Schule, die Klasse, die Kantine, der Stundenplan. Die Schüler und die Lehrer sprechen sehr schnell und es war am Anfang einfach zu viel für mich. Alexandra und ihre Freundinnen sind aber wirklich nett zu mir. Ich fühle mich in der Klasse integriert. Die Mittagspausen sind lang und ich habe neue Freunde gefunden.

Ich bin hier keine Touristin! Mein Französisch ist ganz sicher vieeeeeel besser geworden. Ich habe mehr in einem Monat gelernt als in drei Jahren in der Schule.

3 Samstag, den 9. Oktober
„Heimweh!“ „Meine Familie und meine Freunde für drei Monate verlassen!“ Davor hatte ich wirklich Angst. Aber es ist nicht so schlimm. Ich vermisse meine Familie und meine Freunde, aber wir sind jeden Tag in Kontakt. Ich erzähle viel über meinen Alltag und schreibe sogar ein kleines Feuilleton für die Schülerzeitung. Ich bin auch gar nicht mehr so schüchtern. Zuhause war ich ein Angsthase, jetzt bin ich selbstsicherer. Mama und Papa können mir hier nicht helfen und ich muss selbstständig sein. Ich möchte diese Erfahrung später wiederholen, vielleicht für mein Studium. Ein Aufenthalt im Ausland ist einfach toll! Es ist zu Anfang nicht so einfach, aber es gibt auf jeden Fall mehr Vorteile als Nachteile!

So, genug für heute! Ich rufe Jonas an. Er hatte für heute ein tolles Programm mit seinen neuen französischen Freunden und ich habe viele Fragen …

B. Bilden Sie drei Gruppen. **Lesen Sie** Ihren Tagebucheintrag und **beantworten Sie** die folgenden Fragen.

PÉDAGOGIE DIFFÉRENCIÉE

Zu Text 1:
a. Warum denkt Lena an diesem Tag besonders an Deutschland?
b. Was war am Anfang für Lena im Alltag schwierig?
Zu Text 2:
c. Was findet Lena am neuen Schulalltag schwierig?
d. Was ist ihrer Meinung nach positiv?
Zu Text 3:
e. Wie hat diese Erfahrung ihre Persönlichkeit verändert?
f. Was sind ihre Pläne für die Zukunft?

Kann ich das noch?
- **Les verbes de modalité : mögen / können / wollen**
  → p. 157 / ex. p. 173
- **La négation**
  → p. 166 / ex. p. 173
- **Le prétérit de sein / haben et des verbes de modalité**
  → p. 158 / ex. p. 173

C. Lesen Sie Ihren Text noch einmal und **wählen Sie** einen passenden Titel aus.

a. Alles hat Vor- und Nachteile!
b. Neue Erfahrungen, neues Leben
c. Eine neue Familie

D. Erstellen Sie nun gemeinsam eine Liste mit den Vorteilen und Nachteilen eines Austausches.

E. Wie kann Lena mit ihrer Familie und ihren Freunden in Kontakt bleiben? **Machen Sie** Vorschläge.

F. Einige Monate in Deutschland verbringen? Pro oder kontra? **Tauschen Sie sich aus.**

Kann ich das noch?
- **Le parfait et la formation du participe II**
  → p. 158, 159 / ex. p. 173

7 Neues Leben, neue Freunde!

A. Lena ruft Jonas an und möchte mehr über seinen Alltag und seine neuen Freunde wissen. Was sagt sie wohl? **Formulieren Sie** Fragen.

Prof. 05 Élève 02
B. Hören Sie sich nun das Gespräch **an** und **überprüfen Sie** Ihre Hypothesen.

Prof. 05 Élève 02
C. Was hat Jonas an diesem Tag gemacht? **Hören Sie zu** und **rekonstruieren Sie** den Tagesablauf.

Prof. 05 Élève 02
D. Welchen positiven Effekt haben Jonas' neue Freunde auf ihn? **Hören Sie** noch einmal **zu** und **berichten Sie**.

fiche AIDE À LA TÂCHE
fiche ÉVAL. TÂCHE

Abschlussaufgabe

Meine Stellungnahme zum Schüleraustausch
Möchten Sie auch einmal eine Zeit lang nach Deutschland gehen? Begründen Sie Ihre Meinung oder berichten Sie über Ihre Erfahrungen.

Neues Leben, neue Menschen

Familienmitglieder
- die Eltern = der (Stief-)Vater / die (Stief-)Mutter
- verheiratet ≠ getrennt / geschieden
- die Geschwister = der Bruder (¨-) / die Schwester (-n)
- der Halbbruder / die Halbschwester
- die Großeltern = der Großvater / die Großmutter = der Opa / die Oma
- der Hund (-e) / die Katze (-n)

Alltagsaktivitäten
- aufstehen
- frühstücken
- duschen
- sich anziehen
- sich die Zähne putzen
- in die Schule gehen
- mit dem Bus / Fahrrad in die Schule fahren
- zu Mittag essen
- nach Hause zurückgehen / zurückfahren
- Hausaufgaben machen
- zu Abend essen
- fernsehen
- ins Bett gehen
- schlafen

In der Schule
- der Lehrer (-) / die Lehrerin (-nen)
- der Klassenlehrer / die Klassenlehrerin (-nen)
- der Schüler (-) / die Schülerin (-nen)
- die Klasse
- der Stundenplan
- das Gymnasium
- die AG (-s) = Arbeitsgemeinschaft
- der Unterricht
- eine Stunde Mathe
- das Fach (¨-er)
- die Pause
- die Mittagspause
- das Pausenbrot

Adjektive
- neu ≠ alt
- toll
- süß
- nett / lieb
- neugierig
- schüchtern
- praktisch
- anstrengend

Tageszeiten
- am Morgen / Vormittag
- am Nachmittag
- am Abend
- um ... Uhr

Schüleraustausch (+)
- einen neuen Alltag entdecken
- neue Freunde finden
- nette Leute kennenlernen
- eine neue Familie bekommen
- selbstsicherer werden
- selbstständig sein
- eine neue Kultur entdecken
- eine Fremdsprache besser sprechen
- sich in Deutsch / Englisch verbessern
- neue Eindrücke sammeln
- neue Erfahrungen machen

Schüleraustausch (−)
- ein bisschen Angst haben
- Heimweh haben
- sich (nicht) gut einleben / integrieren
- jemanden vermissen
- nicht viel verstehen
- anstrengend sein
- Schwierigkeiten haben
- nicht gut kommunizieren können
- die Familie und die Freunde verlassen

In Kontakt bleiben
- das Handy (-s) = das Smartphone (-s)
- jemanden anrufen
- mit jemandem telefonieren / chatten / skypen
- eine SMS schreiben / simsen
- per WhatsApp chatten
- auf Facebook schreiben / chatten
- eine E-Mail schreiben
- Fotos schicken
- ein Video hochladen
- eine App herunterladen
- eine Nachricht / einen Chat löschen
- eine Sprachnachricht aufnehmen / abhören
- einen Kontakt speichern

1 Familie(n) im Trend

Ist die Familie in Deutschland out?

• Vivre entre générations

kinderloses (Ehe-)Paar

Großfamilie um 1900

moderne Kleinfamilie

Patchwork-Familie

alleinerziehender Vater

alleinerziehende Mutter

Regenbogenfamilie

Abschlussaufgabe

Familien im Trend
Ich beschreibe in einem Text für die Schülerzeitung die Familienmodelle, die in Deutschland heute im Trend liegen.

→ **Cahier d'entraînement**
p. 14-17

1 Familie, Familie!

1 Zeit füreinander ...

A. Sehen Sie sich den ersten Teil des Werbespots **an.** Womit sind die Erwachsenen beschäftigt? Wie fühlen sie sich? Wie fühlen sich die Kinder?

B. Sehen Sie sich nun den ganzen Spot **an.** Was hat sich am Ende geändert? Welche Botschaft möchte man mit dem Clip vermitteln?

↑ *Weihnachtsclip #zeitschenken*, EDEKA, 2016

C. Bilden Sie zwei Gruppen (A und B). **Lesen Sie** Ihren Text (A oder B) und **beantworten Sie** die folgenden Fragen.

a. Um welchen Aspekt des Familienlebens geht es in Ihrem Text?
b. Inwiefern hat sich das Zusammenleben geändert?

A

Die Vereinbarkeit von Beruf und Familie macht vielen Eltern in Deutschland Schwierigkeiten. Mehr als zwei Drittel (68 Prozent) von ihnen gaben in einer repräsentativen Befragung des Meinungsforschungsinstituts Kantar Emnid an, damit Probleme zu haben. [...]

Doch warum fällt es Eltern so schwer, die richtige Balance zu finden? Einer der Gründe ist [...], dass Frauen immer früher wieder in den Beruf zurückkehren – oft aus finanziellen Zwängen[1] heraus. [...] Während Frauen früher als schlechte Mutter galten, wenn sie [...] arbeiten gegangen sind, gilt heute der Studie zufolge offensichtlich oft das Gegenteil [...].

Was die Befragung auch zeigt: Unter den Müttern und Vätern wünschen sich nicht wenige eine sehr traditionelle Rollenverteilung: Der Mann verdient das Geld, während die Frau Haushalt und Kinder versorgt.

↑ *Umfrage: Papa arbeitet, Mama bleibt zu Hause – das wollen die meisten Eltern*, dpa, 2017

1. **finanzielle Zwänge** contraintes financières

B

In Deutschland verändert sich das Essverhalten gerade radikal. Das zeigt die aktuelle Verbraucherstudie „Consumers' Choice 2015" [...].

Danach sind in den vergangenen zehn Jahren über drei Milliarden Mahlzeiten[1] von zu Hause verschwunden. Vor allem das Frühstück und das Mittagessen haben sich aus den eigenen vier Wänden nach draußen[2] verlagert. „Der Verbraucher lebt heute in einem unstrukturierten Alltag unter großem Zeitdruck und mit einem hohen Grad an Mobilität und Spontaneität", sagt BVE[3]-Hauptgeschäftsführer Christoph Minhoff. [...]

Beim Mittagessen sind die Zahlen sogar noch niedriger. Bekamen 2005 noch 69 Prozent der Drei- bis Fünfjährigen ihr Mittagessen bei Mama, sind es 2015 nur noch 41 Prozent. Die Kleinen essen in der Kita[4], die etwas Älteren öfter in der Schule, lautet eine logische Begründung.

↑ Carsten Dierig, *Isst denn keiner mehr zu Hause?!*, www.welt.de, 2015

1. **die Mahlzeit** le repas
2. **nach draußen** à l'extérieur
3. **BVE** *Bundesvereinigung der Deutschen Ernährungsindustrie*
4. **die Kita** la crèche

D. Informieren Sie die andere Gruppe über Ihren Text.

E. Wie ist es in Frankreich oder in anderen Ländern, die Sie kennen? **Tauschen Sie sich aus.**

Grammatik

L'opposition avec während

→ p. 164 / ex. p. 174

Der Mann verdient das Geld, **während** die Frau Haushalt und Kinder versorgt.

2 Familie im Wandel

A. Sehen Sie sich die Grafik **an**. Welchen Trend können Sie ablesen?

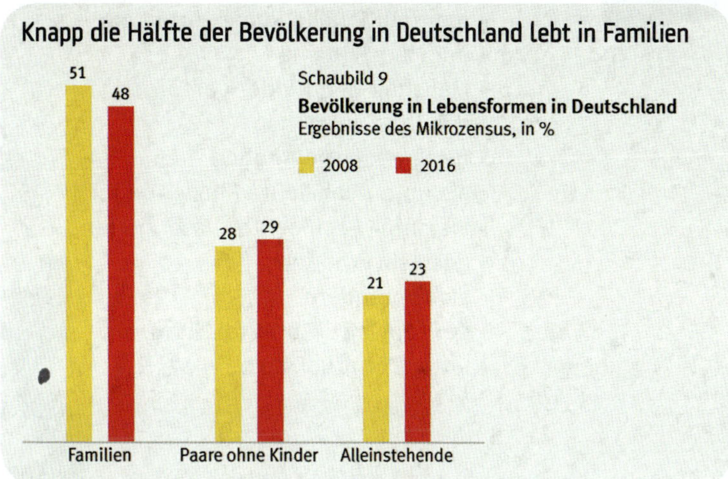

↑ Statistisches Bundesamt (Destatis), 2017

En 2017, l'Allemagne a enregistré un taux de fécondité de 1.57 enfant par femme. Après un recul significatif, ce chiffre est en légère augmentation ces dernières années. Mais est-il supérieur ou inférieur à celui de la France ? Savez-vous combien d'enfants les Françaises mettent-elles d'enfants au monde en moyenne ?

Grammatik

Le génitif → p. 154 / ex. p. 174

Fast die Hälfte **der** Bevölkerung lebt in Familien.

B. Was glauben Sie: Welche Gründe führen dazu, dass immer weniger Paare Kinder haben wollen? **Tauschen Sie sich aus.**

Grammatik

Les pronoms relatifs (N / A) → p. 165 / ex. p. 174

Kinder, **die** in Großfamilien aufwachsen, sind teamfähiger.

C. Lesen Sie den Artikel der AOK Hessen. Was erfahren Sie? Welche Meinung wird vertreten?

Für viele Menschen besteht eine typische Familie aus einer Mutter, einem Vater, zwei Kindern und eventuell einem Hund. [...] Inzwischen haben sich jedoch die Strukturen des Zusammenlebens stark verändert.

[...] Patchwork-Familie, Großfamilie, Alleinerziehende oder doch die klassische Familie? Was ist richtig, was ist falsch? Dazu können wir von der AOK[1] Hessen ganz klar sagen: „Richtig" oder „Falsch" gibt es in dem Zusammenhang nicht.

Jedes dieser Familienmodelle – und es ist nur eine kleine Auswahl der möglichen Modelle – hat Vor- und Nachteile. Das Aufwachsen in einer Großfamilie kann dazu führen, dass die Kinder selbstbewusst, teamfähig und kommunikativ werden, aber es kann auch das Gegenteil bewirken. Denn wenn die Geschwister einen immer unterdrücken[2], kann das negative Folgen haben. Ähnlich verhält es sich mit den Patchwork-Familien. Es gibt Studien, die besagen, dass Kinder, die in diesem Modell aufwachsen, offener sind und schneller neue Bindungen eingehen[3]. Aber es gibt auch Studien, die das Gegenteil belegen.

Am Ende ist gar nicht so wichtig, welchen Weg du einschlägst. Wichtig ist ein Leben, das dir entspricht[4]. [...] Jeder Mensch ist anders und jeder hat eigene Bedürfnisse.

↑ *Familienmodelle im Wandel der Zeit*, AOK Hessen, 2015

1. **AOK** *caisse d'assurance-maladie allemande*
2. **unterdrücken** opprimer
3. **Bindungen eingehen** se lier, créer des liens
4. **entsprechen** correspondre à

D. Gibt es ein „typisch deutsches" Familienmodell? **Tauschen Sie sich aus.**

E. Großfamilie, Patchwork-Familie, Familienleben überhaupt: Was halten Sie davon? Zu zweit: **Tauschen Sie sich** schriftlich **aus**.

Familienmodelle
- alleinerziehender Vater
- alleinerziehende Mutter
- das Ehepaar (-e)
- kinderlos sein
- geschieden sein
- getrennt sein
- die Großfamilie / die Kleinfamilie
- die Regenbogenfamilie
- die Patchwork-Familie
- im Trend liegen

Familie und Beruf
- Beruf und Familie vereinbaren
- in den Beruf zurückkehren
- die Balance finden
- die traditionelle Rollenverteilung
- der Haushalt
- Haushalt und Kinder versorgen
- das Geld verdienen
- füreinander Zeit haben
- als gute / schlechte Mutter gelten
- als guter / schlechter Vater gelten
- das Essverhalten
- sich verändern
- der (un-)strukturierte Alltag
- unter Zeitdruck sein

Axe : Vivre entre générations

Ist die Familie in Deutschland out?

fiche ENTR. LEXICAL

Glücklich in der Familie?
- selbstbewusst ≠ unsicher
- teamfähig ≠ nicht so teamfähig
- offen ≠ introvertiert
- selbstlos ≠ egoistisch

Typische Familien?
- das Familienmodell (-e)
- das Zusammenleben
- zusammen / in einer Familie aufwachsen
- eine (negative / positive) Folge haben
- die Vor- und Nachteile
- das Gegenteil (-e)
- unterschiedlich
- harmonisch ≠ konfliktiv
- eigene Bedürfnisse haben
- sich streiten
- einen Kompromiss finden

1 Les mots composés

A. Recopiez les mots composés suivants dans votre cahier. **Décomposez-les** en séparant les différentes parties par un trait.

1. das Ehepaar
2. die Großfamilie
3. selbstlos
4. der Zeitdruck
5. der Alltag
6. teamfähig
7. das Familienmodell
8. das Zusammenleben
9. selbstbewusst
10. die Regenbogenfamilie

Prof. 06
Élève 03

B. Écoutez bien les mots et **soulignez** dans chacun la syllabe qui porte l'accent principal.

C. Lisez les mots à haute voix.

D. Que remarquez-vous? **Recopiez** la règle dans votre cahier en la complétant.

- **Dans les mots composés, l'accent principal est porté par ...**

2 Les mots composés

A. Recopiez le texte suivant dans votre cahier.

Das Zusammenleben in einer Großfamilie ist nicht immer einfach. Für viele Eltern ist der Alltag anstrengend, denn sie sind unter Zeitdruck. Aber in Deutschland gibt es viele verschiedene Familienmodelle: kinderlose Ehepaare, Großfamilien, Kleinfamilien, Regenbogenfamilien, Patchwork-Familien, alleinerziehende Eltern.

B. Lisez le texte à haute voix.

fiche AIDE À LA TÂCHE

fiche ÉVAL. TÂCHE

Sprachmittlung

Familien im Trend

Ich beschreibe in einem Text für die Schülerzeitung die Familienmodelle, die in Deutschland heute im Trend liegen.

1. Ich gehe noch einmal die Lektion durch und notiere alle Informationen über die Familienmodelle und das Familienleben in Deutschland.

2. Ich stelle mir folgende Fragen:

Welche Familienmodelle gibt es heute in Deutschland?
Welche Tendenzen und Entwicklungen gibt es dort heute?
Welche Parallelen gibt es zu Frankreich?

Welches Familienmodell gefällt mir persönlich am besten?
Wie stelle ich mir meine eigene zukünftige Familie vor?

3. Ich verfasse einen Text, der sowohl das deutsche Konzept von Familie als auch meine persönliche Vorstellung von Familie beschreibt.

Digitale Alternative

Sie können Ihren Text auch mit *Canva* gestalten und auf *Calameo* veröffentlichen.

2 Oma, Opa ... und wir

Platz für die Großeltern?

Vivre entre générations

Renate Alf, *Großmütter!*, 2017

Abschlussaufgabe

Alle unter einem Dach?
Wir diskutieren in der Klasse, welche der vorgestellten Möglichkeiten des Zusammenlebens wir am besten finden.

→ **Cahier d'entraînement**
p. 18-22

2 Meine Oma und mein Opa ...

1 So nah wie nie zuvor

A. Sehen Sie sich das Video **an** und **erzählen Sie** die Geschichte. Was wird im Clip kritisiert? Was ist die Moral?

B. Sehen Sie sich die beiden Grafiken **an** und **werten Sie** sie **aus**. Welche Probleme könnten sich in den kommenden Jahrzehnten in Deutschland ergeben? **Überlegen Sie**.

↑ *Weihnachtsclip #heimkommen*, EDEKA, 2015

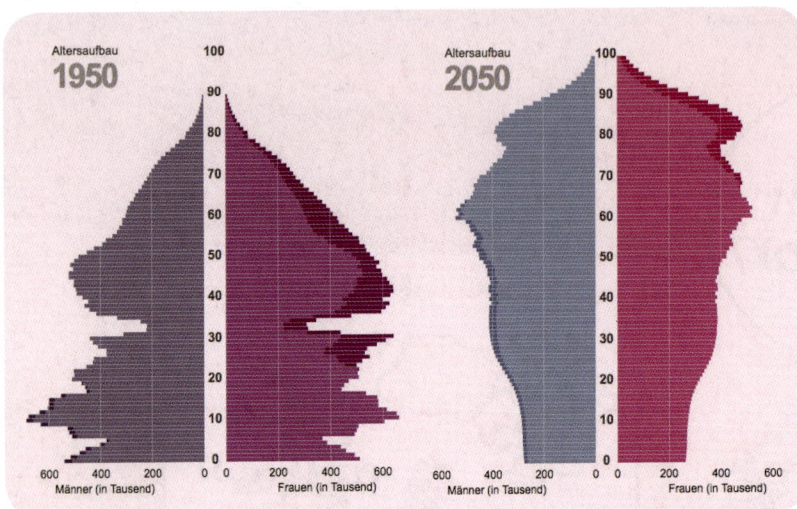

↑ Statistisches Bundesamt (Destatis), 2015

Grammatik

Le futur avec werden

→ p. 157 / ex. p. 175

2050 **werden** viele Menschen über 80 Jahre alt sein.

Grammatik

Le comparatif de supériorité

→ p. 166 / ex. p. 175

Heute ist die Beziehung zwischen Enkeln und Großeltern **enger** als früher.

C. Lesen Sie den Pressetext. Inwiefern hat sich die Beziehung zwischen Großeltern und Enkeln in den letzten Jahren geändert?

Regelmäßig kümmern sich Opa Manfred und Oma Marianne Weiß um den Nachwuchs[1] ihrer beiden Töchter, mitunter mehrmals die Woche. [...] Jeden Sommer fahren die beiden Generationen der Familie Weiß gemeinsam für zwei Wochen an die Ostsee, weitgehend ohne Eltern.

Eine Ausnahme? Tatsächlich waren Großeltern und Enkel niemals enger verbunden als heute. Sie verbringen mehr gemeinsame Zeit als früher, ihr Kontakt ist persönlicher, und sie kommen besser miteinander aus.

[...] Die meisten Älteren wünschen sich, eine Bedeutung im Leben der ganz Jungen zu haben. Sie genießen es, gebraucht zu werden. Der Umgang mit den Kindeskindern ist gar eine Art Jungbrunnen[2] – die Großeltern-Rolle gehöre „zu den wenigen positiv besetzten Altersbildern", sagt François Höpflinger.

↑ Martin Spiewak, *So nah wie nie zuvor*, DIE ZEIT, 2017

1. **der Nachwuchs** la progéniture, les enfants
2. **der Jungbrunnen** la fontaine de jouvence

2 Oma ist die Beste

A. Sehen Sie sich den Titel des Blogbeitrages **an.** Worüber wird wohl berichtet? **Formulieren Sie** Hypothesen.

B. Lesen Sie den Blogbeitrag. Woran erinnert sich die Autorin?

↑ Braten mit Blaukraut und Klößen

Oma ist die Beste

Wenn ich mich so zurück an meine Kindheit erinnere, spielt meine Oma eine ganz große Rolle. Ich hab meine Oma geliebt und obwohl sie inzwischen bereits seit über zehn Jahren tot[1] ist, denke ich noch sehr oft und gern an sie. [...]

Aber warum sind die Omas und Opas die heimlichen[2] Helden unserer Kinder? [...] Ich glaube, die Antwort ist ganz einfach. Zum einen [...] hat das Enkelkind die volle Aufmerksamkeit. Das ist für ein Kind natürlich toll. [...] Außerdem können die Omas viel lockerer sein als wir Eltern. Schließlich geben sie am Ende eines Tages das Enkelkind wieder zurück und der Stress ist für sie vorbei. Dann kann neue Oma-Power getankt werden.

Und wie war das in meiner Kindheit? Jetzt, da ich so in meinen Kindheitserinnerungen schwelge, fallen mir so viele Erlebnisse, Gewohnheiten und Situationen mit meiner Oma ein, die ich euch gerne erzählen möchte. [...]

Übernachten bei Oma

Wenn ich bei meiner Oma übernachtet habe, schlief ich immer bei ihr im Doppelbett. Da mein Opa schon lange tot war, war die rechte Seite des Bettes immer frei. Da schlief dann ich. Da Oma immer entsetzlich laut schnarchte[3], nahm ich mir jedes Mal vor, unbedingt vor ihr einzuschlafen. Der Plan funktionierte allerdings nie und so lag ich neben Oma und konnte nicht einschlafen, während sie schon selig träumte (und schnarchte).

Singen mit Oma

Schön fand ich immer das gemeinsame Singen. Wenn wir also vor dem Einschlafen im Bett lagen, sangen wir noch jede Menge Lieder. [...]

Sonntagsbraten bei Oma

Das beste Essen gab es immer bei Oma. Wenn wir sonntags zu ihr zum Essen waren (natürlich pünktlich um 12 Uhr), tischte Oma immer leckeren Braten auf mit Blaukraut und Klößen. [...] Bei Oma schmeckte alles super lecker und Kloß und Blaukraut waren mein absolutes Lieblingsessen.

„Mensch Ärgere Dich nicht" mit Oma

Wenn jemand gern mit mir spielte, dann war es meine Oma. Wir spielten vornehmlich die Brettspielklassiker[4] wie „Halma", „Mensch ärgere dich nicht" und „Mühle". Meine Oma gewann fast immer, ließ mich jedoch auch ab und an mal gewinnen. [...]

Und genau aufgrund dieser ganzen Kleinigkeiten war Oma die Beste für mich.

↑ Anke Landleiter, *Oma ist die Beste*, www.mama-geht-online.de, 2016

1. **tot** mort/e
2. **heimlich** secret / secrète
3. **schnarchen** ronfler
4. **der Brettspielklassiker** le jeu de table classique

C. Haben oder hatten Sie einen engen Kontakt zu Ihren Großeltern? Leben sie noch? Wo und wie wohnen sie? **Berichten Sie** in der Klasse.

D. Zu zweit: **Tauschen Sie sich** schriftlich darüber **aus**, wie Ihre Beziehung zu Ihren Großeltern ist.

Grammatik

Wenn pour exprimer le temps ou la condition → p. 164 / ex. p. 175

Wenn ich bei meiner Oma übernachtet habe, war das toll.

Wenn jemand gern mit mir spielte, war das meine Oma.

3 Lebensmodelle

A. Bilden Sie drei Gruppen (A, B und C). **Lesen Sie** Ihren Text (A,B oder C) und **machen Sie sich** Notizen dazu.

PÉDAGOGIE DIFFÉRENCIÉE

A

Mehrere Generationen selten unter einem Dach

Für viele ist die Vorstellung, mit seinen Eltern oder Schwiegereltern unter einem Dach zu wohnen, eher abschreckend[1]. So ist die Zahl derer, die in einem Mehrgenerationenhaushalt leben möchten, rückläufig. Nur in rund 28 % aller Haushalte leben mehrere Generationen zusammen – ein Rücklauf von 40,5 % zwischen 1995 und 2015.

Die häufigste[2] Wohnform sind die Eltern mit ihren ledigen Kindern. Viel seltener leben Eltern bzw. ein Elternteil mit den Großeltern zusammen [...].

Alle drei (oder mehr) Generationen unter einem Dach sind die absolute Ausnahme: Nur 0,5 % aller bundesdeutschen Haushalte lebt den Mehrgenerationenhaushalt in den eigenen vier Wänden.

↑ *Planen sie den idealen Dreigenerationenhaushalt,* www.sachsen-fernsehen.de, 20. März 2017

1. **eher abschreckend** plutôt effrayant/e
2. **häufig** fréquent/e

B

Mehr Menschen ziehen in Senioren-WGs

Zusammen am Küchentisch sitzen, spielen, singen: Viele Senioren ziehen mit anderen Rentnern zusammen. [...] Die Kinder sind längst ausgezogen und auf der hohen Kante liegt nicht viel[1] – und dann?

Dann ist die Wohngemeinschaft eine Möglichkeit, die WG für Ältere. Sie sei „eine neue Alternative zum Leben allein oder im Seniorenheim", sagt Ursula Lenz von der Bundesarbeitsgemeinschaft der Seniorenorganisationen. Der Trend habe mehrere Gründe.

Scheidungen[2] nähmen zu. Die Mieten in den Städten explodierten. Auch kämen jene ins Rentenalter, die zu Zeiten der 68er-Protestbewegung bereits in einer Studenten-WG gewohnt haben, also Erfahrung haben.

↑ Hanna Gersmann, *Mehr Menschen ziehen in Senioren-WGs,* Badische Zeitung, 20. August 2017

1. **auf der hohen Kante liegt nicht viel** il ne reste pas grand-chose de côté
2. **die Scheidung** le divorce

C

Mehrgenerationenwohnen in einer ehemaligen Fabrik

↑ Mehrgenerationen-Wohngemeinschaft, dpa, 2019

„Das Projekt hat uns ein bisschen verzaubert[1]", sagt Piret Rebassoo. Die 33-Jährige sitzt mit Sonnenhut und Sommerkleid auf der Terrasse und strahlt.

Vor einem Jahr ist Rebassoo mit ihrem Mann und ihrem [...] Sohn in die Sprudelfabrik[2] in Eyach (Kreis Freudenstadt) eingezogen. „Bei unserem ersten Besuch hat die Gruppe Freiheit, Toleranz und Herzlichkeit ausgestrahlt. Als ob wir uns gekannt hätten", sagt Rebassoo.

Zwölf Bewohner hat die ehemalige Fabrik – neun Erwachsene und drei Kinder. Sie liegt mitten im Nirgendwo[3] und doch nur 20 Minuten Zugfahrt von Tübingen entfernt. Bis vor 25 Jahren wurde hier Kohlensäure abgefüllt[4]. Das Haus hat rund 800 Quadratmeter Nutzfläche, das Gelände ist 12 000 Quadratmeter groß.

Jede Familie hat ihre eigene Wohnung. Wer jemanden besuchen will, muss vorher an der Tür klopfen. Das Herz des Hauses ist die frühere Abfüllhalle für Kohlensäure, die Besitzer Andreas Laurenze (68) zum gemütlichen Wohnzimmer umgebaut hat. [...]

Andreas Laurenze hat das Anwesen vor gut zwei Jahren gekauft, um mit drei anderen „Oldies", wie der Psychologe sagt, das Mehrgenerationenprojekt aufzubauen. Die Mitstreiterinnen: seine Partnerin Mechthild (67), Jutta Scharffenberg (67) und ihre Partnerin Ute Rohlf (71).

Die „Oldies" mögen die Lebendigkeit, die mit den Kindern eingezogen ist.

↑ *Alternative zur Vorgarten-Idylle am Stadtrand*, dpa, 09.01.2019

1. **verzaubern** envoûter
2. **die Sprudelfabrik** l'usine d'eau gazeuse
3. **mitten im Nirgendwo** au milieu de nulle part
4. **Kohlensäure abfüllen** mettre de l'eau gazeuse en bouteilles

B. Informieren Sie die anderen Gruppen über Ihren Text.

C. Gehen Sie auf www.bmfsfj.de. **Suchen Sie** in der Mediathek das Video „Bundesprogramm Mehrgenerationenhaus: Der Film zum Programm" und **sehen Sie sich** das Video **an**. Wie funktionieren „Mehrgenerationenhäuser"?

D. Welche Möglichkeiten gibt es in Deutschland, wenn man als älterer Mensch nicht alleine sein möchte? Wie ist es in Frankreich? Wie in anderen Ländern? **Tauschen Sie sich aus.**

Les « Maisons des générations » sont des espaces de vie solidaires où se retrouvent toutes les générations pour partager des activités et s'entraider. des générations existent partout en Allemagne.

Mehr Generationen Haus
Wir leben Zukunft vor

Wortschatz

Mit den Großeltern zusammen sein
- so … wie nie zuvor
- verbunden sein
- gebraucht werden
- wichtig für jemanden sein
- sich um jemanden / etwas kümmern
- mehrmals die Woche
- die Ausnahme (-n)
- Zeit mit jemandem verbringen
- gut / schlecht miteinander auskommen
- etwas genießen
- die Beziehung zu den Großeltern
- die Generation (-en)
- der Kontakt (-e)
- die Älteren ≠ die Jüngeren

Heimliche Helden
- das Enkelkind (-er)
- die Kindheit
- die volle Aufmerksamkeit bekommen
- locker sein
- Energie tanken
- das Erlebnis (-se)
- die Erinnerung (-en)
- sich an jemanden / etwas erinnern
- gemeinsam singen / spielen
- bei jemandem zum Essen sein
- das Lieblingsessen
- die Gewohnheit (-en)
- die Kleinigkeit (-en)
- bei jemandem übernachten
- von jemandem / etwas träumen
- jemanden gewinnen lassen

Axe : Vivre entre générations

Platz für die Großeltern?

fiche ENTR. LEXICAL

Gemeinsam unter einem Dach
- unter einem Dach leben
- ein Haushalt mit mehreren Generationen
- der Rentner (-) / die Rentnerin (-nen)
- nicht so viel Geld haben
- die Wohnform (-en)
- die Wohngemeinschaft (-en) = WG (-s)
- das Seniorenheim (-e)
- in eine WG einziehen
- aus dem Elternhaus ausziehen
- sich die Miete teilen

Alternative Wohnprojekte
- eine ehemalige Fabrik
- eine Wohnung / ein Haus umbauen
- Erwachsene und Kinder zusammen
- mehrere Familien
- tolerant
- lebendig
- der Bewohner (-) / die Bewohnerin (-nen)
- sich kennen
- sich besuchen
- eine eigene Wohnung
- ein gemütliches Wohnzimmer für alle

1 H muet ou expiré ?

Prof. 07 Élève 04

A. **Écoutez** bien les mots suivants. Lesquels comportent un H expiré ?

Prof. 08 Élève 05

B. **Écoutez** et **répétez** les mots suivants.

1. nah
2. die Ehe
3. der Haushalt
4. früh
5. die Heldin
6. die Gewohnheit
7. ehemalig
8. die Wohnung
9. heute
10. ausziehen

C. Quelle règle pouvez-vous en déduire ? **Écrivez-la** dans votre cahier.

D. **Lisez** les mots suivants. Attention au H expiré.

1. Halt – alt
2. elf – helfen
3. Haus – aus
4. hier – ihr
5. heiß – Eis
6. Heinz – eins
7. und – Hund
8. Hals – als

2 SCH ou CH ?

Prof. 09 Élève 06

A. **Écoutez** bien les mots suivants. **Recopiez-les** en les complétant avec SCH ou CH.

1. si☒er
2. spre☒en
3. fri☒
4. Li☒t
5. Nä☒te
6. Fi☒
7. se☒zehn
8. Flei☒
9. wa☒en
10. Vorsi☒t

Prof. 10 Élève 07

B. **Écoutez** les adjectifs suivants. **Recopiez-les** en les complétant. Que remarquez-vous ?

1. musikal☒
2. fröhl☒
3. freundl☒
4. französ☒
5. sympath☒
6. mögl☒
7. bayer☒
8. künstler☒
9. schließl☒
10. schreckl☒

C. **Lisez** maintenant à haute voix les adjectifs que vous avez recopiés.

3 SCH ou CH?

A. **Recopiez** les brefs dialogues ci-dessous. **Soulignez** les lettres SCH et CH.

1. • Ich habe für dich gekocht. Schmeckt es dir?
   ○ Ja, aber die Küche ist schrecklich schmutzig!
2. • Schläfst du abends schnell ein?
   ○ Leider nicht. Ich schlafe recht schlecht.
3. • Hast du alle Wörter richtig geschrieben?
   ○ Vielleicht. Hoffentlich!

B. **Lisez** les dialogues à haute voix.

Abschlussaufgabe

fiche AIDE À LA TÂCHE

fiche ÉVAL. TÂCHE

Alle unter einem Dach?

Wir diskutieren in der Klasse, welche der vorgestellten Möglichkeiten des Zusammenlebens wir am besten finden.

1. Wir bilden Gruppen.
2. Wir sehen uns die Lektion noch einmal an und machen eine Liste mit allen Möglichkeiten des Zusammenlebens.
3. Wir überlegen, welche Vorteile und welche Nachteile jedes Modell hat, und notieren sie.
4. Wir üben in der Gruppe, unsere Meinung zu präsentieren und zu begründen.
5. Wir diskutieren in der Klasse, welche Möglichkeit des Zusammenlebens wir am besten finden, und treffen eine Entscheidung.

3 Eine Erfolgsgeschichte

Berufliche Perspektiven mit Fun?

- Les univers professionnels, le monde du travail

Parkgastronomie

Shopping & Games

Hotellerie

Veranstaltungstechnik

Attraktionen

Technik und Handwerk

Entertainment

Eventgastronomie

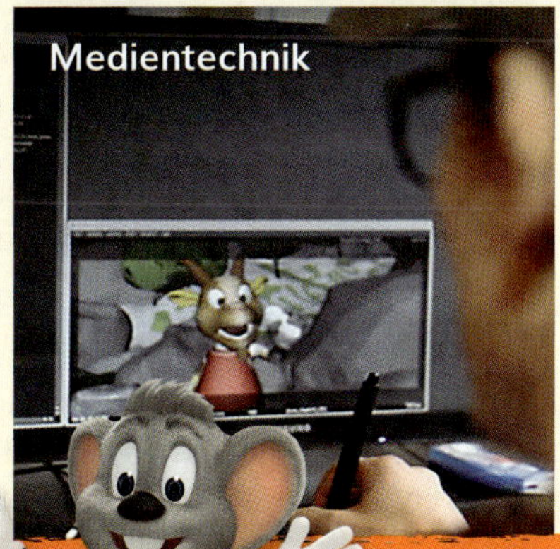
Medientechnik

Abschlussaufgabe

Mein Motivationsschreiben
Ich verfasse einen Brief, um mich für einen Ferienjob zu bewerben.

→ **Cahier d'entraînement** p. 23-27

1 Was bin ich?

A. Sehen Sie sich das Bildmaterial **an** und **ordnen Sie** jedem Bild einen Infotext **zu**.

1

2

3

4

a. Diese Sehenswürdigkeit gibt es seit 1975. Sie liegt direkt im Dreiländereck Deutschland-Frankreich-Schweiz und ist daher ideal zu erreichen. Konkret befindet sie sich im Schwarzwald: in Rust bei Freiburg.

b. Zum 40. Jubiläum wurden die neuen Namen ihrer Maskottchen, Ed Euromaus und Edda Euromausi, bekannt gegeben.

c. In der Hauptkategorie „bester Vergnügungspark" landete sie zum fünften Mal in Folge auf Platz 1. Sie gewann 2017 den „Travellers Choice Award" von Tripadvisor und wurde zum besten Freizeitpark in Europa gekürt. Weltweit landete sie auf Platz drei.

d. Die Sehenswürdigkeit bietet mehr als 100 Attraktionen und Shows. Auf 95 Hektar Fläche erwarten 15 europäische Themenbereiche die Besucher. Abenteuer pur!

B. Um welche Sehenswürdigkeit handelt es sich wohl? **Tauschen Sie sich** in der Klasse über Ihre Hypothesen **aus**.

C. Sehen Sie sich das Promovideo **an**. Waren Ihre Hypothesen richtig? Was erfahren Sie noch über die Sehenswürdigkeit?

D. Kennen Sie andere Freizeitparks? Hätten Sie Lust, einmal nach Rust zu fahren? Warum (nicht)? **Tauschen Sie sich aus**.

↑ *Europa-Park 2018 — Alle Neuheiten*, www.europapark.de, 2018

2 Es war einmal …

A. Lesen Sie die beiden Texte.
Machen Sie sich Notizen zum Unternehmen.

A

Ein Familienunternehmen mit Tradition

Franz Mack wurde am 7. März 1921 geboren und übernahm nach dem Krieg gemeinsam mit seinen Brüdern die väterliche Fabrik in Waldkirch. […] Während einer Reise durch die USA kommen er und sein Sohn Roland 1972 auf die Idee, einen eigenen Freizeitpark mit einem Unterhaltungsangebot[1] für alle Altersklassen zu eröffnen. […] Die Realisierung dieses Projektes dauert schließlich drei Jahre. So öffnet der Europa-Park 1975 zum ersten Mal seine Tore. […] Franz Mack war durch und durch ein badischer[2] Unternehmer: bescheiden, ehrlich, fleißig, anspruchsvoll gegenüber sich selbst und anderen. Diese Tugenden[3] haben das Familienunternehmen nachhaltig geprägt[4] und sind auch für seine Kinder und Enkel die Grundlage unternehmerischen Handelns. Nach seinem Tod im Jahr 2010 wird seine Schöpfung, der Europa-Park, gemeinsam von seinen Söhnen und Enkeln in 7. und 8. Generation in seinem Sinne gelenkt und weiterentwickelt.

→ www.europapark.de

1. **das Unterhaltungsangebot** l'offre en termes d'attractions
2. **badisch** de *Baden* (région d'Allemagne)
3. **die Tugend** la vertu
4. **nachhaltig prägen** donner une empreinte durable

B

Interview mit Roland Mack

„Mehr als ein Schnitzel kann man sowieso nicht essen", sagte mein Vater immer, und damit hatte er recht. Es ist wichtig, auf dem Boden zu bleiben[1] und nicht abzuheben. […]

Mit diesem Prinzip ist unser Familienunternehmen mittlerweile in der achten Generation erfolgreich. 1780 baute Paul Mack die ersten Postkutschen[2] und Wagen für Schausteller, und 1975 habe ich zusammen mit meinem Vater Franz Mack den Europa-Park eröffnet.

Mittlerweile exportiert Mack Rides Achterbahnen in die ganze Welt, und der Europa-Park ist mit über 4,5 Millionen Besuchern jährlich Deutschlands größter und beliebtester Freizeitpark und der größte saisonale Freizeitpark weltweit.

Mein Vater war ein bodenständiger[3] Mann. „Wenn wir etwas machen, machen wir es richtig", lautete seine Devise. Daran halten wir uns bis heute. Wir konzentrieren uns darauf, den Besuchern einen optimalen Erlebniswert zu bieten. Das bedeutet auch, dass wir jedes Jahr neue Attraktionen und Shows schaffen möchten. […] Nur mit viel Fleiß […] haben wir es geschafft, dass der Europa-Park in diesem Jahr auf Platz zwei der TOP 100 Sehenswürdigkeiten in Deutschland noch vor dem Kölner Dom gewählt wurde […]

↑ Frank Arnold, *Roland Mack: „Mehr als ein Schnitzel kann man nicht essen"*, www.capital.de, 06.07.2018

1. **auf dem Boden bleiben** garder les pieds sur terre
2. **die Postkutsche** la malle-poste
3. **bodenständig** nature, authentique

B. Tragen Sie alle Informationen dieser Doppelseite **zusammen** und **erstellen Sie** einen Steckbrief des Unternehmens.

C. Kennen Sie ähnliche französische Familienunternehmen? **Berichten Sie.**

↑ Familie Mack (Michael, Roland, Jürgen, Thomas)

Grammatik

L'adjectif attribut et l'adjectif épithète
→ p. 152, 153 / ex. p. 176

Das Unternehmen ist seit 1780 **erfolgreich**.

Die Familie Mack hat ein **erfolgreiches** Unternehmen aufgebaut.

↑ *Ausbildung im Europa-Park*, www.europapark.de, 2014

3 Eine Welt voller Möglichkeiten

A. Sehen Sie sich das Video **an**. In welchem Bereich arbeiten die Azubis? Woher kommen sie?

B. Sehen Sie sich das Video noch einmal **an**. Was berichten die Azubis? Was macht ihre Arbeit attraktiv?

C. Bilden Sie zwei Gruppen (A und B). **Lesen Sie** Ihren Text (A oder B) und **machen Sie sich** Notizen.

PÉDAGOGIE DIFFÉRENCIÉE

A

Am 03. September 2018 haben 70 neue Auszubildende und Studierende in Deutschlands größtem Freizeitpark begonnen. Insgesamt werden über 150 junge Menschen in über 30 Berufen ausgebildet. Die Auszubildenden kommen dabei aus aller Welt: 17 verschiedene Nationen sind vertreten. [...]

In Deutschlands größtem Freizeitpark verdienen Lehrlinge in den Mangelberufen überproportional gut. So erhält ein Koch bereits im ersten Lehrjahr 1.000 Euro pro Monat zuzüglich diverser Sozialleistungen[1].

Mit über 150 Auszubildenden und Studierenden in über 30 unterschiedlichen Berufen stellt der Europa-Park einen neuen Rekord auf und ist somit einer der größten Ausbildungsbetriebe in der Region. Die Übernahmequote[2] liegt bei über 95 Prozent. Beliebter denn je sind die Bereiche Hotellerie und Gastronomie, aber auch Handwerksberufe wie Maler, Schreiner[3] und Industriemechaniker finden interessierten Nachwuchs[4].

↑ www.europapark.de

1. **die Sozialleistungen** prestations sociaux
2. **die Übernahmequote** le taux de reprise
3. **der Schreiner** le menuisier
4. **interessierten Nachwuchs finden** trouver des jeunes intéressés

B

In diesen Tagen organisiert der Europa-Park bereits zum fünften Mal eine Bewerber-Aktion, um den nötigen Nachschub[1] an Saisonkräften sicherstellen zu können.

Vor allem in Frankreich wirbt der Park deshalb um frisches Personal. [...] Jeder fünfte Beschäftigte im Park kommt im Schnitt[2] aus Frankreich. „Dort ist die Arbeitslosenquote noch höher als bei uns und von daher das Interesse vergleichsweise groß", weiß Kirch. Doch auch auf dem französischen Arbeitsmarkt wird die Suche nach Hilfskräften immer aufwendiger. [...] „Immer mehr junge Franzosen sprechen kein Deutsch. Oder nicht so gut, wie wir es für anspruchsvollere Aufgaben bei uns im Park bräuchten. Das ist schade. Oft wären junge Franzosen von ihren Kompetenzen her gut für uns geeignet, doch wegen mangelnder Deutschkenntnisse[3] können wir sie nur für einfache Aufgaben verwenden", erklärt der Europa-Park-Personalleiter.

↑ Jörg Braun, *Kampf um Mitarbeiter wird härter*, Lahrer Zeitung, 28.01.2018

1. **der Nachschub** le ravitaillement
2. **im Schnitt** en moyenne
3. **mangelnde Deutschkenntnisse** des connaissances en allemand insuffisantes

D. Informieren Sie die andere Gruppe über Ihren Text.

E. Welche Vorteile hat jemand, der beim Europa-Park arbeitet? Welche Kenntnisse sind von Vorteil, um einen Job zu bekommen? **Tauschen Sie sich aus.**

Grammatik

La conséquence avec darum / deshalb / deswegen → p. 165 / ex. p. 176

Der Europa-Park braucht neue Mitarbeiter, **deshalb** gibt es viele Ausbildungsplätze.

4 Welcher Job für Sie?

A. Sehen Sie sich die Bilder **an** und **ordnen Sie** jedem Foto die passende Jobbeschreibung **zu**.

1. Unsere Hotels sind eine Welt voller Luxus, Lebensfreude, Lifestyle. Du betreust und verwöhnst unsere Gäste. Happiness – das ist dein Job.

2. Du bist Gastgeber aus Leidenschaft? Unsere Restaurants, Cafés und Snackbetriebe bieten landestypische Speisen und Getränke. Komm auf den Geschmack, am besten bei uns.

3. Du weißt, was Kunden wünschen. Du bist ein echtes Verkaufstalent, bist nett und hilfsbereit. Ob Souvenir oder Top-Marke: Du machst jeden Einkauf zum Erlebnis!

4. Du bist freundlich, kontaktfreudig und verantwortungsbewusst. Und kümmerst dich um die Sicherheit unserer Gäste an den Attraktionen. Alles läuft – weil du da bist.

B. Lesen Sie die Jobprofile noch einmal genau durch. Wie sollte der / die ideale Bewerber/in jeweils sein?

a. Stärken und Charaktereigenschaften

b. besondere Kompetenzen

c. besondere Interessen

Grammatik

Le souhait avec le subjonctif II
→ p. 160 / ex. p. 176

Ich **würde gern / am liebsten** in der Gastronomie **arbeiten**, denn ich habe schon in einem Café gejobbt.

C. Für welchen Job würden Sie sich bewerben? Warum? **Erklären Sie**.

↑ *Alle Bilddokumente dieser Lektion mit freundlicher Genehmigung des Europa-Parks, www.europapark.de, 2018*

Der beste Vergnügungspark

- der Freizeitpark (-s)
- die Sehenswürdigkeit (-en)
- die Attraktion (-en)
- die ideale Lage
- sich befinden
- gut / schlecht zu erreichen sein
- der Besucher (-) / die Besucherin (-nen)
- das Abenteuer (-)
- die Neuheit (-en)
- die Achterbahn (-en)
- eine Auszeichnung gewinnen
- weltweit

Unternehmergeist

- der Unternehmer (-) / die Unternehmerin (-nen)
- auf eine Idee kommen
- einen Park eröffnen
- eine Firma übernehmen
- bescheiden
- ehrlich
- anspruchsvoll
- fleißig
- ein Projekt realisieren
- etwas bieten
- erfolgreich sein

Axe : Les univers professionnels, le monde du travail

Berufliche Perspektiven mit Fun?

fiche ENTR. LEXICAL

Ausbildung und Jobchancen

- der / die Auszubildende (-n)
- der Lehrling (-e)
- eine Ausbildung zum / zur ... machen
- gut verdienen
- der Mangelberuf (-e)
- das Lehrjahr (-e)
- beliebt sein
- der Bewerber (-) / die Bewerberin (-nen)
- der Arbeitsmarkt
- die hohe / niedrige Arbeitslosenquote
- für einen Beruf geeignet sein

Jobprofile

- die Gäste betreuen
- die Gäste verwöhnen
- der Gastgeber (-) / die Gastgeberin (-nen)
- hilfsbereit
- kontaktfreudig
- verantwortungsbewusst
- freundlich
- in der Hotellerie / Gastronomie arbeiten
- Handwerk und Technik
- anspruchsvolle Aufgaben

1 V ou W ?

Prof. 11
Élève 08

A. Écoutez bien. Quelle est la lettre manquante ?

1. der ☒ergnügungspark
2. das ☒asser
3. die Sehens☒ürdigkeit
4. ☒elt☒eit
5. ☒erant☒ortungsbe☒usst
6. Geld ☒erdienen
7. die ☒erkäuferin
8. der ☒ater
9. im ☒ergleich
10. die ☒eranstaltung

Prof. 11
Élève 08

B. Écoutez à nouveau les mots et **recopiez-les** dans votre cahier.

C. Lisez maintenant à haute voix les mots que vous avez recopiés.

D. Recopiez les phrases suivantes dans votre cahier.

1. Die Gäste werden bei uns verwöhnt.
2. Viele Franzosen wollen das Handwerk lernen.
3. Würden Sie gern den Vergnügungspark besuchen?
4. Bitte vergessen Sie nicht Ihre Wasserflaschen!

E. Lisez les phrases à haute voix.

2 Préverbes accentués ou pas ?

Prof. 12
Élève 09

A. Recopiez les mots suivants dans votre cahier. **Écoutez-les** en **soulignant** les syllabes accentuées.

Verbes à préverbe séparable

1. bieten → an|bieten
2. bilden → aus|bilden
3. ziehen → um|ziehen
4. tauschen → aus|tauschen
5. entwickeln → weiter|entwickeln

Verbes à préverbe inséparable

6. suchen → besuchen
7. öffnen → eröffnen
8. nehmen → übernehmen
9. warten → erwarten
10. kaufen → verkaufen

Prof. 13
Élève 10

B. Écoutez à nouveau les verbes à préverbe séparable et inséparable et **répétez-les** à haute voix.

C. Complétez la règle et **recopiez-la** dans votre cahier.

- **Dans les verbes à préverbe séparable, le préverbe ...**
- **Dans les verbes à préverbe inséparable, le préverbe ...**

fiche AIDE À LA TÂCHE

fiche ÉVAL. TÂCHE

Mein Motivationsschreiben

Ich verfasse einen Brief, um mich für einen Ferienjob zu bewerben.

1. Ich möchte mich beim Europa-Park für einen Ferienjob bewerben. Dazu sehe ich mir die Lektion noch einmal an und notiere alles, was ich über den Freizeitpark weiß.

2. Ich notiere meine Stärken und Charaktereigenschaften, meine besonderen Kompetenzen und meine Interessen. Ich überlege, welcher Job gut zu mir passt.

3. Ich erstelle eine Struktur für mein Motivationsschreiben und notiere Stichpunkte.

Warum möchte ich im Europa-Park arbeiten?

Warum bin ich für den Job geeignet?

4. Ich verfasse mein Motivationsschreiben und achte auch auf die formalen Aspekte (Betreff, Datum, Anrede, Gruß, Unterschrift, Kontaktdaten usw.).

Digitale Alternative

Sie können Ihr Motivationsschreiben auch mit einem Textverarbeitungsprogramm erstellen.

4 Neue Wege zeigen

Berufliche Vielfalt für Jungen und Mädchen?

• Les univers professionnels, le monde du travail

↑ Kompetenzzentrum Technik-Diversity-Chancengleichheit e.V.

↑ Der PARITÄTISCHE Wohlfahrtsverband Hamburg

Abschlussaufgabe

Berufe mit Zukunft
Wir informieren in unserer Schule über Berufe mit Zukunft für Jungen und Mädchen in Deutschland.

→ **Cahier d'entraînement**
p. 28-31

1 Komm mach MINT!

↑ *MINT Girls Camps*, www.mint-girls-camps.de, 29.02.2016

A. Sehen Sie sich den ersten Teil des Videos **an**. Wofür wird geworben? Wofür steht die Abkürzung MINT?

B. Sehen Sie sich das Video weiter **an**. Was erfahren Sie über das MINT Girls Camp?

C. Wie finden Sie dieses Feriencamp? **Tauschen Sie sich aus.**

2 Ein ganz besonderer Tag

A. Sehen Sie sich das Cover der Broschüre **an**. Worum geht es wohl? Für wen ist die Broschüre gedacht?

B. Lesen Sie den Text. Was ist das Ziel der Initiative? Was erfahren Sie darüber?

↑ www.girls-day.de

Girls'Day – ein Zukunftstag für Mädchen

Am Girls'Day öffnen Unternehmen, Betriebe und Hochschulen in ganz Deutschland ihre Türen für Schülerinnen ab der 5. Klasse. Die Mädchen lernen dort Ausbildungsberufe und Studiengänge in IT, Handwerk, Naturwissenschaften und Technik kennen, in denen Frauen bisher eher selten vertreten sind[1]. [...]

Der „Girls'Day – Mädchen-Zukunftstag" ist das größte Berufsorientierungsprojekt für Schülerinnen weltweit. Seit dem Start der Aktion im Jahr 2001 haben etwa 1,9 Millionen Mädchen teilgenommen. [...]

Am Girls'Day erleben die Teilnehmerinnen in Laboren, Büros und Werkstätten[2], wie spannend die Arbeit dort ist. [...].

Viele junge Frauen haben durch den Girls'Day eine Ausbildung oder einen Studiengang in ihrem Traumberuf gefunden. Und: Evaluationsergebnisse bestätigen, dass der Girls'Day positiven Einfluss auf das Image von technischen Berufen bei den Teilnehmerinnen hat.

Der Girls'Day unterstützt die Initiative Klischeefrei – Nationale Kooperationen zur Berufs- und Studienwahl. Ziel der Initiative ist es, eine Berufs- und Studienwahl frei von Geschlechterklischees[3] bundesweit zu etablieren. [...]

↑ www.girls-day.de

1. **vertreten sein** être représenté/e
2. **die Werkstatt** l'atelier
3. **das Geschlechterklischee** le stéréotype lié au sexe

C. Wie finden Sie die Initiative? Gibt es ähnliche Initiativen in Frankreich? **Tauschen Sie sich aus.**

D. Meinen Sie, Frauen und Männer können alle Berufe ausüben? Gibt es typisch männliche und typisch weibliche Berufe? Zu zweit: **Verfassen Sie** gemeinsam einen Artikel.

Grammatik

Le groupe infinitif complément avec zu

→ p. 164 / ex. p. 177

Am Girls'Day haben Mädchen die Gelegenheit, interessante Berufe **kennenzulernen**.

3 Vielfalt, Mann!

A. Sehen Sie sich den Auszug aus der Broschüre **an.** Für wen ist die Broschüre gedacht? Für welchen Beruf wird hier geworben? Was ist das für ein Beruf?

> **Grammatik**
> **L'interrogative indirecte avec les W-Fragen et ob** → p. 163 / p. 177
> Viele Jungen wissen nicht, **was** das für ein Beruf ist, und fragen sich, **ob** es das Richtige für sie ist.

Jetzt fängt deine Zukunft an

In deinem Alter fragen sich viele junge Männer, was sie später beruflich machen wollen oder sollen. Was macht mir am meisten Spaß? Was kann ich? Wozu habe ich Lust? Oder was wird dringend gebraucht? Nur wenige haben auf diese wichtigen Fragen passende Antworten. Wir wollen dir helfen, dich zu orientieren, und dir einen Beruf vorstellen, der zu dir passen könnte: Erzieher.

B. Bilden Sie drei Gruppen (A, B und C). **Lesen Sie** Ihren Textauszug (A, B oder C) und **beantworten Sie** die Fragen.

Zu Text A: Wie sollte ein Kandidat sein, der Erzieher werden möchte?

Zu Text B: Welche Vorteile hat dieser Beruf?

Zu Text C: Warum und wie wird für diesen Beruf geworben?

A Wie viel Erzieher steckt in dir?

Niemand kommt als staatlich anerkannter Erzieher auf die Welt. Wenn du gern mit Menschen arbeitest, Kinder magst und die Zukunft unserer Gesellschaft mitgestalten möchtest, bist du in diesem Beruf genau richtig. Verschiedene Talente, Fähigkeiten und Interessen sind wichtige Grundvoraussetzungen. Musik, Sport, Natur, Kreativität und Fantasie gehören zum spannenden Alltag eines Erziehers.

B Ein Beruf mit Zukunft

Gut ausgebildete Erzieher sind Mangelware und daher umso begehrter. Kindertageseinrichtungen suchen händeringend qualifizierte Köpfe und bieten dir langfristige Perspektiven in einem sicheren Job. Als staatlich anerkannter Erzieher steigst du mit ca. 2.500 Euro brutto oder mehr ins Berufsleben ein.

C Erziehung ist auch Männersache

Unsere Gesellschaft besteht aus Männern und Frauen, das müssen Kinder früh lernen. Sie sollten schon in der Kita mit Erzieherinnen und Erziehern zu tun haben. Bisher entscheiden sich aber noch zu wenig Männer für diesen Beruf. Um Jungen Gelegenheit zu geben die Arbeit, z. B. in der Kita, kennenzulernen, gibt es den Boys'Day. Einmal im Jahr können sie in den Klassen 5 bis 10 am Boys'Day Berufe mit einem geringen Männeranteil kennenlernen [...].

Mehr Infos findest du unter www.boys-day.de.

↑ Alle Texte auf dieser Seite mit freundlicher Genehmigung von Der PARITÄTISCHE Wohlfahrtsverband Hamburg

C. Informieren Sie die anderen Gruppen über Ihren Textauszug.

D. Was wissen Sie nun über den Beruf des Erziehers? Welche Vorteile hat er? Für welche Menschen ist er ideal? **Berichten Sie.**

E. Wie finden Sie die Initiative von „Boys'Day" oder „Girls'Day"? Würden Sie an einem solchen Tag teilnehmen? Meinen Sie, dass solche Initiativen auch in Frankreich Erfolg haben könnten? **Tauschen Sie sich aus.**

> **Grammatik**
> **L'hypothèse avec le subjonctif II**
> → p. 160, 161 / ex. p. 177
> Diese Initiativen **würden** bei uns (wohl) keinen / sicher Erfolg haben.

Wo und was kann man lernen?

- der Ausbildungsberuf (-e)
- der / die Auszubildende (-n)
- der Lehrling (-e)
- eine Ausbildung bei einer Firma machen
- eine Ausbildung zum Erzieher machen
- die Hochschule (-n) = die Universität (-en)
- zur Schule / zum Gymnasium gehen
- an der Universität studieren
- der Studiengang (¨-e)
- Naturwissenschaften / Ingenieurwissenschaften studieren

Wo und wie kann man arbeiten?

- das Unternehmen (-) = der Betrieb (-e)
- im Büro / Labor arbeiten
- in einer Werkstatt arbeiten
- im IT-Bereich arbeiten
- kreativ sein
- mit Menschen / Computern arbeiten
- einen sozialen / technischen / naturwissenschaftlichen Beruf ausüben
- als … arbeiten
- der Naturwissenschaftler (-) / die Naturwissenschaftlerin (-nen)
- der Ingenieur (-e) / die Ingenieurin (-nen)
- der IT-Experte (-n) / die IT-Expertin (-nen)
- der Erzieher (-) / die Erzieherin (-nen)

Axe : Les univers professionnels, le monde du travail

Berufliche Vielfalt für Jungen und Mädchen?

fiche ENTR. LEXICAL

Zukunftspläne

- ein sicherer Job
- ein spannender Beruf
- etwas beruflich machen
- sich für einen Beruf entscheiden
- sich über einen Beruf informieren
- einen Beruf kennenlernen
- den Traumberuf finden / suchen
- ein gutes / schlechtes Image haben
- (k)einen typischen Beruf wählen
- Lust haben, etwas zu tun
- etwas macht jemandem Spaß
- etwas gut / nicht so gut können
- Interesse an etwas haben
- gebraucht werden
- gut ausgebildet sein

1 EI ou IE ?

Prof. 14
Élève 11

A. Écoutez les mots suivants. Quelle diphtongue faut-il ajouter : EI ou IE ?

1. stud☒ren
2. arb☒ten
3. der Betr☒b
4. sich entsch☒den
5. der Erz☒her
6. die ☒nrichtung
7. inform☒ren
8. t☒lnehmen

B. Recopiez à présent les mots complétés.

C. Lisez-les à haute voix.

2 EI ou IE ?

Prof. 15
Élève 12

A. Écoutez bien. Quels sont les mots que vous entendez ?

1. **a.** Sie
   b. sei
2. **a.** viel
   b. weil
3. **a.** wir bleiben
   b. wir blieben
4. **a.** leider
   b. Lieder
5. **a.** meine
   b. Miene

B. Recopiez dans votre cahier les mots que vous avez entendus.

C. Lisez-les à haute voix.

3 EI ou IE ?

A. Recopiez le texte suivant dans votre cahier et **soulignez** les diphtongues EI et IE.

Der Girls'Day ist das größte Berufsorientierungsprojekt für Schülerinnen weltweit. Seit dem Start der Aktion im Jahr 2001 haben etwa 1,9 Millionen Mädchen teilgenommen. Am Girls'Day erleben die Teilnehmerinnen in Laboren, Büros und Werkstätten, wie spannend die Arbeit dort ist. In Workshops und bei Aktionen gewinnen die Mädchen Einblicke in den Alltag der Betriebe und erproben ihre Fähigkeiten praktisch. Viele junge Frauen haben durch den Girls'Day eine Ausbildung oder einen Studiengang in ihrem Traumberuf gefunden.

B. Lisez le texte à haute voix.

← www.kompetenzz.de

fiche AIDE À LA TÂCHE

fiche ÉVAL. TÂCHE

Sprachmittlung

Berufe mit Zukunft

Wir informieren in unserer Schule über Berufe mit Zukunft für Jungen und Mädchen in Deutschland.

1. Wir bilden Gruppen. Jede Gruppe wählt einen Beruf aus, den sie vorstellen möchte.
2. Wir suchen Informationen zu unseren Berufen und machen uns Notizen.

Warum ist das ein toller Beruf?

Welche Stärken und Charaktereigenschaften braucht man?

Für welche Menschen ist er ideal?

3. Wir erstellen ein Poster zu unseren Berufen und illustrieren es.
4. Wir organisieren eine Informationsveranstaltung und stellen die verschiedenen Berufe anhand der Poster vor.

Digitale Alternative

Sie können Ihre Präsentation auch mit *Genial.ly* erstellen.

5 Berlin, da will ich hin!

Berlin: die „andere" Hauptstadt?

- Le village, le quartier, la ville

eine Strandbar am Spreeufer

das Brandenburger Tor

Ampelmann und Fernsehturm

ein Café in den Hackeschen Höfen

das Kanzleramt

das Berliner Wappen am Rathaus

Abschlussaufgabe

Berlin: eine Hauptstadt voller Überraschungen
Wir erstellen eine Collage über Berlin und präsentieren sie in unserer Schule.

→ **Cahier d'entraînement** p. 32-37

5 Berlin stellt sich vor

1 „Berliner Luft"

A. Sehen Sie sich das Video **an**. Welches Image von Berlin möchte man vermitteln? Welche Facetten der deutschen Hauptstadt werden im Video gezeigt?

B. Sehen Sie sich das Video noch einmal **an**. Welche Adjektive fallen Ihnen dazu ein?

↑ Imagefilm von Berlin, www.visitberlin.com, 2014

C. Was charakterisiert die „Berliner Luft", also das Ambiente in der deutschen Hauptstadt? **Tauschen Sie sich aus.**

2 Berlin, ein Touristenmagnet

A. Lesen Sie den Infotext und **erstellen Sie** den Steckbrief der Stadt.

Berlin in Zahlen
- Einwohnerzahl: ...
- Fläche: ...
- Anzahl der Touristen: ...
- Kulturelles Angebot: ...
- Gastronomie und Unterhaltung: ...

Eine Stadt von Weltformat

3,7 Millionen Einwohner hat Berlin und ist somit die größte Stadt der Bundesrepublik Deutschland. Mit einer Fläche von 892 Quadratkilometern ist die Hauptstadt auch der Goliath unter den deutschen Städten. Im internationalen Vergleich ist Berlin nach Einwohnern die zweitgrößte und nach Fläche die fünftgrößte Stadt der Europäischen Union. [....]

175 Museen kann man in Berlin besuchen: Damit verfügt die Hauptstadt über mehr Museen als Regentage. Außerdem gibt es mehr als 140 Theater sowie etwa 300 Kinosäle. In Berlin gibt es 4 650 Restaurants, rund 900 Kneipen und 190 Bars und Diskotheken. Dazu kommen mehr Döner-Läden als in Istanbul. [...]

Rund 12 970 000 Personen besuchten die deutsche Hauptstadt im Jahr 2017. Berlin ist also das beliebteste Städtereiseziel in Deutschland.

↑ Nach: *Berlin: Fakten und Zahlen*, www.visitberlin.com, 2018

B. Vergleichen Sie Berlin mit London oder Paris. **Recherchieren Sie** die Informationen aus dem Steckbrief aus Aufgabe A im Internet.

C. Sehen Sie sich die Bilder **an**. Welche Funktionen haben die dargestellten Gebäude? **Stellen Sie** Hypothesen **auf**.

1

der Hauptbahnhof

2

der Reichstag

3

das Jüdische Museum

4

der Fernsehturm

D. Sehen Sie sich nun das Video **an** und **überprüfen Sie** Ihre Hypothesen. Welche Informationen passen jeweils? **Ordnen Sie** die Gebäude aus Aufgabe C **zu**.

a. ... wurde 1969 als höchstes Bauwerk Berlins erbaut.

b. ... wurde 2006 eröffnet.

c. ... wurde im Jahr 2001 erbaut.

d. ... wurde im 19. Jahrhundert erbaut und 1999 wieder Sitz des deutschen Bundestags.

↑ *Berlin in Kürze*, SWR, 2015

Grammatik

La voix passive → p. 161 / ex. p. 178

Diese Sehenswürdigkeit **wurde** 1990 **erbaut**.

E. Sehen Sie sich das Video noch einmal **an**. **Notieren Sie** zwei weitere Sehenswürdigkeiten: eine, die vor 1989 und eine, die nach 1989 erbaut wurde. **Schreiben Sie** zu jeder ein paar Informationen.

F. Überlegen Sie: Warum ist das Jahr 1989 in Berlin so wichtig? Welche Veränderungen hat die Stadt erlebt? **Erklären Sie**.

3 Arm, aber sexy?

A. Bilden Sie zwei Gruppen (A und B). **Sehen Sie sich** das Video **an** und **machen Sie sich** Notizen zu den folgenden Fragen (A oder B).

PÉDAGOGIE DIFFÉRENCIÉE

A
a. Was macht Berlin sexy?
b. Welches große Problem hat die Hauptstadt?
c. Warum ist die wirtschaftliche Situation in Berlin anders als in anderen europäischen Hauptstädten?

B
Inwiefern passt der Slogan „Arm, aber sexy“ zu Berlin?

↑ *Warum ist Berlin arm, aber sexy?*, Deutsche Welle, 2016

B. Informieren Sie die andere Gruppe über Ihre Ergebnisse.

C. Was meinen Sie: Warum wollen die Berliner den Slogan „arm, aber sexy“ nicht mehr hören? **Tauschen Sie sich aus**.

4 Im Kiez unterwegs

A. Beschreiben Sie das Foto anhand der Angaben in den Etiketten neben dem Bild.

↑ Straßenszene im Berliner Stadtteil Neukölln

a. Wo?
b. Wer?
c. Was?
d. Atmosphäre?

B. Hören Sie sich das Interview **an. Notieren Sie** mindestens zwei Aspekte, die die Autorin anspricht.
Prof. 16

C. Hören Sie das Interview noch einmal. **Notieren Sie** die Elemente, die Berlin nach Meinung der Autorin interessant machen. Welche Tipps gibt sie?
Prof. 16

D. Sehen Sie sich das Promovideo **an**. Welche Aspekte von Neukölln werden gezeigt?

E. Bilden Sie drei Gruppen (A, B und C). **Sehen Sie sich** das Video noch einmal **an** und **beantworten Sie** Ihre Frage (a, b oder c).

a. Mit welchen Adjektiven wird der Bezirk charakterisiert?
b. Was macht Neukölln zum Trendbezirk?
c. Welche Neuköllner Kieze werden im Video gezeigt? Wie kann man sie charakterisieren?

F. Tauschen Sie sich über Ihre Ergebnisse **aus**.

Les « Kieze » berlinois sont des unités plus petites que les arrondissements (« Bezirke ») ou même les quartiers (« Stadtteile »). Les personnes qui se reconnaissent d'un même « Kiez » attachent beaucoup d'importance à une culture alternative et au mieux-vivre ensemble. Connaissez-vous un équivalent français du « Kiez » berlinois ?

↑ *Berlin Neukölln*, Immowelt, 2014

5 „Gemischtwarenladen"

A. Lesen Sie den Romanauszug über Neukölln. Wie charakterisiert der Autor seinen Stadtteil? **Notieren Sie**.

In den Neuköllner Seitenstraßen mit ihren niedrigen Ladenmieten florieren die Geschäfte gegen den Trend. Eigeninitiative, Phantasie und der Mut zur Gesetzeslücke[1] haben hier einzigartige Einzelhandelszweige[2] etabliert: eine wilde Mischung aus Bahnhofskiosk, Trinkhalle, Basar und Nachttankstelle. Sogenannte »Backshops[3]« schießen wie Pilze aus dem Boden[4] [...]. So lockt an der Ecke Lichtenrader Straße der Laden »Zum Freund« mit interessanten Angeboten: »Einkauf Möglichkeit Allerlei«. Treffender kann man es kaum sagen, denn alle verkaufen alles. Gerade als Anwohner schätzt man den Luxus, nie weiter als einhundert Meter laufen zu müssen, ob für Druckerpatronen oder Pizza [...].

Bis spät in die Nacht hinein bieten kleine Multifunktionsläden Erfrischungsgetränke, Süßigkeiten und Dosengerichte an. [...]

Unnachahmlich diversifiziert wirkt auch das Sortiment im »Shop 38« in der Okerstraße. Vor geheimnisvoll verhängten Fenstern werben schlichte DIN-A4-Ausdrucke mit »Tintendiscounter«, »Restbestände von allem«, »Auktio-Agentur« und »Dienstleistungen aller Art«. [...]

Im Laden streunen Katzen zwischen brandneuen Autoreifen herum. Die kann man alle kaufen, man kann überhaupt alles kaufen, das ist Neukölln.

Leider scheint es die von mir gewünschte Druckerpatrone heute nicht mehr zu geben. [...]

»Wie wär's denn mit 'nem Führerschein?«

»Hab ich schon.«

»Autoreifen, Geburtsurkunden, Fertiggerichte?«

»Danke, nein.«

»Dosenbiere? Versuchstiere?«

Er ist wirklich hartnäckig[5]. Aber ich brauche nun mal eine Druckerpatrone. Zum Glück hat der Backshop »Etcetera« noch offen.

↑ Uli Hannemann, *Neulich in Neukölln*, 2008

1. **Mut zur Gesetzeslücke haben** profiter des lacunes juridiques
2. **der Einzelhandelszweig** la branche de commerce de détail
3. **der Backshop** l'épicerie avec un point chaud
4. **wie Pilze aus dem Boden schießen** pousser comme des champignons
5. **hartnäckig** persévérant/e

B. Was ist wohl ein „Gemischtwarenladen"? **Überlegen Sie.** Was kann man in den „Gemischtwarenläden" Neuköllns kaufen? **Berichten Sie**.

C. Was meinen Sie: Lebt der Autor gerne in seinem Stadtviertel? Warum (nicht)? **Belegen Sie** Ihre Antwort mit Zitaten aus dem Text.

D. Wie würden Sie Ihren „Kiez" beschreiben? Was macht ihn besonders? **Tauschen Sie sich aus**.

Grammatik

Les compléments de lieu
→ p. 168 / ex. p. 178
Im Laden laufen Katzen **zwischen** Autoreifen herum.

Ein beliebtes Städtereiseziel

- die Anzahl der Touristen
- ein beliebtes Städtereiseziel
- das Restaurant (-s) / die Bar (-s) / die Kneipe (-n)
- das kulinarische Angebot = die Gastronomie
- eine Stadtführung / Rundfahrt machen
- das Stadtzentrum besichtigen
- ein besonderes Image vermitteln
- ins Kino / ins Theater / ins Konzert gehen
- die Einwohnerzahl (-en)
- die Hauptstadt (¨-e)
- im Vergleich
- das Wahrzeichen = das Symbol
- das Regierungsviertel

Werben für Berlin

- arm ≠ reich
- der Werbeslogan (-s)
- für die Stadt werben
- über etwas meckern
- das Bundesland
- staatliche Hilfe bekommen
- politisch geteilt
- eine günstige / billige Wohnung
- steigende Mietpreise
- rasant wachsen

Axe : Le village, le quartier, la ville

fiche ENTR. LEXICAL

Berlin: die „andere" Hauptstadt?

Im Kiez unterwegs

- der Kiez (-e)
- der Stadtteil (-e) = das Stadtviertel (-)
- der Bezirk (-e)
- im Kiez flanieren / spazieren gehen
- die geheimsten Ecken / Neues entdecken
- neugierig
- der Geheimtipp (-s)
- besonders
- ein kreatives Zentrum
- der Flohmarkt (¨-e)
- der Secondhandshop (-s)
- Wert auf das Miteinander legen
- die Künstlerszene

Einkaufen im Kiez

- der Gemischtwarenladen (¨-)
- die Mischung (-en)
- mit interessanten Angeboten locken
- der Anwohner (-), die Anwohnerin (-nen)
- den Luxus schätzen
- ein einzigartiges Sortiment anbieten
- die Dienstleistung (-en)
- scheinen (es scheint kein ... zu geben)
- die Druckerpatrone (-n)
- der Führerschein (-e)

1 S ou Z ?

Prof. 17
Élève 13

A. **Écoutez** bien les mots suivants. Quelle est la lettre manquante : S ou Z ?

1. der Kie…
2. das Rei…eziel
3. die Einwohner…ahl
4. die Hypothe…e
5. das Stadt…entrum
6. der Be…irk
7. der Reich…tag
8. die Per…onen
9. charakteri…ieren
10. das Wahr…eichen

Prof. 17
Élève 13

B. **Écoutez** à nouveau les mots et **écrivez-les** dans votre cahier.

C. **Lisez** à présent les mots à haute voix.

2 S ou Z ?

Prof. 18
Élève 14

A. **Recopiez** dans votre cahier les mots que vous entendez.

1. **a.** soll
   b. Zoll
2. **a.** zehn
   b. sehen
3. **a.** Zoo
   b. so
4. **a.** zieh
   b. sie
5. **a.** seit
   b. Zeit

B. **Lisez** les mots suivants à haute voix.

1. sie erzählen
2. sie sind so
3. der Satz
4. die Zeitung
5. der Sohn
6. sechs Reisen
7. zehn Zehen
8. sechzehn Zimmer
9. zwei Zoos
10. vierzigtausend
11. diversifizieren
12. zwanzig Seiten

Prof. 19
Élève 15

C. **Écoutez** et **notez** dans votre cahier les mots que vous entendez.

fiche AIDE À LA TÂCHE

fiche ÉVAL. TÂCHE

Sprachmittlung

Berlin: eine Hauptstadt voller Überraschungen

Wir erstellen eine Collage über Berlin und präsentieren sie in unserer Schule.

1. Ich wähle drei Bilder aus, die für mich die Aspekte von Berlin als eine Hauptstadt „anderer Art" zeigen.
2. Ich schreibe zu jedem Bild einen kurzen Text, der meine Wahl begründet.
3. Wir stellen alle Bilder nach Themen geordnet zusammen und kleben sie alle auf ein großes Plakat.
4. Wir stellen das Plakat in unserer Schule aus (zum Beispiel am 9. November, am Tag des Mauerfalls) und präsentieren es unseren Mitschülern.

Digitale Alternative

Sie können Ihre Collage auch mit *Padlet* erstellen.

6 Zu Gast in Wien

Wien: die Welt von gestern?

- Le village, le quartier, la ville

die Alte Hofburg

das Hundertwasserhaus

der Stephansdom und das Haas-Haus

Abschlussaufgabe

Ein Flyer über Wien
Wir erstellen einen Flyer mit dem Titel „Wien, eine alte Stadt mit modernem Flair" und präsentieren ihn in der Klasse.

→ **Cahier d'entraînement**
p. 38-43

6 Kaiserwalzer

1 Besuch in Wien

↑ *Wien: die lebenswerteste Stadt der Welt*, Deutsche Welle, 2012

A. 2018 wurde Wien zum 9. Mal in Folge zur lebenswertesten Stadt der Welt gewählt. **Sehen Sie sich** die Reportage **an**. Was macht Wien als Stadt so attraktiv? **Machen Sie sich** Notizen.

B. Kennen Sie die Sehenswürdigkeiten auf den Fotos? Welche? **Ordnen Sie** die Etiketten den Bildern **zu**.

Prof. 20 **C.** Simon erzählt von seiner Reise nach Wien. **Hören Sie zu.** Welche Sehenswürdigkeiten hat er gesehen? **Wählen Sie aus.**

a. das Johann-Strauß-Denkmal

b. ein Fiaker in der Innenstadt

c. ein Badestrand an der Donau

d. das Schloss Schönbrunn

e. das Parlament

f. das Secessionsgebäude

g. ein Ampelpärchen

h. der Stephansdom

i. eine Wiener Straßenbahn

j. das Riesenrad am Prater

1 

2 

3 

4 

5 

6 

Prof. 20 **D. Hören Sie sich** das Gespräch noch einmal **an** und **machen Sie sich** Notizen zu den Sehenswürdigkeiten.

7 

8 

9 

10 

Grammatik

L'adjectif épithète au superlatif

→ p. 167 / ex. p. 179

Wien ist die **lebenswerteste** Stadt der Welt.

2 Der „ewige" Kaiser

↑ *150 Jahre Ringstraße*
www.wien.info, 2015

13 **A. Sehen Sie sich** das Video **an** und **notieren Sie** die wichtigsten Informationen.

13 **B. Sehen Sie sich** das Video noch einmal **an**. Warum ist die Ringstraße auch heute noch lebendig?

C. Lesen Sie die Biografie des Kaisers und **beantworten Sie** die folgenden Fragen.

Grammatik

Le prétérit → p. 158 / ex. p. 179

Franz Joseph **regierte** 68 Jahre lang.

a. Warum nennt man Franz Joseph auch den „ewigen Kaiser"?
b. Inwiefern hatte der Kaiser ein tragisches Familienleben?
c. Welche wichtigen historischen Ereignisse hat er miterlebt?

↑ Kaiser Franz Joseph I.

↑ Kaiserin Elisabeth, genannt „Sisi"

Kaiser Franz Joseph I. war der Habsburger, der am längsten regierte, nämlich 68 Jahre lang. Er bestieg mit nur 18 Jahren 1848 den Thron[1] des Kaisertums Österreich. Franz Joseph verstand sich als absoluter Monarch: Er nahm keine Rücksicht auf den Willen des Volkes[2]. Er sah im Liberalismus nur eine Bedrohung[3] seiner Macht.

Am 24. April 1854 heiratete Franz Joseph seine Cousine Elisabeth (1837–1898), eine Tochter einer Schwester von Franz Josephs Mutter Sophie. Mit Elisabeth, genannt „Sisi", hatte er vier Kinder. Die Familie lebte in der Hofburg im Zentrum Wiens und in Schönbrunn, einer Sommerresidenz außerhalb der Stadt.

Nach der Revolution von 1848 musste Franz Joseph schrittweise Konzessionen machen, da sich die Forderungen nach einer Liberalisierung des politischen Systems auf Dauer nicht ignorieren ließen. 1867 wurde das Reich der Habsburger schließlich zu einer konstitutionellen Monarchie. In den folgenden Jahren bis zu seinem Tod 1916 wandelte sich die Meinung des Kaisers und so wurde Franz Joseph zu einem Symbol für den späten Glanz der österreichisch-ungarischen Monarchie.

Auch im Privatleben musste der Kaiser viele Schicksalsschläge[4] erleben: Seine erste Tochter starb im Alter von 2 Jahren, sein einziger Sohn nahm sich im Jahre 1889 das Leben[5] und seine Frau Elisabeth wurde 1898 ermordet. Erst nach ihrem Tod begann der Kult um die schöne Kaiserin. Am Hof in Wien fühlte sie sich nicht wohl, aber über das Glück der Ehe gehen die Meinungen auseinander. „Sie wissen, gar nicht, wie sehr ich diese Frau geliebt habe!", soll Franz Josef nach ihrer Ermordung ausgerufen haben.

Bis 1918 war die Hofburg im Herzen Wiens das politische Zentrum der Monarchie, heute erfüllt sie dieselbe Funktion für das demokratische Österreich. Franz Joseph I. starb 1916 an einer Lungenentzündung[6].

↑ Nach: *Kaiser Franz Joseph I.*, www.habsburger.net

1. **den Thron besteigen** monter sur le trône
2. **der Wille des Volkes** les désirs du peuple
3. **die Bedrohung** la menace
4. **der Schicksalsschlag** le coup du sort
5. **sich das Leben nehmen** se suicider
6. **die Lungenentzündung** la pneumonie

D. Warum hat Kaiser Franz Joseph das Stadtbild von Wien so stark geprägt? **Erklären Sie.**

3 So schmeckt's in Wien

A. Lesen Sie die Speisekarte. Wie heißt das berühmte Hotel-Restaurant? Was kann man dort essen und trinken? **Ordnen Sie** die Fotos den Namen auf der Speisekarte **zu**.

Hotel Sacher
WIEN

WIENER MELANGE
Kleiner Brauner mit Milchschaum

HEIßE SCHOKOLADE MIT SCHLAGOBERS

DAS ORIGINAL, SEIT 1832
ORIGINAL SACHER-TORTE

HAUSGEMACHTER WIENER APFELSTRUDEL

MARILLENPALATSCHINKEN

ORIGINAL WIENER SCHNITZEL
mit Petersilien-Erdäpfel

RINDSGULASCH MIT SERVIETTENKNÖDEL

a

b

d

c

e

f

g

↑ Text und Fotos a. und e. mit freundlicher Genehmigung, Hotel Sacher, Wien.

B. Was würden Sie im Hotel Sacher bestellen und warum? **Erklären Sie**.

Ich würde ... nehmen, weil ich ... mag.

Grammatik

La conséquence avec so ..., dass ...
→ p. 165 / ex. p. 179
Ich finde Apfelstrudel **so** lecker, **dass** ich ihn am liebsten jeden Tag essen würde.

C. Sehen Sie sich die Reportage **an**.
Machen Sie sich Notizen zu den folgenden Punkten.

a. Atmosphäre

b. Kaffeehauskultur

c. Warum gehört das Kaffeehaus noch heute zum Stadtbild?

↑ *Wiener Kaffeehäuser – Immaterielles UNESCO Weltkulturerbe*, Deutsche Welle, 2011

D. Tauschen Sie sich über Ihre Ergebnisse **aus** und **erklären Sie**, was man in Kaffeehäusern machen kann.

4 Ein besonderes Kaffeehaus

A. Sehen Sie sich die Fotos vom Café Central **an**. Welche typischen Merkmale eines Kaffeehauses erkennen Sie?

1

2

3

↑ Café Central, www.cafecentral.wien

B. Lesen Sie, was Stefan Zweig über das Wiener Kaffeehaus zu Beginn des 20. Jahrhunderts schreibt. Welche weiteren Aspekte der Kaffeehauskultur nennt der Schriftsteller?

Stefan Zweig: Das Wiener Kaffeehaus

Das Wiener Kaffeehaus stellt eine Institution besonderer Art dar (...), die mit keiner ähnlichen der Welt zu vergleichen ist. Es ist eigentlich eine Art demokratischer, jedem für eine billige Schale[1] Kaffee zugänglicher[2] Klub, wo jeder Gast für diesen kleinen Obolus stundenlang sitzen, diskutieren, schreiben, Karten spielen, seine Post empfangen und vor allem eine unbegrenzte Zahl von Zeitungen und Zeitschriften konsumieren kann. [...] So wussten wir alles, was in der Welt vorging[3], aus erster Hand, wir erfuhren von jedem Buch, das erschien, von jeder Aufführung[4] und verglichen in allen Zeitungen die Kritiken; nichts hat so viel zur intellektuellen Beweglichkeit[5] des Österreichers beigetragen[6] [...].

↑ Aus: Stefan Zweig (1881–1942), *Die Welt von gestern*, 1941

1. **die Schale** *(hier) die Tasse*
2. **zugänglich** accessible
3. **vorgehen** se passer
4. **die Aufführung** la représentation théâtrale
5. **die Beweglichkeit** la vivacité
6. **beitragen zu** contribuer à

Le mot « viennoiserie » est utilisé dès 1840. Il est dérivé du nom de Vienne et est synonyme de « boulangerie viennoise », commerce où l'on trouve des pâtisseries fines originaires de la capitale autrichienne.

C. Was wissen Sie jetzt über die Kaffeehäuser in Wien? **Schreiben Sie** einen Artikel, in dem Sie erklären, warum sie in der ganzen Welt berühmt sind.

D. Wohin bringen Sie Ihre ausländischen Besucher, wenn Sie ihnen ein typisch französisches Lokal zeigen möchten? **Erklären Sie**, warum.

E. Sie organisieren einen Besuch in Wien. Was würden Sie unbedingt zeigen? Zu zweit: **Erstellen Sie** ein Tagesprogramm und **erklären Sie** kurz den besonderen Reiz der Orte und Sehenswürdigkeiten.

Grammatik

Les adjectifs invariables en -er
→ p. 153 / ex. p. 179
Das **Wiener** Kaffeehaus ist eine Institution.

Eine lebenswerte Stadt
- zu Gast / Besuch sein
- zum neunten Mal in Folge
- das Kulturangebot (-e)
- die Architektur
- der Boulevard = die Prachtstraße
- das historische Gebäude (-)
- die Sehenswürdigkeit (-en)
- die Atmosphäre (-n)
- das Denkmal (¨-er)
- die Innenstadt (¨-e)
- das Schloss (¨-er)
- das Parlament (-e)
- die Hofburg
- die Straßenbahn (-en)
- der Fiaker (-)

Der „ewige" Kaiser
- ewig
- der Kaiser / die Kaiserin
- lange regieren
- etwas finanzieren
- das Stadtbild prägen
- das historische Ereignis (-se)
- die konstitutionelle Monarchie
- die Doppelmonarchie = die österreichisch-ungarische Monarchie
- Konzessionen machen müssen
- pflichtbewusst sein
- eine glückliche / schwierige Ehe führen
- viele Schicksalsschläge erleben
- früh sterben
- ermordet werden

Axe : Le village, le quartier, la ville

Wien: die Welt von gestern?

fiche ENTR. LEXICAL

Das Wiener Kaffeehaus
- ein Mythos sein
- Tradition haben
- zum Stadtbild gehören
- gemütlich sein
- ein Treffpunkt für alle sein
- Zeitungen und Zeitschriften
- der Ober im Frack

Wiener Spezialitäten
- die Sachertorte (-n)
- der Apfelstrudel (-)
- die Melange
- das Schlagobers
- der Marillenpalatschinken (-)
- das Wiener Schnitzel (-)
- das Rindsgulasch
- der Serviettenknödel (-)

1 S devant T

Prof. 21 Élève 16

A. **Écoutez** bien les mots ci-dessous. Comment se prononce la lettre S devant le T ? Notez-vous une différence selon les mots ? **Expliquez.**

1. der **St**rudel
2. hi**st**orisch
3. Ö**st**erreich
4. die **St**adt
5. die **St**raßenbahn
6. ge**st**ern
7. der Er**st**e
8. **st**erben

Prof. 21 Élève 16

B. **Écoutez** à nouveau les mots et **lisez-les** à haute voix.

Prof. 22 Élève 17

C. **Écoutez** les mots suivants. Comment se prononce la lettre S ? Pourquoi ?

1. be**st**eigen
2. die Haupt**st**raße
3. die Kaiser**st**adt
4. ver**st**ehen
5. die Haupt**st**adt
6. ge**st**alten
7. die Ring**st**raße
8. der Apfel**st**rudel

D. **Lisez** les mots à haute voix.

2 S devant P

Prof. 23 Élève 18

A. **Écoutez** bien les mots ci-dessous. Comment se prononce la lettre S devant le P ? Notez-vous une différence selon les cas ? **Expliquez.**

1. **sp**azieren
2. **sp**äter
3. **sp**rechen
4. **sp**annend
5. die **Sp**ezialität
6. der Arbeit**sp**latz
7. der Arbeit**sp**lan
8. die **Sp**rache

Prof. 23 Élève 18

B. **Écoutez** à nouveau les mots et **lisez-les** à haute voix.

C. **Recopiez** les phrases suivantes dans votre cahier et **soulignez** les lettres ST et SP quand le S se prononce comme le son SCH en allemand.

1. Gestern sind unsere Gäste am Strand spazieren gegangen.
2. In Österreich gibt's die besten Kaffeehäuser. Dort kannst du stundenlang sitzen und staunen!
3. Sisi ist nicht spät, sondern früh gestorben. Sie hatte nicht das glücklichste Leben.
4. Spanisch sprechen war noch nie meine Stärke. Aber ich verstehe fast alles.

fiche AIDE À LA TÂCHE

fiche ÉVAL. TÂCHE

Sprachmittlung

Ein Flyer über Wien

Wir erstellen einen Flyer mit dem Titel „Wien, eine alte Stadt mit modernem Flair" und präsentieren ihn in der Klasse.

1. Wir bilden Gruppen. Jede/r aus der Gruppe sucht sich einen bis zwei Orte oder Sehenswürdigkeiten aus, die man unbedingt besuchen sollte.
2. Wir sammeln Fotos und Informationen zu diesen Orten und Sehenswürdigkeiten sowie zu ihrer Geschichte.
3. Wir finden schöne Titel und schreiben kurze Texte zu jeder Sehenswürdigkeit.
4. Wir erstellen eine attraktive Broschüre, die Lust auf Wien machen soll.
5. Jedes Gruppenmitglied präsentiert einen Teil des Flyers.
6. Wir legen unsere Flyer im CDI aus, damit unsere Mitschüler/innen sie konsultieren können.

Digitale Alternative

Sie können Ihren Flyer auch mit *Canva* erstellen.

Schein oder Sein? Ein deutsches Dilemma?

7 Zwischen Sein und Schein

• Représentation de soi et rapport à autrui

NEONYT

Gemeinsam Mode verändern. Durch Kollaboration und Innovation, Nachhaltigkeit und Technologie. Das ist die Vision von Neonyt. Zweimal im Jahr öffnet die Neonyt Trade Fair ihre Tore zur Berlin Fashion Week und zeigt den State-of-the-Art nachhaltiger Mode. Um die Messe herum entspinnt sich ein umfangreiches Rahmenprogramm aus Konferenzen, Vorträgen und Networking-Veranstaltungen. Damit ist Neonyt die größte BtoB*-Veranstaltung für nachhaltige Mode.

Mit freundlicher Genehmigung:
www.neonyt.messefrankfurt.com/berlin/de.html

* Business to Business

Abschlussaufgabe

Mode: So tickt Deutschland
Ich vergleiche das Modebewusstsein von Franzosen und Deutschen in einem Text für unsere Schülerzeitung.

→ Cahier d'entraînement
p. 44-47

1 Nachhaltige Mode: So tickt Deutschland

A. Sehen Sie sich die Reportage **an**. Was charakterisiert „nachhaltige Mode"?

B. Lesen Sie den Text und **sehen Sie sich** die Infografik **an**. **Beantworten Sie** die folgenden Fragen.

1. Worauf achten junge Deutsche beim Kauf von Kleidung am meisten? Worauf am wenigsten?
2. Wie stehen die jungen Leute zur fairen Produktion und zur Umweltfreundlichkeit?

↑ *Mode für die Umwelt*, rheinmaintv, 01.08.2017

61 Prozent der jungen Verbraucher wollen zukünftig grüne Mode kaufen

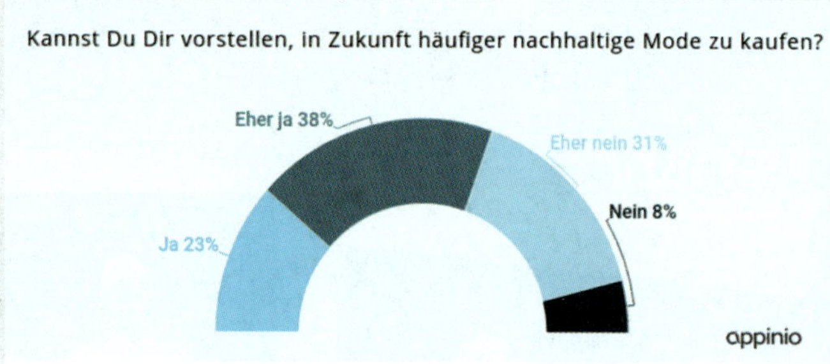

[...] Nur jeder zehnte junge Deutsche achtet beim Kleidungskauf auf faire Herstellung oder Nachhaltigkeit. Zu diesem Ergebnis kommt eine Studie zum Thema „Faire und nachhaltige Mode" der Meinungsforschungsplattform[1] Appinio mit Hauptsitz in Hamburg. Für die Untersuchung wurden im Januar 2018 insgesamt 1.000 Verbraucher[2] zwischen 14 und 34 Jahren befragt.

Laut der Studie ist beim Kauf von Kleidung vor allem Aussehen wichtig: 70 Prozent der Männer und 78 Prozent der Frauen geben an, ihre Entscheidung von der Optik abhängig zu machen. Genauso wichtig ist den Verbrauchern der Preis. [...] Auf den weiteren Plätzen im Ranking der wichtigsten Kaufkriterien folgen Qualität, Komfort, Marke und Material sowie aktuelle Trends.

[...] Für Mode, die unter fairen Bedingungen hergestellt wurde, ist ein Teil der Kunden auch bereit, mehr zu zahlen: 41 Prozent der jungen Verbraucher können es sich vorstellen, für fair gehandelte Kleidung tiefer in die Tasche zu greifen[3]. Besonders nachhaltige Mode ist für 37 Prozent ein Grund, mehr zu bezahlen.

↑ Text und Infografik: www.markenartikel-magazin.de, 01.02.2018

1. **die Meinungsforschungsplattform** la plateforme de sondage
2. **der Verbraucher** le consommateur
3. **in die Tasche greifen** mettre la main au porte-monnaie

C. Tragen Sie nun **zusammen**, was Sie zum Thema „nachhaltige und faire Mode in Deutschland" erfahren haben.

D. Welchen Stellenwert hat nachhaltige und faire Mode in Frankreich? Wie würde Ihrer Meinung nach eine solche Umfrage unter französischen Jugendlichen ausfallen? **Tauschen Sie sich aus**.

Grammatik

Le groupe infinitif complément avec zu
→ p. 164 / ex. p. 180

Viele junge Leute sind bereit, in Zukunft nachhaltige Mode **zu** kaufen.

2 Der neue Luxus!

A. Bilden Sie drei Gruppen (A, B, und C). **Lesen Sie** Ihren Textauszug (A, B oder C) und **beantworten Sie** die Fragen.

a. Was ist die Hauptaussage Ihres Textauszugs?
b. Welche weiteren Informationen bekommen Sie?
c. Hat sich die Einstellung zum Luxus geändert? Wenn ja, inwiefern?

A

Preußische Askese war gestern

Die konsumkritischen Deutschen entdecken das schöne Leben. Eine exklusive Studie belegt, dass Sparen aus der Mode kommt. Gerade die Jugend hat Spaß am Guten und Teuren. [...] In einer repräsentativen Studie, die das Institut für Demoskopie Allensbach im Auftrag der „Welt am Sonntag" erhoben hat, wurden 1400 Deutsche ab 16 Jahren befragt. [...] 46 Prozent beurteilen Luxus als „in", vor zwölf Jahren waren es nur 38 Prozent [...]. Für die neue Lust am Luxus hat Allensbach-Chefin Renate Köcher vor allem eine Erklärung: „Wir haben seit zehn Jahren eine robuste Konjunktur[1] [...]. Die bessere wirtschaftliche Lage vieler Haushalte verändert den Blick auf Konsum und Besitz."

1. eine robuste Konjunktur une conjoncture robuste

B

Demonstrativer Luxus

Fast der Hälfte der 16- bis 29-Jährigen gefällt es der Allensbach-Studie zufolge, wenn man bei luxuriösen Dingen die Marke erkennen kann [...]. Doch ein unverkrampfteres[1] Verhältnis zum Edlen und Teuren macht aus den Deutschen noch keine reinen Status-Shopper.

[...] Köcher meint: „Exklusive Marken beeindrucken die Konsumenten in erster Linie durch Qualität, Verarbeitung[2] und Materialien." Ihrer Meinung nach wird Deutschland deshalb auch weiterhin das „Land des diskreten Luxus" bleiben.

1. unverkrampft plus détendu/e
2. die Verarbeitung la finition

C

Eine Frage der Einstellung

61 Prozent der 16- bis 29-Jährigen sagen, es bereite ihnen Freude, schöne Dinge zu besitzen, bei über 60-Jährigen ist es knapp die Hälfte. Aber immerhin 35 Prozent der Bevölkerung verurteilt Luxus pauschal als Geldverschwendung[1], 37 Prozent sind überzeugt, dass Menschen, die im Luxus leben, wenig vom Alltag anderer Menschen verstehen. Und beim Deutschen kauft das schlechte Gewissen[2] oft mit. Ein Produkt hat hundertprozentig fair produziert zu sein, umweltfreundlich und am besten: preisreduziert. [...] Das Unbehagen am Luxus ist alt. [...] Der Soziologe René König schrieb [...], dass während der Reformation sowohl die katholische Kirche [...] als auch der Protestantismus einen schmucklosen und strengen Lebensstil propagierten.

↑ A-C: A. Sack, *Wie die Deutschen endlich lernen, den Luxus zu lieben*, www.welt.de, 26.10.2015

1. die Geldverschwendung le gaspillage d'argent

B. Informieren Sie die anderen Gruppen über Ihren Textauszug. **Machen Sie sich** Notizen zu den Texten, die Sie nicht gelesen haben.

C. Wie stehen Sie zur Mode und zum Luxus? Zu zweit: **Tauschen Sie sich** schriftlich **aus**.

Grammatik

La déclinaison du groupe nominal avec adjectif → p. 152, 153 / ex. p. 180

Deutschland ist ein Land **des diskreten** Luxus. Bei **luxuriösen** Dingen sollte man die Marke erkennen.

7 Wortschatz

Nachhaltige Mode

- nachhaltig / ökologisch / aus Recyclingmaterialien produziert sein
- auf die Herstellung / das Herstellungsland achten
- unter fairen Bedingungen hergestellt werden
- umweltfreundlich ≠ umweltschädlich
- gute / schlechte Arbeitsbedingungen
- bereit sein, mehr zu zahlen
- sich etwas vorstellen können

Kaufkriterien

- jemandem wichtig sein
- auf etwas achten
- das Aussehen = die Optik
- die Qualität
- das Material (-ien)
- der Preis
- eine Marke (er-)kennen
- teuer ≠ günstig
- (preis-)reduziert
- bequem sein
- viel / wenig ausgeben

Axe : Représentation de soi et rapport à autrui

Schein oder Sein? Ein deutsches Dilemma?

fiche ENTR. LEXICAL

Spaß am Shoppen?

- Klamotten tragen / kaufen
- etwas macht (keinen) Spaß
- „in" / „out" sein
- der Luxus
- die aktuellen Trends
- jemanden beeindrucken
- jemandem Freude bereiten
- besitzen
- Geldverschwendung sein
- ein schlechtes / gutes Gewissen haben
- Geld ausgeben ≠ sparen
- die wirtschaftliche Lage
- der Käufer (-) / die Käuferin (-nen) = der Verbraucher (-) / die Verbraucherin (-nen)

1 AU ou ÄU ?

Prof. 24 Élève 19

A. Reproduisez dans votre cahier la grille ci-dessous, puis **cochez** la bonne colonne selon que les mots que vous entendez contiennent la diphtongue AU ou la diphtongue ÄU.

	AU	ÄU
1.	...	...
2.	...	...
3.	...	...
4.	...	...

	AU	ÄU
5.	...	...
6.	...	...
7.	...	...
8.	...	...

Prof. 25 Élève 20

B. Écoutez les mots suivants et **répétez-les** à haute voix.

1. der Baum
2. die Träume
3. die Bäume
4. lauter
5. verkaufen
6. der Verkäufer
7. verbraucht
8. der Verbraucher

2 ÄU et EU

Prof. 26 Élève 21

A. Écoutez les mots suivants. Que remarquez-vous ?

1. der Verkäufer
2. neu
3. überzeugt
4. träumen
5. teuer
6. Leute
7. umweltfreundlich
8. Euro

B. Lisez les mots à haute voix.

3 E en fin de mot

Prof. 27 Élève 22

A. Écoutez bien les mots suivants. Que remarquez-vous ? Quelle différence notez-vous par rapport au français quant à la prononciation du E en fin de mot ?

1. die Mode
2. die Marke
3. die Schule
4. Friseure
5. die Jacke
6. der Soziologe
7. Dinge
8. exklusive
9. die Umfrage
10. Leute
11. schöne
12. die Kirche

B. Lisez à présent les mots à haute voix.

Prof. 28 Élève 23

C. Recopiez dans votre cahier les mots que vous entendez.

1. **a.** schicke
   b. schick
2. **a.** heute
   b. heut
3. **a.** Ingenieur
   b. Ingenieure
4. **a.** Tisch
   b. Tische
5. **a.** Termine
   b. Termin
6. **a.** schöne
   b. schön
7. **a.** aktuelle
   b. aktuell
8. **a.** modern
   b. moderne

fiche AIDE À LA TÂCHE

fiche ÉVAL. TÂCHE

Sprachmittlung

Mode: So tickt Deutschland

Ich vergleiche das Modebewusstsein von Franzosen und Deutschen in einem Text für unsere Schülerzeitung.

1. Ich sehe mir noch einmal die Lektion an und notiere, nach welchen Kriterien die Deutschen Mode einkaufen.
2. Ich überlege mir, wie das Modebewusstsein der Franzosen ist, und notiere Gemeinsamkeiten und Unterschiede zu den Deutschen.
3. Ich erstelle eine Struktur für meinen Text (Einleitung, Hauptteil, Schluss) und mache mir zu jedem Absatz Stichpunkte.
4. Ich verfasse meinen Text und verwende passende Konnektoren.
5. Wir bilden kleine Gruppen und lesen die Texte. Wir wählen in jeder Gruppe den besten Text aus.

Digitale Alternative

Sie können Ihren Text auch mit *Canva* gestalten und auf *Calameo* veröffentlichen.

8 So, wie ihr mich wollt ...

Einfach anders sein?

Représentation de soi et rapport à autrui

Abschlussaufgabe

Ein literarischer Vortrag
Ich wähle einen literarischen Text (Gedicht oder Romanauszug) aus der Lektion aus und trage ihn in der Klasse vor.

→ **Cahier d'entraînement**
p. 48-53

8 Anders sein

1 Anders sein vereint!

↑ AndersSein vereint - Inklusionssong für Deutschland, www.grenzensindrelativ.de, 2015

A. Sehen Sie sich das Musikvideo **an.** Worum und um wen geht es in dem Lied?

B. Lesen Sie den Text. Welche Ziele setzt sich der Verein? Wie will man die Gesellschaft verändern?

Grenzen sind relativ e. V. – Kultur, Gesellschaft & Inklusion

„Grenzen sind relativ e. V." setzt sich mit verschiedensten Projekten, Veranstaltungen und Kampagnen für eine inklusive, integrale und nachhaltige Gesellschaft ein. Das Pilotprojekt Musikunterricht für Hörgeschädigte[1] wurde bereits mehrfach ausgezeichnet[2]. Spartenübergreifende[3] Festivals, Aktionstage Inklusion an Schulen und Universitäten, Netzwerkarbeit, Workshops/Seminare und Bandcamps sind weitere Eckpfeiler der Plattform.

↑ www.grenzensindrelativ.de

1. **der / die Hörgeschädigte** le / la malentendant/e
2. **auszeichnen** décerner une récompense
3. **spartenübergreifend** interdisciplinaire

C. Glauben Sie, dass man mit kreativen Projekten wie diesem die Gesellschaft toleranter und inklusiver machen kann? Kennen Sie ähnliche Projekte in Frankreich? **Tauschen Sie sich aus.**

2 Das Mädchen mit dem schönen Lächeln

A. Lesen Sie den Textauszug. Was erfahren wir über Britta, Tom, Markus und den Ich-Erzähler? **Machen Sie sich** Notizen.

Es war in meinem fünften Schuljahr. Britta war erst seit einem halben Jahr in unserer Klasse. Sie kam zu uns als Scheidungskind; als Kind, das von einer Stadt in die andere zieht; als Schlüsselkind[1] am Wochenende und als Heimkind[2] an allen anderen Tagen. Wenn die ganze Klasse über irgendeinen Blödsinn lachte, drehte ich mich um und hoffte, sie lacht auch, und manchmal tat sie es sogar. Das waren Momente, in denen ich kurz davor war, ihr etwas Nettes zu sagen. Ich bewunderte ihre Zähne. Einer war schief, was mir besonders gut gefiel, aber das behielt ich streng für mich[3]. Überhaupt behielt ich es für mich, dass ich sie hübsch fand. Vor den anderen missachtete ich sie, denn wer Britta nicht missachtete, machte sich zum Außenseiter.

In den Pausen, wenn wir auf den Schulhof rannten, [...] setzte sich Britta still auf einen schwarzen Heizkörper[4] im Flur. [...] Dabei knabberte sie meistens an einem Apfel oder einer Birne.

[...] Tom war der Sohn des Metzgers. Wen er nicht mochte, den kickte er beiseite [...]. Britta versuchte so gut wie möglich, Tom aus dem Weg zu gehen, denn wenn sie ihm begegnete, schrie er vor der versammelten Menge los, „Leute, schaut her, die Dummliese ist da. Dummliese! Dummliese!", und alle lachten. Auch ich lachte, [...] und nur an mutigeren Tagen blieb ich unbeteiligt in der Ecke stehen.

[...] Ich beschützte sie nur in meinen Gedanken. Stumm sah ich zu, als sie eines Morgens durch die Dummheit von Markus als Diebin[5] verschimpft wurde. Markus war ein gutmütiger Trottel[6] mit Hornbrille, und seit einem Tag vermisste er seinen Geldbeutel. Er weinte wie ein kleines Kind, erzählte es [...] der Lehrerin, und Manu aus der letzten Reihe kannte sofort die Schuldige.

„Die Britta ist gestern als Letzte aus dem Klassenzimmer. Wir Mädels sind vor ihr raus.“

[...] „Britta. Wenn du wirklich den Geldbeutel genommen hast, kannst du es uns jetzt sagen. Deine Ehrlichkeit soll nicht bestraft werden“, und beinahe feierlich, als wolle sie die Sache damit abschließen, fragte sie das Mädchen ultimativ, „Britta, jetzt noch einmal: Hast du den Geldbeutel mitgenommen? Jetzt ist der Zeitpunkt, es uns zu sagen.“

„Nein Frau Gabriel, ich habe wirklich keinen Geldbeutel eingesteckt“, antwortete Britta mit heller, abgebrochener Stimme.

Enttäuscht setzte Frau Gabriel den Unterricht fort und ließ Britta hinterher mit den Anfeindungen[7] von fünfundzwanzig Elfjährigen alleine.

Als sie am nächsten Tag auf ihrem warmen Heizkörper saß, blieben kleine Gruppen von Mitschülern vor ihr stehen wie vor einer Mülltonne und brüllten ihr ins Gesicht. Diebin, Lügnerin, asoziale Schlampe, gib das Geld zurück. Ich schlurfte an ihr vorbei, als würde sie nicht existieren.

Am nächsten Morgen verkündete der schusselige Markus voller Freude, er habe seinen Geldbeutel in einem Nebenfach des Schulranzens gefunden, und die Welt war für Frau Gabriel und die Klasse wieder in Ordnung. Ein Wort der Entschuldigung hörte Britta weder von Frau Gabriel noch von einem Mitschüler. Dafür konnte sie wieder in Frieden auf ihrem warmen Heizkörper sitzen.

↑ Stefan Frieser, *Birnenkompott*, www.stefanfrieser.jimdo.com, 2007

1. **das Schlüsselkind** l'enfant qui rentre à la maison plus tôt que ses parents et à qui on confie les clés de la maison
2. **das Heimkind** l'enfant placé en foyer
3. **etwas für sich behalten** garder qc pour soi
4. **der Heizkörper** le radiateur
5. **der Dieb / die Diebin** le voleur / la voleuse
6. **der Trottel** la gourde
7. **die Anfeindung** l'attaque

B. Lesen Sie den Text noch einmal. Welchen Fehler macht die Lehrerin? Welchen macht Markus?

C. Lesen Sie die Geschichte weiter. Was passiert mit Britta? Wie verändert sie sich? Wie reagiert Frank darauf? Wie fühlt er sich wohl am Ende?

[...] Mit den Monaten wurde Britta immer stiller. Ihren schiefen Zahn bekam ich nicht mehr zu sehen, denn das Lachen hatte sie verlernt. [...] Ich wollte mich ihr nähern, aber mir fehlte die Courage [...]. Es war nach der Turnstunde. Da ich mein Duschzeug vergessen hatte, kam ich als erster aus der Umkleide. Für die Mädchen war das Turnen ausgefallen, und als ich durch den verglasten Flur zu unserem Klassenzimmer ging, saß Britta auf ihrem Heizkörper. Wir waren alleine. Sie kramte[1] in ihrer Schultasche, und ich verlangsamte meinen Gang[2], wollte etwas sagen, wusste aber nicht was.

Als sie mich sah, legte sie die Tasche beiseite und sprach mich an. „Frank?“, begann sie leise und vorsichtig.

Ich nickte.

„Magst du eine Birne?“

„Nein danke“, antwortete ich nüchtern und trottete in das leere Klassenzimmer.

Tagelang dachte ich nach über die verpasste Chance, nahm mir vor, sie etwas zu fragen. Wollen wir zusammen Hausaufgaben machen? Ja, das müsste ich mich trauen, dachte ich mir.

Ich blieb feige[3].

↑ Stefan Frieser, *Birnenkompott*, www.stefanfrieser.jimdo.com, 2007

1. **kramen** fouiller
2. **der Gang** la démarche
3. **feige** lâche

D. Was ist falsch gelaufen? Was hätte die Lehrerin besser machen können? Was die Mitschüler? Und was Frank? **Tauschen Sie sich aus.**

E. Wie könnte die Geschichte weitergehen? **Bilden Sie** Gruppen und **verfassen Sie** gemeinsam das Ende.

Grammatik

Le prétérit / La subordonnée de temps avec als → p. 158, 164 / ex. p. 181

Als Markus' Geldbeutel **verschwand wurde** Britta beschuldigt.

3 Ich will ich sein

A. Lesen Sie das Gedicht. Wo würden Sie Pausen setzen? **Überlegen Sie.**

My own song

ich will nicht sein
so wie ihr mich wollt
ich will nicht ihr sein
so wie ihr mich wollt
ich will nicht sein wie ihr
so wie ihr mich wollt
ich will nicht sein wie ihr seid
so wie ihr mich wollt
ich will nicht sein wie ihr sein wollt
so wie ihr mich wollt
nicht wie ihr mich wollt
wie ich sein will will ich sein
nicht wie ihr mich wollt
wie ich bin will ich sein
nicht wie ihr mich wollt
wie ich will ich sein
nicht wie ihr mich wollt
ich will ich sein
nicht wie ihr mich wollt will ich sein
ich will sein

↑ Ernst Jandl (1925–2000), *My own song*, 1966

Ernst Jandl (Vienne 1925–2000) est l'un des représentants de la poésie concrète en Autriche : l'importance du rythme et de l'onomatopée est l'élément majeur de son style.

B. Hören Sie zu und **vergleichen Sie** mit Ihrer Interpretation.

Prof. 29
Élève 24

C. Wer spricht wohl? Wer ist wohl mit „ihr" gemeint? **Tauschen Sie sich aus.**

D. Lesen Sie das Gedicht laut **vor**.

E. Sehen Sie sich das Gemälde **an**. Wer ist „anders"? Wer ist wohl der Verrückte des Titels?

↑ Erich Heckel (1883–1970), *Der Verrückte*, 1914

Die Brücke (Le Pont) est un mouvement formé à Dresde en 1905 par quatre artietes allemands : Ernst Ludwig Kirchner, Fritz Bleyl, Erich Heckel et Karl Schmidt-Rottluff. Il fut rejoint plus tard par les peintres Emil Nolde, Max Pechstein et Otto Mueller. *Die Brücke* eut un impact majeur sur l'évolution de l'art moderne au 20e et sur la naissance de l'expressionnisme. Le groupe fut dissout en 1913 à Berlin.

4 Willkommen im Zeitalter der Außenseiter!

A. Lesen Sie die Geschichte von Patrick. Warum war er früher ein Außenseiter? Was hat sich geändert? Was für einen Beruf hat er wohl heute?

Ich fühlte mich [...] immer als Außenseiter. In meiner Jugend war ich introvertiert (bin ich immer noch), dick (bin ich nicht mehr) und hatte ein geringes Selbstwertgefühl (es wird besser). Ich hatte meine kleine Clique von Freunden, zu denen ich später fast vollständig den Kontakt verlor. Sonst hatte ich mit niemandem wirklich etwas zu tun[1]. Im Studium schloss ich keine Freundschaften. Nicht eine.

[...]. Meine erfolgreichste Zeit begann nach dem Studium. [...] Ich fand einen Job, der zu meinen Eigenarten passte und mir viele Freiheiten bot. [...] Heute arbeite ich nur an Dingen, die mir Spaß machen und die ich bedeutend finde. Ich kann mir die Menschen aussuchen, mit denen ich Zeit verbringe. Ich kann entscheiden, *wann* und *wo* ich etwas mache. Ich setze meine Stärken *für mich* ein und umschiffe meine Schwächen. [...] Seit ich selbst bestimme, bin ich immer noch ein Außenseiter, aber ein *erfolgreicher* (was sich nicht so sehr nach Außenseiter anfühlt).

↑ Patrick Hundt, *Willkommen im Zeitalter der Außenseiter*, www.healthyhabits.de, 18.05.2015

1. **mit jemandem zu tun haben** avoir affaire à qqn

B. Lesen Sie weiter. Brauchen Unternehmen heute Außenseiter? Warum?

Unternehmen brauchen nicht mehr massenhaft Mitarbeiter, die alle gleich sind. [...] Von solchen Jobs gibt es immer weniger. Sie werden zunehmend automatisiert. [...] Wer nur das kann, was alle anderen auch können, hat kaum Chancen auf einen gut bezahlten Job. [...] Wenn es weniger gut bezahlte Jobs gibt, müssen Menschen ihre eigenen Jobs schaffen. Allerdings werden wir zu keinem Zeitpunkt darauf vorbereitet. [...]

Das dürfte jenen Menschen am leichtesten fallen[1], die sich noch nie gut anpassen konnten. [...] Unternehmen brauchen heute Querdenker, die mehr können, als Durchschnitt[2] zu sein. Sie brauchen Mitarbeiter, die ihr Unternehmen kreativ voranbringen. Diese Menschen sind nicht abhängig von ihren Jobs. Ihre Arbeitgeber sind abhängig von *ihnen*. Die abhängige Beschäftigung wird auf den Kopf gestellt.

↑ Patrick Hundt, *Willkommen im Zeitalter der Außenseiter*, www.healthyhabits.de, 18.05.2015

1. **leichtfallen** abattre facilement
2. **der Durchschnitt** la moyenne

C. Glauben Sie, dass Patrick recht hat? Ist es in Frankreich eher wichtig, angepasst zu sein, oder sollte man seinen eigenen Kopf haben? **Tauschen Sie sich aus.**

Grammatik

Les pronoms relatifs (N / A / D)

→ p. 165 / ex. p. 181

Ich hatte ein paar Freunde, zu **denen** ich den Kontakt verlor.

Ich fand einen Job, **den** ich toll fand und **der** gut zu mir passte.

Einfach anders sein?

Axe : Représentation de soi et rapport à autrui

fiche ENTR. LEXICAL

Vielfalt bereichert

- verschieden / unterschiedlich sein
- Grenzen überwinden
- jemanden integrieren ≠ ausgrenzen
- etwas verbindet / vereint uns
- voneinander lernen
- zusammengehören
- nicht allein sein
- stark sein
- zusammenhalten
- etwas erreichen
- die Zukunft gemeinsam gestalten
- die Gemeinschaft

Respekt und Toleranz

- jemanden ansprechen
- jemandem aus dem Weg gehen
- etwas Nettes sagen
- (nicht) nett sein
- gutmütig ≠ gemein
- jemanden / etwas bewundern
- jemanden beschützen
- jemandem helfen
- ehrlich (zu jemandem) sein
- jemanden respektieren / akzeptieren
- jemanden / etwas missachten
- (von jemandem) enttäuscht sein
- sich (bei jemandem) entschuldigen
- sich trauen, etwas zu tun
- sich für jemanden einsetzen
- mutig sein ≠ feige sein
- tolerant sein

Ich bin, wie ich bin

- introvertiert ≠ extrovertiert
- gleich sein ≠ anders sein
- still sein ≠ laut sein
- selbst bestimmen
- sich (nicht) anpassen
- etwas (nicht) gut können
- Stärken / Schwächen haben
- seine Stärken einsetzen
- kreativ sein
- erfolgreich sein
- (un-)abhängig sein
- die Individualität

Außenseiter?

- der Außenseiter (-) / die Außenseiterin (-nen)
- die Clique (-n)
- (keine) Freundschaften schließen
- Zeit mit jemandem verbringen
- sich etwas / jemanden aussuchen
- (nicht) dabei sein
- (nicht) dazugehören
- den Kontakt zu jemandem halten / verlieren

1 L'intonation

A. Recopiez les phrases suivantes dans votre cahier. **Écoutez-les** en ajoutant le signe de ponctuation adéquat, selon qu'il s'agit d'une affirmation, d'une exclamation ou d'une question.

Prof. 30
Élève 25

1. Du hast sie nie beschützt ☒
2. Das ist meine Schwester, Britta ☒
3. Das ist mein Bruder, Alex ☒
4. Die Prüfung ist morgen ☒
5. Du hast den Geldbeutel nicht mitgenommen ☒
6. Markus hat sein Geld wiedergefunden ☒
7. Markus hat den Geldbeutel verloren ☒
8. Wir sollten uns bei Britta entschuldigen ☒

B. Lisez les phrases que vous avez recopiées à voix haute en respectant l'intonation.

C. Écoutez le texte suivant puis **lisez-le** à haute voix. Attention à l'intonation.

Prof. 31
Élève 26

Janina ist neu in der Schule. Gestern war ihr erster Tag in unserer Klasse. Sie sieht nicht sehr glücklich aus. Was ist bloß mit ihr los? Vielleicht vermisst sie ihre alte Klasse? Oder sie findet uns unsympathisch? Bestimmt nicht! Wir waren alle freundlich zu ihr! Aber ... vielleicht sind wir zu laut? Oder zu viele? Wir sind 28 Schüler, das ist viel! Oder? Vielleicht auch nicht. Vielleicht ist es etwas anderes? Hmmm ... Ich muss sie fragen! In der Pause! Ja, das mache ich! Ich werde in der Pause zu ihr gehen und mit ihr reden. Ob sie sich freut? Mal sehen.

2 CH ou R ?

A. Écoutez bien les mots suivants. Que manque-t-il : CH ou R ?

Prof. 32
Élève 27

1. a☒t
2. Kö☒per
3. Missa☒tung
4. A☒t
5. gehö☒en
6. Ho☒izont
7. brau☒en
8. t☒auen

B. Recopiez à présent les mots complétés.

C. Lisez maintenant à haute voix les mots que vous avez recopiés.

Abschlussaufgabe

fiche AIDE À LA TÂCHE

fiche ÉVAL. TÂCHE

Ein literarischer Vortrag

Ich wähle einen literarischen Text aus der Lektion aus (Gedicht oder Romanauszug) und trage ihn in der Klasse vor.

1. Ich lese mir noch einmal die literarischen Texte der Lektion durch und wähle den Text oder Textauszug aus, der mir am besten gefällt.
2. Ich lese meinen Text ganz genau durch und versichere mich, dass ich alle Wörter verstehe.
3. Ich versetze mich in die Stimmung(en) meines Textes hinein und markiere, an welchen Stellen ich Pausen oder eine besondere Betonung machen möchte.
4. Ich übe, meinen Text laut, langsam und deutlich vorzulesen. Ich kann auch Mimik und / oder Gestik verwenden, um die Stimmung im Text wiederzugeben.
5. Ich trage meinen Text vor der Klasse vor. Bevor ich beginne, nenne ich Autor und Titel und erkläre, warum mir der Text gefällt.

Digitale Alternative

Sie können Ihren Text auch als MP3 aufnehmen.

9 Sport-deutschland

Welches Bild vermittelt man in Deutschland vom Sport?

• Sports et société

↑ Der Deutsche Olympische Sportbund (DOSB), www.sportdeutschland.dosb.de

Abschlussaufgabe

Diskussion in der Klasse
Wir diskutieren, ob Sport in Deutschland nur positive Werte vermittelt, und vergleichen mit anderen Ländern.

→ **Cahier d'entraînement**
p. 54-57

1 Eine Sportnation

A. Lesen Sie den Text von der Website des Deutschen Olympischen Sportbunds (DOSB). Warum kann man Deutschland als „Sportnation“ bezeichnen? **Erklären Sie.**

„Wir sind Sportdeutschland“

Deutschland ist eine Sportnation. Jeder zweite Deutsche treibt regelmäßig Sport auf dem Platz, auf der Rampe, in der Halle, im Wald, auf Schnee und Eis oder im Stadion. Dazu kommen zehntausende Zuschauer jedes Wochenende, beim Fußball, Handball, Tennis, Volleyball, Turnen und allen anderen vielfältigen Angeboten in Sportdeutschland und Millionen Fans vor den Fernsehgeräten.

Sportdeutschland sind alle, die Sport lieben und leben, ihn fördern[1] und nutzen, von ihm profitieren und ihn durch ihr Engagement so wertvoll[2] machen. Wertvoll für die ganze Gesellschaft, also für uns alle – und deshalb ist Sportdeutschland mehr als der Sport in Deutschland – Sportdeutschland gestaltet auch die Gegenwart und die Zukunft.

Ihr seid Sportdeutschland – Ihr alle, die Ihr [...], Gemeinschaft lebt, Bewegung liebt, Menschen fremder Herkunft beim Finden einer neuen Heimat helft, unvergessliche Geschichten schreibt. Im Sommer wie im Winter. Von der Basis bis zur Spitze. Vom Kinderturnen bis zum Sport im Alter.

Wir sind Sportdeutschland – der Deutsche Olympische Sportbund (DOSB), der sich für optimale Rahmenbedingungen[3] fürs Sporttreiben einsetzt, für seine mehr als 90.000 Vereine vom Spitzen- bis zum Breitensport[4] [...].

Sportdeutschland ist das sympathische Bild des Sports: Sport macht Spaß, ist emotional, mutig, modern und vor allem bunt und vielfältig. Sportdeutschland ist für alle da [...].

Sportdeutschland verbindet den Sport, die Verbände und Vereine, die Projekte und Aktionen und vor allem die Menschen.

↑ *Wir sind Sportdeutschland*, www.sportdeutschland.dosb.de

1. **fördern** encourager, promouvoir
2. **wertvoll** précieux / précieuse
3. **die Rahmenbedingungen** les conditions générale
4. **Spitzen- und Breitensport** sport de haut niveau et sport de masse

B. Lesen Sie den Text noch einmal. Inwiefern ist Sport in Deutschland „mehr als Sport“ (Zeile 7)?

C. Sehen Sie sich die Plakate der Kampagne des DOSB auf den Seiten 83 und 84 **an**. Welcher Satz im Text illustriert die Botschaft der Kampagne am besten?

Grammatik

La déclinaison du groupe nominal avec adjectif → p. 152, 153 / ex. p. 182

Es gibt **vielfältige** Angebote in **den deutschen** Vereinen.

↑ Der Deutsche Olympische Sportbund (DOSB), www.sportdeutschland.dosb.de

2 Die dunkle Seite des Fußballs

A. Sehen Sie sich das Bild an. Wogegen engagieren sich die Spieler? Ist das in Frankreich ähnlich?

B. Lesen Sie die beiden Steckbriefe und den Pressetext. Wovon ist die Rede? Was ist mit Özil passiert? Wofür engagiert sich Asamoah?

Grammatik

Weder … noch … / nicht (nur) …, sondern (auch) … / zwar …, aber …

→ p. 165 / ex. p. 182

Weder im Fußball **noch** in der Gesellschaft konnte der Rassismus erfolgreich bekämpft werden.

↑ 1.FC Koeln vs. 1.FC Heidenheim 1846, 2018

In der Stunde des Triumphes werden weiße und schwarze Fußballspieler gleichermaßen bejubelt. Wenn der Erfolg aber ausbleibt, greifen allzu oft rassistische Verhaltensmuster.

Was passiert, wenn der Erfolg ausbleibt, zeigt sich am Beispiel Deutschland. Auf das krachende Aus der deutschen Nationalelf in der Vorrunde folgt eine wahnwitzige[1] Debatte um Mesut Özil: Der Türke ist schuld. […] Die massenhaften diskriminierenden Beleidigungen gegen […] Özil […] zeigen, dass Rassismus leider immer noch nicht verbannt ist – weder aus der Gesellschaft noch aus dem Fußball. […]

Rassismus findet nach wie vor statt im internationalen Fußball, allen PR-Kampagnen und Bemühungen zum Trotz[2]. „Das Problem ist immer noch da. Wir müssen mehr dagegen tun", sagte Gerald Asamoah auf dem Global Media Forum 2018. Als Nationalspieler und Profi unter anderem bei Schalke 04 musste er sich Affenlaute und rassistische Gesänge anhören, heute kämpft er gegen Diskriminierung im Fußball. „Es gibt nichts Schlimmeres, als ausgegrenzt zu werden, den Schmerz, nicht dazuzugehören. Ich selbst habe drei Kinder, und deshalb tue ich alles dafür, dass sie nicht dasselbe durchmachen müssen wie ich."

↑ Joscha Weber, *Kommentar: Der Fußball und seine Rassismus-Reflexe*, Deutsche Welle, 20.07.2018

1. **wahnwitzig** délirant/e
2. **den Bemühungen zum Trotz** en dépit des efforts

Mesut Özil
Deutscher Fußballspieler

- Geboren 1988 in Gelsenkirchen als Sohn türkischer Eltern
- 2006–2018 in der Deutschen Nationalmannschaft
- 2014 Weltmeister in Brasilien
- Infolge einer Kontroverse um ein Foto mit dem türkischen Staatspräsidenten Erdogan, die rassistische Ausmaße annahm, trat Özil 2018 aus der Nationalmannschaft zurück. Zuvor war Deutschland aus der WM ausgeschieden.

Gerald Asamoah
Deutscher Fußballspieler (bis 2015 aktiv), Fußballtrainer

- 1978 geboren in Ghana
- 2001–2006 als erster gebürtiger Afrikaner in der Deutschen Nationalmannschaft
- Asamoah war oft Opfer rassistischer Äußerungen und engagiert sich für zahlreiche soziale Projekte.

Sport
- der Sportler (-), die Sportlerin (-nen)
- das Turnen
- der Verein (-e)
- der (Sport-)Platz (¨-e)
- die Halle (-n)
- das Stadion (die Stadien)
- die Bewegung (-en)
- auf Schnee / Eis
- Erfolg haben
- der Triumph = der Sieg
- bejubelt werden (von ...)

Eine Sportnation?
- jeder zweite Deutsche
- das vielfältige Angebot
- regelmäßig Sport treiben
- Mitglied in einem Verein sein
- die Gegenwart / Zukunft gestalten
- sich für etwas engagieren
- der Zuschauer (-) / die Zuschauerin (-nen)

Axe : Sports et société

fiche ENTR. LEXICAL

Welches Bild vermittelt man in Deutschland vom Sport?

Integration durch Sport?
- ein positives / negatives Bild von etwas vermitteln
- Menschen fremder Herkunft
- der Migrationshintergrund
- eine Heimat finden
- wertvoll für die Gesellschaft sein
- Menschen verbinden
- die Diskriminierung
- jemanden diskriminieren
- diskriminierende Beleidigungen
- der Rassismus
- mehr / etwas / nichts dagegen tun
- gegen Diskriminierung / Rassismus kämpfen
- dazugehören
- jemanden ausgrenzen
- eine Debatte um etwas führen

1 Ä – A / Ü – U / Ö – O

Prof. 33
Élève 28

A. A ou Ä – **Écoutez** et **répétez** les mots suivants.

1. klar
2. erklären
3. die Gegenwart
4. der Kommentar
5. kämpfen
6. die Vielfalt
7. regelmäßig
8. die Debatte

Prof. 34
Élève 29

B. O ou Ö – **Écoutez** et **répétez** les mots suivants.

1. schön
2. schon
3. die Söhne
4. die Wörter
5. die Worte
6. zwölf
7. der Sohn
8. gehören

Prof. 35
Élève 30

C. U ou Ü – **Écoutez** et **répétez** les mots suivants.

1. mutig
2. die Türkei
3. gebürtig
4. die Zukunft
5. müssen
6. das Turnen
7. für
8. diskutieren

Prof. 36
Élève 31

D. **Notez** dans votre cahier les mots que vous entendez.

1. a. schon
b. schön
2. a. fallt
b. fällt
3. a. fuhr
b. für
4. a. lässt
b. lasst
5. a. Platz
b. Plätze
6. a. Größe
b. groß
7. a. musst
b. müsst
8. a. zählen
b. zahlen

2 D en fin de mot

Prof. 37
Élève 32

A. **Écoutez** et **répétez** les mots suivants. Comment se prononce la lettre D en fin de mot?

1. das Lied – die Lieder
2. das Mitglied – die Mitglieder
3. die Hand – die Hände
4. das Bild – die Bilder
5. fremd – der Fremde
6. der Verband – die Verbände
7. das Land – die Länder
8. das Kind – die Kinder

Prof. 38
Élève 33

B. **Notez** dans votre cahier les mots que vous entendez.

fiche AIDE À LA TÂCHE

fiche ÉVAL. TÂCHE

Diskussion in der Klasse

Wir diskutieren, ob Sport in Deutschland nur positive Werte vermittelt, und vergleichen mit anderen Ländern.

1. Wir bilden Paare.
2. Wir sehen uns die Lektion noch einmal an und notieren alles, was wir über Sport in Deutschland erfahren.
3. Wir strukturieren unsere Notizen und notieren wichtige Redemittel für eine Diskussion.
4. Wir üben in Paaren, unsere Meinung zu sagen und zu begründen.
5. Wir diskutieren mit einem anderen Paar, welche Werte der Sport in Deutschland vermittelt, und vergleichen die Situation in Deutschland mit Beispielen aus anderen Ländern.

10 Sport um jeden Preis?

Leistungssport: Freud' oder Leid?

• Sports et société

Die deutsche Nationalelf (Ausschnitt) zeigt sich nach dem Sieg der Fußballweltmeisterschaft in Brasilien 2014 mit dem Weltmeisterpokal.
Von hinten nach vorne: Miroslav Klose, Per Mertesacker, Matthias Ginter, Roman Weidenfeller, Sami Khedira, Bastian Schweinsteiger und Philipp Lahm.

Abschlussaufgabe

Unsere Meinung zum Leistungssport
Wir berichten über die Fälle Neuner und Mertesacker und nehmen dazu Stellung.

→ **Cahier d'entraînement**
p. 58-61

10 Sport macht Spaß?

↑ *Hier gehen Berlins Nachwuchsstars zur Schule,* www.berliner-woche.de, 05.03.2015

1 Die Schule der Stars von morgen

A. Sehen Sie sich das Video **an.**
Was kann man in dieser Schule lernen?

B. Sehen Sie sich das Video noch einmal **an.**
Was macht diese Schule so außerordentlich?

C. Was sind wohl die positiven / negativen Seiten für die Schüler/innen, die ein Leistungszentrum besuchen? **Tauschen Sie sich aus.**

Grammatik

Le moyen avec indem

→ p. 164 / ex. p. 183

Die jungen Sportler werden gefördert, **indem** man ihnen eine tolle Infrastruktur bietet.

2 Von Beruf: Leistungssportler

A. Bilden Sie zwei Gruppen (A und B). **Lesen Sie** Ihren Text (A oder B) und **beantworten Sie** die dazugehörigen Fragen.

Grammatik

L'infinitif complément avec zu

→ p. 164 / ex. p. 183

Hier lernen sie, sich **zu erholen**.

A Wenn Höchstleistung krank macht

Der Fußballprofi Per Mertesacker hat Kritik am psychischen Druck im Leistungssport geübt. Dafür hat er viel Lob – aber auch viel Kritik – geerntet.

1. Sportliche Leistungen?
2. Körperliche und / oder seelische Probleme?
3. Grund für den psychischen Druck?
4. Wie könnte man das Problem im Profisport lösen?

Durchfall, Bauchkrämpfe und jahrelanger psychischer Druck. So beschreibt der ehemalige Fußball-Profi Per Mertesacker rückblickend seine Karriere. [...]

In einem Interview [...] hat er nun den enormen psychischen Druck kritisiert, der auf den Profispielern liegt. Obwohl Mertesacker nicht der Einzige ist, der unter Leistungsdruck leidet, trauen sich nur wenige, die hohe psychische Belastung öffentlich anzusprechen. [...]

„Eine mutmaßliche Schwäche, zum Beispiel eine Krankheit, passt in unsere Gesellschaft einfach nicht hinein. [...] Schwäche wird im Leistungssportsystem nach wie vor stigmatisiert", meint Oliver Stoll, Professor für Sportwissenschaft an der Universität Halle.

Insbesondere junge Sportler brauchen psychologische Unterstützung. Sie müssen den Umgang mit hohem Druck erst lernen. Deswegen sind Nachwuchszentren verpflichtet[1], die psychologische Betreuung der Spieler zu gewährleisten[2]. Hier lernen sie zum Beispiel, wie sie sich effektiv erholen können. Im Bereich des Profifußballs sieht das aber schon ganz anders aus. Hier sind lediglich in 15 Prozent der Top-Teams Psychologen tätig.

↑ Per Mertesacker spielte zwischen 2004 und 2014 in 104 Spielen für die deutsche Nationalmannschaft und wurde 2014 in Brasilien Weltmeister

↑ *Wenn Höchstleistung krank macht,* www.detektor.fm, 13.03.2018

1. **verpflichtet sein** être obligé/e
2. **gewährleisten** garantir

B „Wir gewinnen in Deutschland gern Gold“

1. Sportliche Leistungen?
2. Körperliche und / oder seelische Probleme?
3. Grund für den psychischen Druck?
4. Wie hat sie das Problem gelöst?

Die frühere Biathletin Magdalena Neuner war Liebling der Nation. Mit 25 Jahren beendete sie 2012 ihre Karriere. Ein Interview.

↑ Magdalena Neuner ist die erfolgreichste deutsche Biathletin aller Zeiten

Sie waren als Biathletin zehnmal Weltmeisterin, zweimal Olympiasiegerin, dreimal Sportlerin des Jahres, Sie waren der Liebling[1] der Nation. Und dann haben Sie aufgehört, mit 25 Jahren. […] Sie haben auch die Schattenseiten des Ruhms[2] kennengelernt.

Ja, ich habe erlebt, dass die Leute sehr aufdringlich[3] waren, dass ich auch zu Hause nicht mehr meine Ruhe hatte […]. Ich habe drei schlimme Stalking-Geschichten hinter mir. Das alles hat mich sehr belastet. Mein Umfeld hat mir geholfen, darüber hinwegzukommen, und wahrscheinlich war der wichtigste Punkt: Ich arbeite mit einem sehr, sehr guten Mentaltrainer zusammen […].

Wie ist das mit dem Druck, der auf Sportstars lastet?

Der Druck ist groß, definitiv. Wir gewinnen in Deutschland gern Gold, und alles andere ist nicht mehr so viel wert. Ich habe Zeiten erlebt, in denen ich das Gefühl hatte, daran zu zerbrechen[4], weil ich diesem Druck nicht standhalten kann. Auch da hat mir das mentale Training unheimlich geholfen. […]

Wann haben Sie mit dem Mentaltraining angefangen?

Ganz früh, vor zehn Jahren schon. 2007 bin ich reingerutscht ins Biathlon, wurde gleich Weltmeisterin und habe gemerkt, das überrollt[5] mich jetzt ein bisschen. Anfangs wollte ich mit dem Coach eigentlich nur mein Schießen verbessern. […] Er ist für mich im Rückblick auf die vergangenen zehn Jahre wie ein Sechser im Lotto.

↑ Michael Eder, *Magdalena Neuner im Gespräch: „Ich kann nachvollziehen, was mit Jan Ullrich passiert ist“*, FAZ, 12.08.2018

1. **der Liebling** le préféré, le chouchou
2. **die Schattenseiten des Ruhms** l'envers de la gloire
3. **aufdringlich** envahissant/e
4. **zerbrechen** être brisé/e
5. **überrollen** écraser

B. Informieren Sie die andere Gruppe über Ihren Text. Wo liegen die Gemeinsamkeiten der beiden Sportler?

C. Welche Verantwortung trägt die Öffentlichkeit (die Medien, das Publikum) für den seelischen Druck ihrer Sportstars? Ist es in Frankreich ebenso? **Tauschen Sie sich aus.**

Grammatik

La concession avec obwohl

→ p. 164 / ex. p. 183

Nur wenige Profisportler kritisieren den Leistungsdruck, **obwohl** viele das Problem kennen.

3 Es geht auch anders!

A. Sehen Sie sich den ersten Teil des Videoclips **an**. Was erwartet der Trainer wohl von seiner Mannschaft?

B. Sehen Sie sich den Videoclip weiter **an**. Was ist die Botschaft des Videos, das von einer großen Supermarktkette produziert wurde?

C. Was macht das Video so sympathisch? **Tauschen Sie sich aus.**

↑ *Die (gar nicht mal so traurige) Geschichte von Neurundland*, EDEKA, 2018

Stars von heute und morgen
- der Leistungssport
- außerordentlich sein
- das Leistungszentrum (-zentren) / das Nachwuchszentrum (-zentren)
- der Trainer (-) / die Trainerin (-nen)
- einen Trainingsplan haben
- Karriere machen
- beliebt sein
- das Lob
- jemanden loben
- (Gold) gewinnen
- der Weltmeister (-) / die Weltmeisterin (-nen)
- der Olympiasieger (-) / die Olympiasiegerin (-nen)
- die Mannschaft (-en)

Leistungsdruck
- die Leistung
- Leistung bringen
- von jemandem erwarten
- die psychische Belastung
- der seelische Druck
- unter dem enormen Druck leiden
- der Durchfall
- die Bauchkrämpfe
- jemanden belasten
- die Öffentlichkeit
- keine Ruhe haben
- eine Schwäche zeigen
- die Krankheit (-en)
- stigmatisiert sein

Axe : Sports et société

Leistungssport: Freud' oder Leid?

fiche ENTR. LEXICAL

Probleme erkennen und bekämpfen
- etwas / jemanden kritisieren
- an etwas / jemandem Kritik üben
- sich trauen, etwas zu tun
- öffentlich ansprechen
- psychologische Unterstützung brauchen / suchen / bekommen
- der Mentaltrainer (-) / die Mentaltrainerin (-nen)
- zusammenarbeiten
- sich vom Stress erholen
- ein gutes Umfeld haben
- die Karriere beenden

1 La voyelle Y

Prof. 39
Élève 34

A. Écoutez les mots suivants. Comment se prononce la lettre Y ? Quelles différences notez-vous avec le français et l'anglais ?

1. die Olympiade
2. der Olympiasieger
3. psychisch
4. der Psychologe
5. psychologisch
6. der Typ
7. die Olympischen Spiele
8. anonym

Prof. 39
Élève 34

B. Écoutez à nouveau les mots, puis prononcez-les à votre tour.

C. Recopiez les mots suivants en les complétant avec un Y ou un I.

1. der T☒p
2. prakt☒sch
3. das Sportg☒mnasium
4. die Ps☒chologie
5. st☒gmatisieren
6. der Prof☒
7. das S☒stem
8. der T☒pp

2 AU ou O ?

Prof. 40
Élève 35

A. Écoutez et **répétez**.

1. schauen – schon
2. Otto – Auto
3. auch – hoch
4. faul – voll
5. Lob – Laub
6. Laus – los
7. Haus – Hose
8. froh – Frau

B. Lisez les mots le plus vite possible sans vous tromper.

3 AU, EU, EI ou IE ?

Prof. 41
Élève 36

A. Recopiez dans votre cahier la grille ci-dessous et **cochez** la bonne case selon que les mots que vous entendez contiennent la diphtongue AU, EU, EI ou IE.

	AU	EU	EI	IE
1.	...	...	...	...
2.	...	...	...	...
3.	...	...	...	...
4.	...	...	...	...
5.	...	...	...	...
6.	...	...	...	...
7.	...	...	...	...
8.	...	...	...	...

B. Lisez les phrases à haute voix.

1. Leistungssportler leiden oft unter Bauchkrämpfen.
2. Die Sieger laufen heute außerordentlich schnell ins Ziel.
3. Eure Mannschaft ist sehr beliebt.
4. Weltmeister lieben Leistung.

fiche AIDE À LA TÂCHE

fiche ÉVAL. TÂCHE

Unsere Meinung zum Leistungssport
Wir berichten über die Fälle Neuner und Mertesacker und nehmen dazu Stellung.

1. Wir bilden Vierergruppen und entscheiden uns für einen der beiden Sportler. Wir notieren alles, was wir in der Lektion über die Person erfahren.

2. Wir strukturieren unsere Stichpunkte nach den W-Fragen.

Wer? Wo? Was? Wann? Wie? Warum?

3. Wir überlegen uns, was wir über den Sportler / die Sportlerin und sein oder ihr Verhalten denken.

4. Wir tauschen uns über unsere Meinungen aus und machen uns dazu Notizen.

5. Wir tragen unsere Ergebnisse in der Klasse zusammen.

11 Kunst!

Kunst, eine Offenbarung?

- La création et le rapport aux arts

Szene aus einer Choreografie von Pina Bausch, Tanztheater Wuppertal

Abschlussaufgabe

Kunsterlebnisse
Ich erkläre in einem Text für die Schülerzeitung, inwiefern Kunst eine Offenbarung sein kann.

→ **Cahier d'entraînement**
p. 62-67

1 Ein Film für Pina

A. Sehen Sie sich das Filmplakat **an**. Was für einen Film erwarten Sie sich? Worum geht es wohl?

B. Sehen Sie sich nun den Trailer zum Film **an**. Welche Gefühle werden thematisiert?

↑ www.neueroadmovies.com, 2011 →

C. Lesen Sie den Text über Pina Bausch. **Ordnen Sie** jedem Textabschnitt (A und B) einen passenden Titel **zu**.

a. Tanztheater: den Tanz neu erfinden

b. Revolution in der Provinz

D. Lesen Sie den ganzen Text noch einmal. Warum hat Pina Bausch eine so bedeutende Stellung in der Geschichte des Tanzes? Was ist das Besondere am Tanztheater Wuppertal?

A

Die radikalen Stücke der jungen Pina Bausch gingen den Zuschauern in den 70er Jahren an die Nerven[1] [...]. Ihre experimentellen [...] Tanzvisionen sprengten[2] damals alle Konventionen. Während der ersten Vorstellungen im Wuppertaler Opernhaus verließen Zuschauer empört und unter lautstarkem Protest den Raum. In der Anfangszeit von Pina Bausch hätte keiner gedacht, dass ausgerechnet das Tanztheater von Wuppertal, einer nordrhein-westfälischen Provinzstadt, eines Tages weltweit Erfolg haben würde. Die Tänzerin und begabte Choreografin Bausch entwickelte etwas völlig Neues, was die Tanzszene so noch nirgendwo gesehen hatte. Ihre Kompanie entfachte[3] eine Revolution der Bewegung, die Tanz neu definierte.

1. **an die Nerven gehen** agacer, taper sur les nerfs
2. **sprengen** faire éclater
3. **entfachen** déclencher

B

Pina Bausch engagierte nur Tänzer, die in ihren Augen außergewöhnlich waren. 1973 gründete sie das Tanztheater Wuppertal, das bis heute weltweit für seinen radikalen Ausdruckstanz bekannt ist. Nur wenige Tänzer können Bauschs Stücke tanzen. [...] Die Tänzer bei Pina Bausch tanzten nicht einfach nur: Sie rannten, sprachen, sangen, weinten oder lachten [...]. Sie interpretierten Tanz völlig neu. Tänzer und Choreografen in der ganzen Welt fragten sich: Wo haben die Tänzer gelernt, sich so zu bewegen? Sind sie nun Sänger, Schauspieler oder Tänzer? Das war neu. [...] Auch nach Pina Bauschs Tod 2009 tanzten sie die Stücke der legendären Choreografin weiter. Inzwischen gehören dem Tanztheater 35 Tänzer zwischen 24 und 60 Jahren an. [Pina Bauschs] international bedeutsames Wirken[1] wurde im Jahr 2015 mit einer Sonderbriefmarke[2] geehrt[3] – und ist damit Teil der Deutschen (Kultur-)Geschichte.

↑ Sonderbriefmarke zu Ehren der Choreografin und Tänzerin Pina Bausch

↑ Heike Mund, Ananda Bräunig, *Tanz in die Zukunft – die Pina Bausch-Kompanie setzt auf Neuanfang*, Deutsche Welle, 14.06.2015

1. **das Wirken** l'activité
2. **die Sonderbriefmarke** le timbre spécial
3. **ehren** honorer, rendre hommage

E. Wie interpretieren Sie den Untertitel des Wenders-Films „Tanzt, tanzt sonst sind wir verloren"? **Tauschen Sie sich aus.**

2 Tanzträume

A. Was stellen Sie sich unter dem Begriff „Kontakthof" vor? Worum könnte es in dem Video gehen? **Stellen Sie** Hypothesen **auf**.

Prof. 42 **B. Hören Sie sich** die ersten Sekunden des Filmtrailers **an**. Woran denken Sie bei dieser Musik?

C. Sehen Sie sich jetzt den ganzen Trailer **an**. Entsprechen die Bilder Ihren Erwartungen?

D. Sehen Sie sich den Trailer noch einmal **an**. Wie werden die Gefühle vermittelt? Welche Gefühle haben Sie erkannt?

E. Was berichten die Jugendlichen? Was haben sie bei dem Projekt gelernt? Könnten Sie sich vorstellen, selbst an so einem Projekt teilzunehmen? **Tauschen Sie sich aus.**

↑ *Tanzträume – Jugendliche tanzen „Kontakthof" von Pina Bausch.* www.realfictionfilme.de, 2011

Grammatik

Le prétérit → p. 158 / ex. p. 184

Sie **rannten**, **sprachen**, **sangen**, **weinten** oder **lachten**.

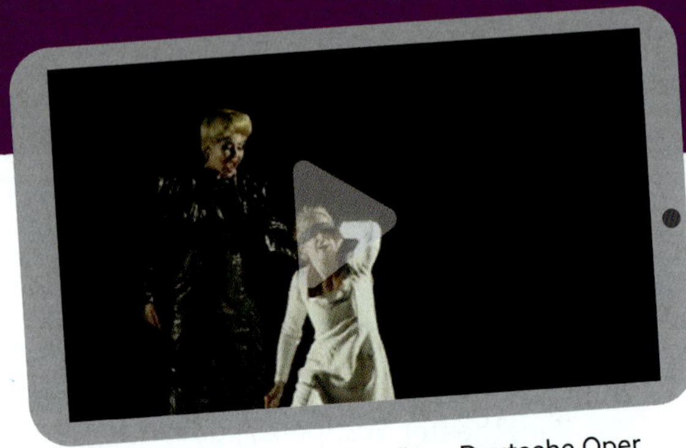

↑ W.A. Mozart, *Die Zauberflöte*, Deutsche Oper Berlin, 2018

3 Ein Musikerlebnis

A. Sehen Sie sich den Trailer zur Mozart-Oper *Die Zauberflöte* **an**.

B. Lesen Sie den autobiografischen Text. Welche Rolle spielt hier *Die Zauberflöte*? Was erfahren Sie über die Situation der Autorin?

Mitte der 50er Jahre, ich war dreizehn Jahre alt, habe ich meine erste Oper gehört. Das war in Essen, nicht lange nach dem Krieg, der die Städte und die Eltern zerstört hatte. [...] Schönheit galt nichts, Poesie war unbekannt, das Zauberwort hieß Wiederaufbau[1]. [...]

Und dann nahm mich eine Freundin mit in die Oper. Das war der Tag, an dem eine lebenslange Liebe begann, und kein noch so vernünftiges[2] Argument gegen die Oper, diese unvernünftigste aller Künste, kann meinen Kopf erreichen. Die Oper erreicht nur mein Herz, und das Herz diskutiert nicht.

Es war „Die Zauberflöte". Natürlich habe ich damals den tieferen Sinn der Geschichte nicht verstanden. Ich glaube, ich habe auch die meisten Texte nicht verstanden, denn das muss man ja erst lernen – auf Worte zu hören, die gesungen werden und zu denen ein Orchester – sehr laut – spielt [...] Und ich war schon bei der Ouvertüre wie verwandelt. Ich hörte hier zum ersten Mal Musik im Dunkeln, in diesem Saal, in diesem Augenblick für mich gespielt – was für ein unbeschreiblicher Luxus! Dann öffnete sich der Vorhang, ein Mann kam und sang: »Zu Hilfe, zu Hilfe, sonst bin ich verloren!«, das war genau der Schrei, der schon so lange in mir steckte, und so etwas kann man nicht einfach aussprechen, man muss es wohl singen. Zu Hilfe, zu Hilfe, sonst bin ich verloren! Die Oper kam mir zu Hilfe, darum war ich damals, in dieser Zeit mit diesen Eltern, in dieser Stadt, eben nicht mehr verloren. [...]

Ich habe die ganze Zeit geweint, nicht weil es so traurig gewesen wäre, sondern weil ich so erschüttert[3] war. Kurz nach diesem Opernbesuch habe ich mich zum ersten Mal verliebt, es war, als hätte sich mein Herz geöffnet. Nach diesem Opernbesuch begann das Verhältnis zu den Eltern zu bröckeln[4], schlechter zu werden, denn ich wollte nicht mehr, dass ihre Welt meine Welt war. Ich hatte etwas anderes gesehen und war für immer die verlorene Tochter der Königin der Nacht.

↑ Elke Heidenreich, *Passione. Liebeserklärung an die Musik*, 2009

1. **der Wiederaufbau** la reconstruction
2. **(un)vernünftig** (dé)raisonnable
3. **erschüttert** bouleversé/e
4. **bröckeln** s'effriter

C. Lesen Sie den Text noch einmal. Welche Wörter zeigen, dass sich die Autorin in die Musik verliebt hat? **Notieren Sie**.

D. Am Ende vergleicht sich die Autorin mit Pamina, der Tochter der Königin der Nacht. Welchen Einfluss hatte die Oper auf ihr Leben? **Erklären Sie**.

E. Sie haben sicher auch schon einmal solche Emotionen wie die Autorin empfunden. Zu zweit: **Versetzen Sie sich** wieder in die Situation hinein und **tauschen Sie sich** schriftlich über Ihre besonderen Erlebnisse **aus**.

Grammatik

Le plus-que-parfait / Les temps du récit
→ p. 158, 159 / ex. p. 184

Nach dem Opernbesuch **hatte** sich meine Welt **verändert** und ich **war** ein anderer Mensch.

4 Leben oder Theater?

A. Sehen Sie sich das Selbstporträt der Künstlerin **an**. Wie fühlt sie sich wohl? Wie wirkt die junge Frau auf Sie?

B. Sehen Sie sich die Reportage **an**. Welche Informationen bekommen Sie über die Künstlerin und über ihr Werk?

↑ Charlotte Salomon: *Leben und Werk*, Arte TV, 2015

↑ Charlotte Salomon, *Selbstporträt*, 1940

C. Lesen Sie die Buchkritik. Aus welchen Gründen hat Charlotte Salomon ihr Leben in Bildern gemalt?

Malen, um nicht verrückt zu werden

Foenkinos erzählt das Leben der Charlotte Salomon. [...] Er stellt Fragen. Er formuliert seine Ohnmacht[1], wenn ihm bei Recherchen in Berlin, dem Geburtsort der Malerin, und im südfranzösischen Fluchtort Villefranche-sur-Mer die Tür vor der Nase zugeschlagen wurde oder Anfragen unbeantwortet blieben.

Damit füllt David Foenkinos in Frankreich eine Wissenslücke. Auffällig ist, dass Literaten in den vergangenen Jahren immer wieder blinde Flecken[2] aus der Zeit des Vichy-Regimes aufspüren [...]. Auch Foenkinos suchte und traf Nachkommen wichtiger Zeitzeugen[3]. Die Originalfassung des Romans „Charlotte" wurde schon mehr als eine halbe Million Mal verkauft.

Am 9. Mai 2015 hat der 42 Jahre alte Autor Gedenktafeln[4] am Rathaus und an einem Hotel in Villefranche-sur-Mer anbringen lassen. Achtzehn Monate lang hatte Charlotte Salomon sich dort in ein Zimmer zurückgezogen[5], um etwas Bleibendes zu hinterlassen. Die Furcht, im Exil verraten und an Deutschland ausgeliefert zu werden, trieb sie an. Dazu kam der Hass auf das Lügentheater der Eltern und Großeltern. Fünf nahe Verwandte – die eigene Mutter, die Tante, die Großmutter, deren Schwester und deren Sohn – hatten sich das Leben genommen. Der Heranwachsenden wurde die Wahrheit beharrlich verschwiegen.

[...] Als Charlotte Salomon 1940 erfuhr, wie und warum ihre Angehörigen aus dem Leben geschieden waren, wusste sie, dass sie „ihre Geschichte aufmalen" musste, um nicht verrückt zu werden. [...] Charlotte Salomon heiratete 1943 den österreichischen Flüchtling Alexander Nagler. [...]

Am Morgen des 21. September 1943 wurde das Paar per Telefon denunziert.

↑ Sigrid Brinkmann, *David Foenkinos Charlotte: Malen, um nicht verrückt zu werden*, www.deutschlandfunkkultur.de, 05.09.2015

1. **die Ohnmacht** l'impuissance
2. **der blinde Fleck** la zone d'ombre
3. **der Zeitzeuge / die Zeitzeugin** le / la témoin de l'époque
4. **die Gedenktafel** la plaque commémorative
5. **sich zurückziehen** se retirer

11 Wortschatz

Kunst und Künstler

- die Kunst (¨-e)
- der Künstler (-) / die Künstlerin (-nen)
- begabt
- der Tanz (¨-e)
- der Tänzer (-) / die Tänzerin (-nen)
- der Choreograf (-en) / die Choreografin (-nen)
- der Opernsänger (-) / die Opernsängerin (-nen)
- der Maler (-) / die Malerin (-nen)
- das Stück (-e)
- die Bewegung (-en)
- das Tanztheater
- der Ausdruckstanz
- die Oper (-n)

So ist Kunst

- außergewöhnlich
- ausdrucksstark
- experimentell
- tragisch
- bedeutsam
- innovativ

Axe : La création et le rapport aux arts

Kunst, eine Offenbarung?

fiche ENTR. LEXICAL

In der Kunst leben

- etwas erreichen
- etwas Neues entwickeln
- sich / etwas verändern
- die Konventionen in Frage stellen
- den Sinn des Lebens suchen
- etwas Bleibendes hinterlassen
- sich das Leben nehmen = sich umbringen
- der Selbstmord (-e)
- (nicht) verrückt werden

Gefühle

- die Freiheit
- die Sehnsucht
- die Verzweiflung
- die Schönheit
- die Kraft
- die Liebe
- die Zärtlichkeit
- das Vertrauen
- die Unsicherheit
- der Mut
- die Furcht = die Angst
- der Hass
- die Verlorenheit
- die Scham

1 CH (*Ich-Laut / Ach-Laut*)

A. **Écoutez** les mots suivants. Comment se prononce le CH ?

Prof. 43
Élève 37

1. ausgere**ch**net
2. entfa**ch**en
3. errei**ch**en
4. la**ch**en
5. ausspre**ch**en
6. schle**ch**t
7. die Geschi**ch**te
8. no**ch**
9. su**ch**en
10. unbeschreibli**ch**
11. die To**ch**ter
12. die Ohnma**ch**t
13. die Fur**ch**t
14. mö**ch**te

B. **Observez** bien les mots. Pouvez-vous dégager une règle ?

C. **Écoutez** à nouveau et **prononcez** les mots.

Prof. 43
Élève 37

D. **Reproduisez** dans votre cahier la grille ci-dessous et **cochez** les cases si les mots que vous entendez s'écrivent avec CH.

Prof. 44
Élève 38

	CH
1.	...
2.	...
3.	...
4.	...
5.	...
6.	...
7.	...
8.	...

2 CHS ou SCH ?

A. **Écoutez** et **répétez** les mots suivants. Que remarquez-vous ?

Prof. 45
Élève 39

1. wachsen
2. der Luxus
3. der Nachwuchs
4. das Taxi

B. **Écoutez** et **répétez** les mots suivants.

Prof. 46
Élève 40

1. wachsen
2. waschen
3. der Nachwuchs
4. der Zuschauer
5. mischen
6. die Schönheit

C. **Recopiez** dans votre cahier les mots suivants en les complétant avec CHS ou SCH.

1. mi☒en
2. der nä☒te
3. der hö☒te
4. zu☒auen
5. we☒eln
6. Ge☒ichte

fiche AIDE À LA TÂCHE

fiche ÉVAL. TÂCHE

Sprachmittlung

Kunsterlebnisse

Ich erkläre in einem Text für die Schülerzeitung, inwiefern Kunst eine Offenbarung sein kann.

1. Ich berichte von einem Kunsterlebnis, von dem in der Lektion erzählt wird.

Zuerst stelle ich kurz das Kunstereignis / Kunstwerk und den Künstler vor.

Dann beschreibe ich, welche Gefühle es ausgelöst hat, und erkläre, inwiefern Kunst in dem Fall eine Offenbarung war.

2. Ich berichte über ein eigenes Kunsterlebnis und vergleiche die Gefühle, die es bei mir ausgelöst hat, mit den Emotionen der Jugendlichen beim Tanzen in „Kontakthof", von Elke Heidenreich beim Opernbesuch oder von Charlotte Salomon beim Malen.

Ich erstelle eine Liste mit Kunstereignissen und / oder Kunstwerken, die ich persönlich gesehen habe (Theater, Opern, Konzerte, Gemälde, Bilder, Fotos, Installationen ...).

Ich wähle ein Ereignis / Kunstwerk aus meiner Liste aus, das mich besonders berührt hat.

Ich versetze mich noch einmal in den Moment hinein, notiere die Gefühle und Emotionen, die ich in der Situation verspürt habe.

Digitale Alternative

Sie können Ihren Text auch mit *Canva* gestalten und auf *Calameo* veröffentlichen.

12 Nicht nur im Museum

Kunst überall? Wozu?

La création et le rapport aux arts

Besprechungszimmer in einem Unternehmen. Gemälde von Etelka Kovacs-Koller

Abschlussaufgabe

Kunst, wo man sie nicht erwartet
Ich berichte in einem Text für die Schülerzeitung über ein Projekt aus der Lektion und erkläre, warum es mir besonders gut gefällt.

→ **Cahier d'entraînement**
p. 68-71

1 Barbara.

A. Sehen Sie sich das Foto **an**. Wo wurde es aufgenommen? Worum handelt es sich? Was ist wohl die Absicht? **Formulieren Sie** Hypothesen.

Grammatik

La condition avec falls et wenn → p. 164 / ex. p. 185

Falls / **Wenn** du Barbaras Schilder entdeckst, musst du sie unbedingt fotografieren.

↑ *Klebende Streetart - Auf den Spuren von 'Barbara.'*, ARD Kulturjournal (NDR), 2016

B. Sehen Sie sich die Doku **an**. Was erfahren Sie über die Künstlerin? Was ist das Besondere an ihr?

C. Lesen Sie den Artikel. Welche neuen Informationen bekommen Sie? **Machen Sie sich** Notizen.

Eine Liebeserklärung an: Die Künstlerin „Barbara."

Innerhalb von wenigen Jahren ist Barbara zur meist beachteten Streetart-Künstlerin Deutschlands geworden. Ihr Spezialgebiet: Die Bearbeitung von Schildern – oder die Reaktion auf den Quatsch[1], der da teilweise in großen Lettern zu lesen ist. [...] Weiße Schrift auf schwarzem Grund. So simpel wie auffällig. Niemals beschädigt sie etwas, alle Schilder klebt sie lediglich an Dingen fest und macht sie damit auch zu mobiler, flexibler Streetart [...]. Wenn du heute durch die Straßen Berlins oder Heidelbergs läufst, entdeckst du hier und da die kleinen Botschaften von ihr, welche mal zum Nachdenken anregen und dich aber meistens zum Lachen bringen. Falls du gerade nicht in der Hauptstadt oder Heidelberg verweilst, findest du sie auch auf Instagram, wo sie uns regelmäßig mit neuen Kunstwerken versorgt.

„Hass ist krass. Liebe ist krasser!"

Die anonyme Künstlerin [...] ist nah dran am aktuellen Geschehen und stets gesellschaftskritisch, sie nimmt Nazis hoch[2] und positioniert sich gegen Fremdenhass, zeigt aber auch häufig ihre Natur- und Menschenliebe.

„Kleben und Kleben lassen, mein Lieber."

Ihre Arbeit wurde vergangenes Jahr mit dem Grimme-Online-Award ausgezeichnet, inzwischen schreiben Studenten über die Streetart-Werke und ihre Wirkung schon ganze Abschlussarbeiten. Barbara, das Mysterium. Ein Mann oder eine Frau? Ein Mensch, hat sie mal per Facebook geantwortet. Alleine oder im Kollektiv? Alleine, sagt sie. Falls sie doch mal ihre Identität preis geben sollte, würden wir sie sehr gerne kennenlernen und Danke sagen! Aber gut, der großartige Banksy bleibt ja auch schon seit Jahrzehnten anonym und wir lieben ihn von Jahr zu Jahr mehr. Also Babsi, weiter so!

↑ Mintje Zorn, *Eine Liebeserklärung an: Die Künstlerin Barbara*, www.zeitjung.de, 07.06.2018

1. **der Quatsch** la bêtise
2. **jemanden hochnehmen** se moquer de qqn

D. Welche Funktion kann Streetart in der Gesellschaft haben? **Tauschen Sie sich aus.**

2 Kunst am Arbeitsplatz

PÉDAGOGIE DIFFÉRENCIÉE

A. Bilden Sie zwei Gruppen (A und B). Mit welchen Argumenten wird für Kunst im Unternehmen geworben? **Lesen Sie** Ihren Text (A oder B) und **machen Sie sich** Notizen.

A – Die Farbe Blau macht kreativ

1 Kunst im Unternehmen trägt wesentlich dazu bei, dass am Arbeitsplatz eine inspirierende und die Kreativität fördernde Atmosphäre herrscht. Kunst in den Geschäftsräumen unterstreicht auch das Innovationspotenzial der Mitarbeiter. [...]

Die Neurobiologie liefert uns einige Belege, die unbedingt für die Anschaffung von Originalkunst für die Arbeitsräume sprechen. Der Nobelpreisträger Eric Kandel hat festgestellt, dass im Gehirn beim Betrachten[1] von Kunst ähnliche Reize ausgelöst[2] werden, wie auch während des Malens: Die Anwesenheit von Originalkunst fördert die Kreativität der Mitarbeiter. Studien belegen außerdem, dass die Farbe Blau nicht nur die Kreativität fördert, sondern auch zu einer Steigerung der Konzentrationsfähigkeit beitragen kann [...].

↑ Etelka Kovacs-Koller, *Die Farbe Blau macht kreativ*, www.business-in-action.de

1. **das Betrachten** le fait de contempler
2. **Reize auslösen** déclencher des stimuli

B

↑ Lobby der Frankfurter Zentrale der Deutschen Bank

1 **Kunst schafft Neues. Kunst stellt Fragen. Kunst überwindet Grenzen: Kunst wirkt. Mit ihrem Kunstengagement leistet die Deutsche Bank einen nachhaltigen Beitrag[1] zur Entwicklung unserer Gesellschaft.**

Kreativität ist die Quelle von Innovation und Fortschritt. Deshalb ermöglicht die Deutsche Bank seit mehr als 35 Jahren weltweit den Zugang zu zeitgenössischer Kunst: mit ihrer bedeutenden Sammlung[2], in Ausstellungen und durch Kooperationen rund um die Welt.

↑ *Kunst in der Bank*, www.art.db.com

1. **einen Beitrag leisten** contribuer
2. **die Sammlung** la collection

↑ Malerin Etelka Kovacs-Koller, www.madforart.de

B. Informieren Sie nun die andere Gruppe über Ihren Text.

C. An welchen anderen Orten könnte Kunst noch ihren Platz haben? **Machen Sie** Vorschläge.

Grammatik
Le participe I → p. 159 / ex. p. 185
Eine **inspirierende** Atmosphäre ...

Formen der Kunst
- die Streetart
- die zeitgenössische Kunst
- die Sammlung (-en)
- die Ausstellung (-en)
- das Schild (-er)
- kleben
- malen

Orte der Kunst
- im Unternehmen
- im Geschäftsraum
- im Büro
- im Museum
- in öffentlichen Gebäuden
- auf der Straße
- zu Hause

Axe : La création et le rapport aux arts

Kunst überall? Wozu?

fiche ENTR. LEXICAL

Das sagt die Wissenschaft
- der Beleg (-e)
- die Studie (-n)
- etwas belegen
- etwas feststellen

Mit Kunst kann man …
- jemanden zum Nachdenken anregen
- jemanden zum Lachen bringen
- Kreativität / Innovation / Fortschritt fördern
- die Konzentrationsfähigkeit steigern
- zu etwas beitragen
- etwas ermöglichen
- jemanden inspirieren
- eine inspirierende Atmosphäre schaffen
- eine Botschaft vermitteln
- die Gesellschaft kritisieren
- sich gegen Fremdenhass positionieren
- seine Menschenliebe zeigen
- auf etwas reagieren

1 Voyelles courtes ou longues ?

Prof. 47 Élève 41

A. Écoutez les mots suivants. Les voyelles marquées en gras sont-elles courtes ou longues ? Quelle différence notez-vous avec le français ?

1. die K**u**nst
2. das Bür**o**
3. das Mus**eu**m
4. die Report**a**ge
5. das Sch**i**ld
6. inspir**ie**ren
7. sch**a**ffen
8. **i**hre
9. der Z**u**gang
10. **ä**hnlich
11. m**a**len
12. die Entw**i**cklung

B. Observez encore une fois les mots. **Recopiez** les règles dans votre cahier en les complétant.

- **En allemand, une même voyelle peut être … ou …**
- **Une voyelle est … quand elle est suivie de deux consonnes, identiques ou différentes.**
- **Cependant, une voyelle suivie d'un H est toujours …**
- **Une voyelle suivie d'un E est toujours …**

Prof. 47 Élève 41

C. Écoutez à nouveau les mots, puis **lisez-les** à votre tour.

Prof. 48 Élève 42

D. Écrivez dans votre cahier les mots que vous entendez.

1. der H___
2. w___
3. kl___
4. n___
5. die ___schaft
6. aktu___
7. ___nlich
8. sch___

2 S ou ß ?

Prof. 49 Élève 43

A. Écoutez les mots suivants. Comment se prononcent les lettres S et ß ?

1. Sonne
2. Sie
3. weiß
4. lesen
5. außerdem
6. das Besondere
7. sitzen
8. die Straßen

Prof. 49 Élève 43

B. Écoutez à nouveau les mots et **lisez-les** à votre tour.

3 SS ou ß ?

Prof. 50 Élève 44

A. Écoutez les mots suivants. Que remarquez-vous concernant la longueur de la voyelle ? Quelle règle pouvez-vous énoncer ?

1. lassen
2. wissen
3. der Fluss
4. die Größe
5. der Hass
6. schließen
7. die Klasse
8. die Straße
9. regelmäßig
10. dass

Prof. 50 Élève 44

B. Écoutez à nouveau les mots, puis **lisez-les** à votre tour.

Prof. 51 Élève 45

C. Écoutez et **notez** dans votre cahier les mots suivants complétés avec SS ou ß.

1. der Spa___
2. kra___
3. die Stra___e
4. die Fü___e
5. der Ha___
6. das Ma___
7. wir me___en
8. der Schlu___

fiche AIDE À LA TÂCHE

fiche ÉVAL. TÂCHE

Sprachmittlung

Kunst, wo man sie nicht erwartet

Ich berichte in einem Text für die Schülerzeitung über ein Projekt aus der Lektion und erkläre, warum es mir besonders gut gefällt.

1. Ich wähle ein Projekt der Lektion aus (Barbara., Kunst im Unternehmen, Deutsche Bank) und notiere alles, was ich über das Projekt erfahre.
2. Ich überlege, was dieses Projekt für mich interessant und außergewöhnlich macht.
3. Ich sammle Redewendungen, um meine Vorlieben und meine Meinung auszudrücken.
4. Ich verfasse meinen Text und dekoriere ihn mit einem passenden Foto aus dem Internet.

Digitale Alternative

Sie können Ihren Text auch mit *Canva* gestalten und auf *Calameo* veröffentlichen.

↑ Malerin Etelka Kovacs-Koller in Aktion, www.madforart.de

13 Eine Welt ohne Plastik

Vorbild Deutschland?

• Sauver la planète

Abschlussaufgabe

Vorbild Deutschland?
Ich verfasse einen Text für die Schülerzeitung und stelle dem Leser am Ende die Frage: „Ist Deutschland in Sachen Plastik ein Vorbild?“

→ **Cahier d'entraînement**
p. 72-77

1 Generation Plastik

A. Sehen Sie sich den Anfang des Videos ohne Ton **an.** Worum geht es hier wohl?

B. Sehen Sie sich das ganze Video mit Ton **an.** Waren Ihre Hypothesen korrekt? Was tun die Leute? Wie ist die Stimmung?

↑ Kampagne der Berliner Stadtreinigung „Berlin gibt den To-Go-Becher ab!", www.bsr.de, 2018

C. Werten Sie die Infografik anhand der Fragen rechts **aus.**

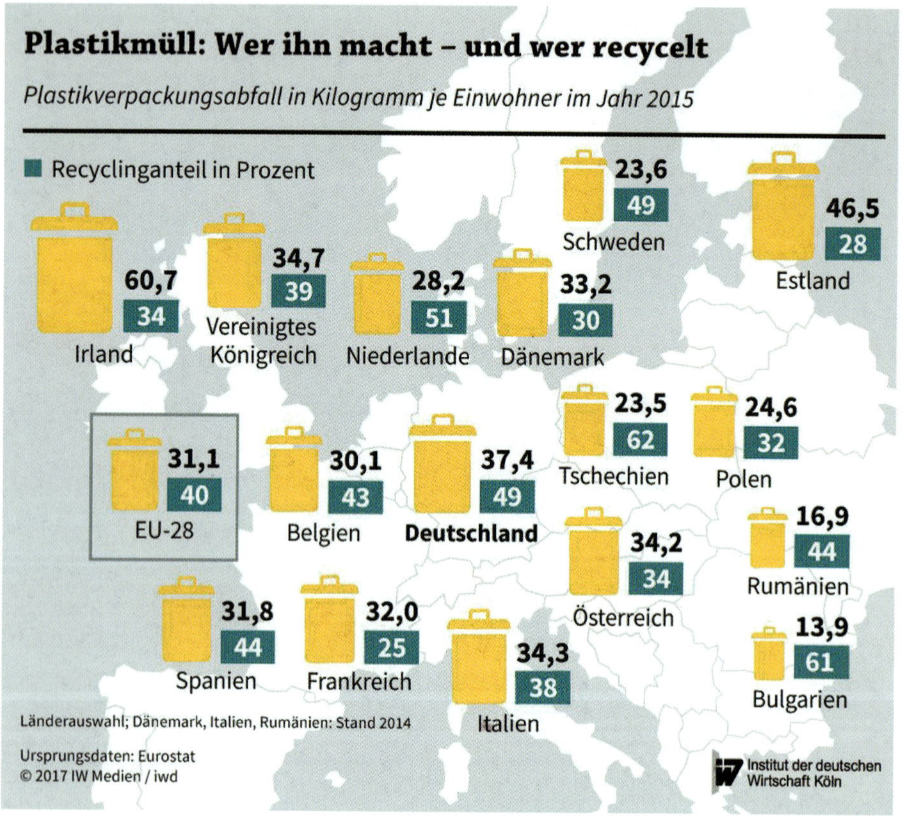

↑ www.iwd.de, 2017

1. Wie hoch ist der Plastikmüllanteil durchschnittlich in der EU? Wie viel Prozent wird davon recycelt?
2. Welche Länder produzieren den meisten Plastikmüll?
3. Welche Länder recyceln den größten Anteil an Plastikmüll?
4. Welche Daten finden Sie erstaunlich?

Grammatik

L'adjectif épithète au superlatif
→ p. 167 / ex. p. 186
Den **größten** Anteil an Plastikmüll produziert ...

D. Beschreiben Sie den Cartoon. **Erklären Sie** seine Bedeutung mithilfe der Zahlen der Infografik. Mit welchem Image Deutschlands wird gespielt?

↑ Christiane Pfohlmann, *Müll-Europameister*, www.pfohlmann.de, 2018

2 Es geht auch anders!

A. Sehen Sie sich die Reportage **an.**
Was ist das Besondere an diesem Laden?
Was kann man dort kaufen?

B. Sehen Sie sich das Video noch einmal **an.**
Warum kaufen die Leute dort ein?

C. Was halten Sie davon? Würden Sie in einem solchen Laden einkaufen? Warum (nicht)? **Erklären Sie.**

D. Glauben Sie, dass dieses Ladenkonzept eine Chance in Deutschland hat? Und in Frankreich? Für welche Produkte? **Tauschen Sie sich aus.**

↑ *Zu Besuch bei „Ohne" in München, Utopia, 2018*

3 Eine Schülerinitiative

A. Sehen Sie sich die Fotos **an.** Worum handelt es sich wohl bei dieser Initiative? **Beschreiben Sie** die Fotos.

A

B

B. Hören Sie sich die Radioreportage **an.**
Prof. 52
Was erfahren Sie über die Initiative?
Achten Sie auf die folgenden Aspekte.

a. Ort **b.** Mission **c.** Ziel

C. Könnten Sie sich eine solche Initiative an Ihrer Schule und in Ihrer Stadt vorstellen? **Erklären Sie**, wie man sie organisieren könnte.

Grammatik
Le but avec um zu et l'interrogatif wozu? → p. 163, 164 / ex. p. 186
Die Schüler engagieren sich, **um** den Plastikmüll **zu** reduzieren.

4 Deutscher Impuls?

A. Lesen Sie den Titel des Artikels und **sehen Sie sich** die Fotos auf Seite 112 und 113 **an**. Worum könnte es in diesem Pressetext gehen? **Stellen Sie** Hypothesen **auf**.

B. Lesen Sie zunächst den ersten Teil des Artikels. Welche wichtigen Informationen können Sie dem Text entnehmen?

C. Wie stehen die deutschen Bürger zum Plastikmüllproblem? **Belegen Sie** Ihre Antworten anhand von Zitaten aus dem Text.

Plastikmüll: Nicht unsere Strohhalme sind das Problem

A

Am Mittwoch hat das EU-Parlament beschlossen, zahlreiche Einwegartikel aus Plastik ab 2021 zu verbieten. [...] Nicht nur in Deutschland, in vielen Ländern der westlichen Welt ist Plastik zum Umweltfeind Nummer eins avanciert. [...]

Wir Bürger wissen zudem, dass das Plastikproblem mit unserem Lebensstil zu tun hat. 37 Kilogramm Plastikmüll nur aus Verpackungen produziert der Durchschnittsdeutsche pro Jahr, mehr als die anderen Europäer, Tendenz steigend. In vielen Familien wird deshalb über Strohhalmboykotte diskutiert. Oder darüber, ob man plastikverpacktes Essen vom Lieferservice[1] bestellen darf oder in einem Laden einkaufen sollte, der ganz auf Verpackungen verzichtet.

All das ist gut, sinnvoll und überdies sympathisch, auch weil man Probleme fast immer erst mal bei sich selbst angehen[2] sollte. [...] Die deutsche Debatte erzeugt bisweilen den Eindruck, als wäre es möglich, einem Albatros im Pazifik das Leben zu retten, indem man heute die Salattüte im Supermarktregal liegen lässt. Aber dem ist leider nicht so.

Das Fatale an Plastik ist nicht das Material an sich. Es sind die Mikropartikel, die in die Umwelt gelangen. In Deutschland wird Plastikmüll überwiegend verbrannt, mit einer gar nicht so schlechten Ökobilanz. Ein kleinerer Teil wird wiederverwertet. In die Umwelt kommen etwa drei Prozent. [...]

1. **der Lieferservice** le service de livraison
2. **angehen** s'attaquer à

↑ Strohhalme und Plastiktüten: ein Risiko für die Meerestiere

D. Lesen Sie nun den zweiten Teil des Pressetextes. Was erfahren Sie noch über das weltweite Plastikmüllproblem? Welche Lösung wird vorgeschlagen? Was können die Bürger beitragen?

B

↑ Exotischer Traumstrand – als Mülldeponie

↑ Mikroplastik-Partikel neben einer Ein-Cent-Münze

Der Plastikmüll in den Weltmeeren stammt zum weitaus größten Teil nicht aus Europa, sondern aus asiatischen Ländern: China, Indonesien, die Philippinen, Vietnam und Sri Lanka sind die größten Verschmutzer der Meere. [...] Vielerorts werden die Abfälle auf wilde Deponien oder direkt ins Meer gekippt. [...]

Wer die Weltmeere sauber halten will, muss dafür sorgen, dass jene Länder ein funktionierendes Müllmanagement aufbauen. Vor allem die westlichen Industrieländer sollten als Plastikproduzenten Nummer eins den Süden und Osten Asiens beim Aufbau der Müllentsorgung massiv unterstützen: mit Technik, mit Geld, mit Beratung.

Auch in Deutschland ist der viel diskutierte Strohhalm für die Umwelt nicht das Hauptproblem. Ein Viertel des Plastiks, das in der Natur landet, sind achtlos weggeworfene oder durch die Toilette gespülte[1] Abfälle. Die anderen drei Viertel bestehen aus winzigen[2] Kunststoffteilen, die [...] in die Umwelt gelangen. [...]

Das Engagement der Strohhalmboykotteure und Plastiktütenverweigerer ist wichtig, weil es ein Bewusstsein für das Problem schafft. Aber das kann nur ein Anfang sein. Die Lösung müssen Politik und Konzerne finden. Und endlich jene Verantwortung übernehmen, die sie bislang verweigern[3].

↑ Cordula Meyer, *Nicht unsere Strohhalme sind das Problem*, Der Spiegel, 26.10.2018

1. **spülen** tirer la chasse
2. **winzig** minuscule
3. **verweigern** refuser

E. Wie denken Sie darüber? Inwieweit kann man als Bürger etwas tun, um den Plastikmüll zu reduzieren? **Tauschen Sie sich aus**.

F. Was meinen Sie: Ist Deutschland bei der Lösung des Plastikmüllproblems ein Vorbild? Zu zweit: **Tauschen Sie sich** schriftlich **aus**.

Grammatik

Nicht (nur) ..., sondern (auch) ... / sowohl ... als auch .... / entweder ... oder ... → p. 165 / ex. p. 186

Nicht nur in Deutschland, **sondern** in vielen Ländern der westlichen Welt ...

Das Müllproblem
- der Müll = der Abfall (¨-e)
- wegwerfen
- die Verpackung (-en)
- das Plastik
- in Plastik verpackt sein
- Plastikmüll produzieren
- die Plastiktüte (-n) ≠ die Stofftasche (-n)
- der Strohhalm
- der Kunststoff
- die Einwegflasche ≠ die Mehrwegflasche
- die Umwelt / das Meer verschmutzen
- ins Meer gelangen
- die (Müll-)Deponie
- den Müll verbrennen
- die steigende Tendenz
- der Lebensstil

Bewusstsein schaffen
- jemandem etwas bewusst machen
- ein Vorbild für jemanden sein
- (sich) über etwas informieren
- eine Kampagne starten
- eine Initiative gründen
- die (Schüler-)Initiative (-n)
- jemanden / etwas unterstützen
- eine Debatte über etwas führen

Axe : Sauver la planète

Vorbild Deutschland?

fiche ENTR. LEXICAL

Verantwortung übernehmen
- die Verantwortung übernehmen
- recyceln
- wiederverwenden
- umweltfreundlich leben / einkaufen
- der Unverpackt-Laden (¨-)
- eine Marke / einen Laden / ein Produkt boykottieren
- auf Strohhalme verzichten
- den Müll trennen
- den Müll richtig entsorgen
- ein funktionierendes Müllmanagement aufbauen
- sinnvoll mit Ressourcen umgehen

1 Les mots composés

Prof. 53
Élève 46

A. **Recopiez** les mots suivants dans votre cahier. **Écoutez-les** en soulignant les syllabes qui portent l'accent de mot. Quels sont les préfixes accentués ?

1. die Verantwortung
2. das Vorbild
3. die Verpackung
4. die Umwelt
5. das Bewusstsein
6. die Übernahme
7. die Wiederverwertung
8. die Entsorgung
9. die Aufgabe
10. der Einkauf

Prof. 53
Élève 46

B. **Écoutez** à nouveau les mots et **prononcez-les** en respectant l'accentuation.

C. **Recopiez** la règle suivante dans votre cahier en la complétant.

- **Les préfixes portent l'accent de mot sauf s'il s'agit de préfixes inséparables. Ex. : die ...packung, das ...gebnis, die ...antwortung, die ...sorgung, das ...wusstein, die ...zählung.**

2 Les mots composés

Prof. 54
Élève 47

A. **Recopiez** les mots composés ci-dessous dans votre cahier. **Écoutez-les** en soulignant les syllabes qui portent l'accent de mot.

1. das Plastik + der Müll = der Plastikmüll
2. das Plastik + die Tüte = die Plastiktüte
3. das Stroh + der Halm = der Strohhalm
4. die Kunst + der Stoff = der Kunststoff

B. **Recopiez** la règle suivante dans votre cahier en la complétant.

- **Dans un mot composé, c'est le ... mot qui porte l'accent principal, appelé aussi accent de ...**

C. **Recopiez** les mots suivants dans votre cahier et **soulignez** les syllabes qui portent l'accent de mot.

1. das Vorbild
2. die Einwegflasche
3. der Lebensstil
4. das Bewusstsein
5. die Wiederverwertung
6. die Umwelt

Prof. 55
Élève 48

D. **Écoutez** et **vérifiez** vos réponses.

fiche AIDE À LA TÂCHE

fiche ÉVAL. TÂCHE

Sprachmittlung

Vorbild Deutschland?

Ich verfasse einen Text für die Schülerzeitung und stelle dem Leser am Ende die Frage: „Ist Deutschland in Sachen Plastik ein Vorbild?“

1. Ich möchte anlässlich des Umwelttages am 5. Juni einen Text zum Thema Plastikmüll für die Schülerzeitung schreiben. Darum lese ich die ganze Lektion noch einmal genau durch und suche relevante Informationen und Beispiele.
2. Ich ordne meine Notizen nach positiven und negativen Aspekten. Ich kann diese auch in einer Mindmap darstellen.
3. Ich erstelle eine Gliederung für meinen Text.
4. Ich verfasse meinen Text und gehe dabei folgendermaßen vor.

In der Einleitung formuliere ich kurz die Problematik.

Dann informiere ich den Leser ausführlich über die Situation in Deutschland.

Am Schluss frage ich den Leser ausdrücklich nach seiner Meinung. Ich kann auch meine eigene Position kurz erwähnen.

Digitale Alternative

Sie können Ihren Text auch mit *Canva* gestalten und auf *Calameo* veröffentlichen.

14 Ein „grünes" Land?

Kann der deutsche Bürger die Umwelt retten?

• Sauver la planète

Die Abfallpyramide

Vermeidung

Abfall sollte in erster Linie vermieden werden. Zum Beispiel, indem man nur Lebensmittel kauft, die gegessen werden, oder Mehrweg- statt Einwegflaschen nutzt.

Wiederverwendung

Lässt sich Abfall nicht vermeiden, sollte er wiederverwendet werden. Zum Beispiel, indem defekte Geräte, die im Wertstoffhandel abgegeben wurden, repariert und dann wiederverwendet werden.

Recycling

Lässt sich Abfall weder vermeiden noch wiederverwenden, muss er verwertet werden. Taschentücher oder Druckerpapier aus Alt-Papier, Glasbehälter aus Alt-Glas und neue Kunststoff-Mehrwegflaschen aus nicht mehr nutzbaren Kunststoff-Mehrwegflaschen sind hierfür Beispiele.

Sonstige Verwertung

Lassen sich Abfälle nicht vermeiden, wiederverwenden oder recyceln, kann es sinnvoll sein, sie zu verbrennen, um die dabei freigesetzte Wärmeenergie zum Beispiel zur Produktion von Fernwärme zu nutzen.

Beseitigung

Nur wenn Abfall sich nicht vermeiden, nicht wiederverwenden und auch nicht verwerten lässt, darf er beseitigt werden – zum Beispiel durch Lagern auf einer Mülldeponie. Das ist dann der sogenannte Restmüll.

↑ www.bmu-kids.de

Abschlussaufgabe

Eine coole Initiative!
Wir wählen eine Initiative aus der Lektion aus und überzeugen unsere Mitschüler/innen, dabei mitzumachen.

→ **Cahier d'entraînement**
p. 78-83

1 Ein besonderer Treffpunkt

A. Sehen Sie sich den Anfang des Promovideos **an**. Was wird hier gezeigt? Worum könnte es wohl gehen?

B. Sehen Sie sich das Promovideo weiter **an**. Welche Informationen bekommen Sie über die Initiative? Wie heißen die Treffpunkte? Was sind die Vorteile?

C. Gibt es ähnliche Treffpunkte in Ihrer Stadt oder an anderen Orten in Frankreich? Würden Sie dort kaputte Dinge reparieren lassen? **Erklären Sie**.

D. Gehen Sie auf www.repaircafe.org und **sehen Sie sich** die Europakarte an. Was stellen Sie fest?

↑ Netzwerk Reparatur-Initiativen, anstiftung, 2014

2 Kreativ und grün

A. Sehen Sie sich das Plakat **an**. Für welche Initiative wird hier geworben?

B. Sehen Sie sich nun das Promovideo **an** und **machen Sie sich** Notizen zu den folgenden Punkten.

1. Name des Wettbewerbs?
2. An wen richtet er sich?
3. Thema für 2018?
4. Ort / Bundesland?
5. Wie bewerben?
6. Preise?

↑ Video und Plakat: www.machdeinezukunft.de, 2018 →

C. Präsentieren Sie den Wettbewerb. Inwiefern „macht" eine solche Initiative für junge Leute „die Zukunft"? **Erklären Sie**.

D. Könnten Sie sich vorstellen, einen ähnlichen Wettbewerb an Ihrer Schule durchzuführen? **Tauschen Sie sich aus**.

Grammatik

Les verbes à préverbe séparable / inséparable → p. 155 / ex. p. 187

Wir möchten so einen Wettbewerb an unserer Schule **durchführen**.
Man kann so viele Dinge noch einmal **verwenden**!

3 Teilen, statt konsumieren

A. Sehen Sie sich das Plakat **an**. Worin besteht wohl diese Initiative?

B. Lesen Sie nun den Text. **Achten Sie** auf die folgenden Aspekte.

1. „Konsumieren": Nennen Sie die zwei Beispiele im Text und erklären Sie kurz, warum das Konsum ist.
2. „Teilen": Leute, Objekte, Aufkleber und Briefkasten. Wie funktioniert das Teilen?

Teilen, statt konsumieren

Eine Bohrmaschine wird im Laufe ihres Lebens nicht mal 13 Minuten lang benutzt. Das Raclette höchstens zweimal im Jahr. Viele Sachen müssen eigentlich nicht alle besitzen. Wie wäre es, wenn wir diese Dinge mit unseren Nachbar/innen teilen würden?

So geht's: Kleb die Aufkleber mit den Sachen, die du selbst besitzt, auf deinen Briefkasten. Dazu der Hinweis „Kannst du von mir leihen!" Klappt[1] natürlich besser, wenn du den Leuten in deinem Haus auch Aufkleber mitbringst. Was du zu teilen hast, ist auf keinem der Aufkleber? Entwirf deinen eigenen – und schick uns Fotos! facebook.com/draufsicht.TV

Unser Wirtschaftssystem ist auf stetiges Wachstum angewiesen - und der Konsum wächst mit. Das führt zu Ausbeutung von Menschen und Ressourcen im Globalen Süden. Kann eine Wirtschaft, die auf Teilen statt Besitzen setzt[2], dem entgegenwirken?

↑ Eine Aktion von Draufsicht – das entwicklungspolitische Fernsehen zum Mitmachen – und dem SODI – Solidaritätsdienst International, www.sodi.de, 2015

1. **klappen** marcher
2. **auf etwas setzen** miser sur quelque chose

C. Erklären Sie nun, wie das Projekt funktioniert.

D. Würden Sie eine der auf diesen beiden Seiten vorgestellten Initiativen Ihren Eltern oder Freunden empfehlen? Warum (nicht)? **Tauschen Sie sich aus.**

Grammatik

L'impératif → p. 160 / ex. p. 187

Kleb den Aufkleber auf den Briefkasten!

↑ *Fairtrade. Es beginnt mit Dir!*, Forum Fairer Handel, 2018

4 Hauptsache: fair

31 **A. Sehen Sie sich** zuerst das Video ohne Ton **an**. **Beschreiben Sie**, was Sie sehen. Worum geht es wohl?

32 **B. Sehen Sie sich** das Video ein zweites Mal mit Ton **an**. Welche Botschaft möchte man vermitteln? An wen richtet sich das Video?

C. Bilden Sie drei Gruppen (A, B und C). **Werten Sie** Ihre Grafik (A, B oder C) anhand der dazugehörigen Fragen **aus**.

PÉDAGOGIE DIFFÉRENCIÉE

A

a. Wie oft kaufen die deutschen Bürger fair gehandelte Produkte? Wie hoch ist der gesamte Anteil?

B

Gesamtumsatz des Fairen Handels in Deutschland, 2008-2017

Umsatz fair gehandelter Produkte zu geschätzten Endverbraucherpreisen in Mio. Euro

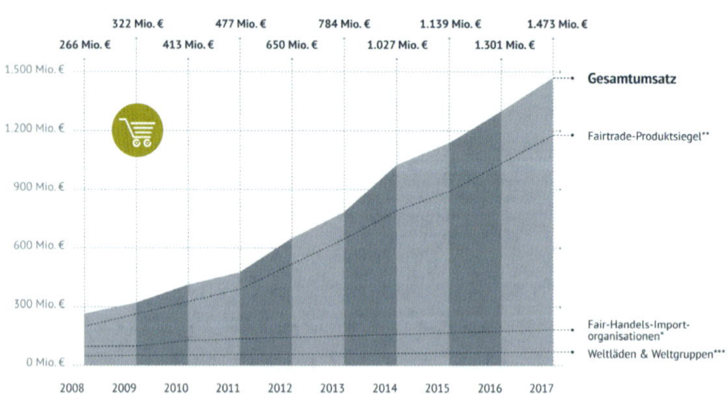

b. Wie hat sich in den letzten Jahren der faire Handel in Deutschland entwickelt?

C

Anteil einzelner Produkte am Gesamtumsatz des Fairen Handels

Mit 80 % machten Lebensmittel in 2017 den größten Anteil am Umsatz von fair gehandelten Produkten zu Endverkaufspreisen aus.

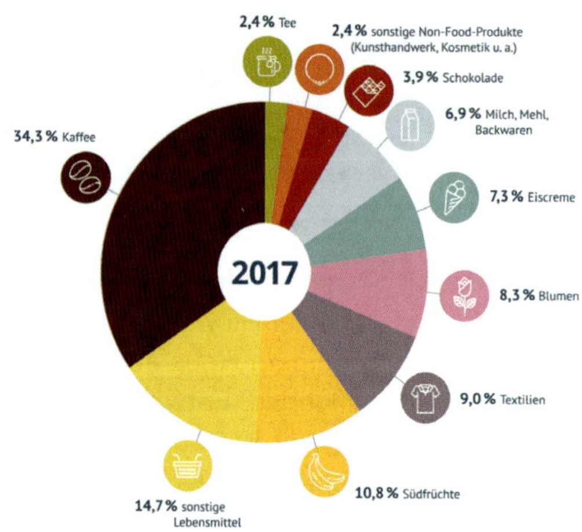

c. Welche Fairtrade-Produkte werden am meisten gekauft? Wie hoch ist der gesamte Anteil?

↑ Alle Grafiken: Forum Fairer Handel, 2018

D. Informieren Sie die anderen Gruppen über Ihre Ergebnisse. **Fassen Sie zusammen**: Welche Bedeutung hat Fairtrade in Deutschland?

E. Wie sieht es in Frankreich aus? Achten Sie selbst beim Einkaufen auf das Fairtrade-Siegel? **Tauschen Sie sich aus.**

Grammatik

Le comparatif de supériorité
→ p. 166 / ex. p. 187

Immer mehr Menschen kaufen fair ein.
Fair gehandelte Produkte werden **immer wichtiger**.

5 Die erste „grüne" Partei Europas

A. Lesen Sie zuerst den Titel und die ersten Zeilen des Texts und **sehen Sie sich** das Logo **an**. Was erfahren Sie über diese Partei?

B. Lesen Sie den Text und **notieren Sie** die wichtigen Informationen.

Die Geschichte der Grünen

Die Partei, die heute „Bündnis 90/Die Grünen" heißt, wurde am 13. Januar 1980 gegründet. Damals trafen sich in der Stadt Karlsruhe in Baden-Württemberg eine Menge Leute. Sie wollten die Politik in Deutschland verändern. Bei dieser Versammlung gründeten sie die neue Partei „Die Grünen".

Was wollten „Die Grünen"?

Das wichtigste Ziel dieser neuen Partei: Die Umwelt darf nicht zerstört werden! Pflanzen, Tiere und Landschaft müssen geschützt werden. Das war damals ganz neu. Die anderen großen Parteien, also die CDU/CSU, die SPD und die FDP, hatten vor allem das Ziel, dass alle Menschen in Deutschland genügend Geld haben und sicher in Deutschland leben können sollten. Um die Umwelt hatten sie sich dagegen weniger gekümmert.

Doch dann kamen „Die Grünen": Sie wollten zum Beispiel erreichen, dass alle Atomkraftwerke in Deutschland abgeschaltet werden. Strom sollte ihrer Meinung nach besser aus Wind, Sonne, Wasser und Biomasse gewonnen werden. Sie fanden, dass Atomkraftwerke viel zu gefährlich seien.

Viele Friedensdemos

Außerdem waren „Die Grünen" von Anfang an für den Frieden und setzten sich dafür ganz besonders ein. In den 1980er Jahren gab es zum Beispiel viele Friedensdemonstrationen. „Die Grünen" taten auch schon immer etwas dafür, dass Frauen genauso gute Möglichkeiten im Beruf haben wie Männer.

Am Anfang haben sich viele Politiker anderer Parteien über „Die Grünen" lustig gemacht[1]. Statt Anzug und Krawatte trugen die nämlich oft einfach Pullover und Jeans. [...]

Ein Minister in Turnschuhen

Als der damals bekannteste Grüne, Joschka Fischer, 1985 Umweltminister von Hessen wurde, trat er seinen neuen Job in Jeans und Turnschuhen an[2]. Das war sehr ungewöhnlich. [...] Später wurde Joschka Fischer Außenminister von Deutschland. Ab dann trug er einen schicken Anzug. Mittlerweile haben sich Bündnis 90/Die Grünen so erfolgreich aufgebaut, dass es in Baden-Württemberg den ersten grünen Ministerpräsidenten Deutschlands gibt.

↑ *Die Geschichte der Grünen*, ZDF, 2017

1. **sich über jemanden lustig machen** se moquer de qqn
2. **einen Job antreten** commencer un job

C. Was wissen Sie nun über die Geschichte dieser Partei? Inwiefern ist sie interessant? Was ist daran außergewöhnlich? **Berichten Sie.**

D. Was sagt die Gründung dieser Partei über das Interesse an der Umwelt in Deutschland? **Tauschen Sie sich aus.**

E. Zu zweit: **Verfassen Sie** einen kurzen Artikel für die Schülerzeitung.

Axe : Sauver la planète

Kann der deutsche Bürger die Umwelt retten?

fiche ENTR. LEXICAL

Konsum
- der Verbraucher (-) / die Verbraucherin (-nen)
- etwas besitzen
- das Lebensmittel (-)
- das elektronische Gerät
- Menschen / Ressourcen ausbeuten
- kaputt
- kaputtgehen
- (nicht) funktionieren
- (nicht) lange halten

Wiederverwendung
- reparieren (lassen)
- teilen
- tauschen
- jemandem etwas leihen
- achtsam mit etwas sein
- etwas länger benutzen
- kreativ sein
- sich etwas einfallen lassen
- sich etwas ausdenken
- aus alten Dingen etwas Neues machen
- der Aufkleber (-)
- der Briefkasten

Eine grüne Partei
- die Grünen
- eine Partei gründen
- die Politik verändern
- die Umwelt schützen
- (nicht) zerstören
- sich um etwas kümmern
- sich für etwas einsetzen
- der Frieden
- das Atomkraftwerk (-e)
- gefährlich
- erneuerbare Energien verwenden
- Strom aus Wind / Sonne / Wasser gewinnen
- gleiche Chancen haben
- in Anzug und Krawatte
- ungewöhnlich
- ein Ziel erreichen
- der Minister (-) / die Ministerin (-nen)

Fairtrade
- fair handeln
- fair gehandelte Produkte
- regelmäßig
- selten
- gelegentlich
- der Handel nimmt zu / nimmt ab
- der Anteil an etwas steigt / fällt
- ein hoher / niedriger Anteil an
- das Fairtrade-Siegel (-)

1 R en fin de mot

Prof. 56
Élève 49

A. **Écoutez** les mots suivants. Comment la lettre R se prononce-t-elle ?

1. nur
2. wieder
3. das Jahr
4. hier
5. vier
6. mehr
7. weiter
8. vor
9. der
10. wir

Prof. 57
Élève 50

B. **Écoutez** les mots suivants. Comment la lettre R se prononce-t-elle ? Pouvez-vous énoncer une règle ?

1. wieder
2. der Verbraucher
3. der Politiker
4. der Minister
5. länger
6. der Aufkleber
7. die Atomkraft
8. das Wasser
9. der Strom
10. später

Prof. 57
Élève 50

C. **Écoutez** à nouveau les mots, puis **lisez-les** à votre tour.

Prof. 58
Élève 51

D. **Écoutez** bien. Quels mots entendez-vous ? **Recopiez-les** dans votre cahier.

1. **a.** der
   b. da
2. **a.** Länge
   b. länger
3. **a.** größer
   b. Größe
4. **a.** Liebe
   b. lieber
5. **a.** verschmutze
   b. Verschmutzer
6. **a.** deutsche
   b. Deutscher
7. **a.** wie
   b. wir
8. **a.** einzelne
   b. einzelner

2 R à la fin d'une syllabe

Prof. 59
Élève 52

A. **Écoutez** les mots suivants. Dans quels cas la R est-elle vocalisée ? Pourquoi ?

1. die Grünen
2. vierzig
3. gefährlich
4. die Krawatte
5. niedrig
6. elektronisch
7. die Partei
8. verwenden
9. gründen
10. erzählen

Prof. 59
Élève 52

B. **Écoutez** à nouveau les mots, puis **lisez-les** à votre tour.

C. **Lisez** les phrases suivantes à haute voix.

1. Der krasse Minister gründet eine kreative Partei.
2. Die Grünen tragen nicht gerne Krawatten.
3. Atomkraftwerke gefährden den Frieden.

fiche AIDE À LA TÂCHE

fiche ÉVAL. TÂCHE

Eine coole Initiative!
Wir wählen eine Initiative aus der Lektion aus und überzeugen unsere Mitschüler/innen, dabei mitzumachen.

1. Wir bilden Gruppen von drei bis vier Personen. Jede Gruppe wählt eine Initiative aus.
2. Jede Gruppe stellt die passenden Informationen aus der Lektion zusammen und kann dazu neues / anderes Material sammeln.
3. Die Gruppe begründet und argumentiert ihre Wahl.
4. Jeder übernimmt einen Teil der Präsentation.
5. Am Ende stimmen wir in der Klasse darüber ab, welche Initiative uns am meisten überzeugt.

Digitale Alternative

Sie können Ihre Präsentation auch mit *Genial.ly* erstellen.

Berlin, eine Gedenkstätte zum Erleben?

15 Ein offenes Geschichtsbuch

• Le passé dans le présent

1961

1989

2009

↑ Video *Be Berlin* und Standbilder: Berlin Partner, 2015

Abschlussaufgabe

Quiz zur Geschichte Berlins
Wir erstellen ein Quiz zum Thema „Berlin im geteilten Deutschland" und spielen es in der Klasse.

→ **Cahier d'entraînement**
p. 84-89

1 Eine Weltstadt im Wirbel der Zeit

A. Was geschah in Berlin nach 1945? **Sehen Sie sich** die Zeitleiste **an** und **ordnen Sie** die Fotos den Ereignissen **zu**.

1946 – 1947 – 1949 – 1951 – 1953 – 1955 – 1960 – 1965 – 1970 – 1975 – 1980 – 1985

1945

8. Mai 1945
Ende des Zweiten Weltkriegs: Besetzung Berlins durch die Alliierten

1948

1 Teilung Berlins in vier Besatzungssektoren

Juni 1948-Mai 1949

2 Berliner Blockade: Versorgung von Westberlin durch amerikanische Flugzeuge (Luftbrücke)

1949

Gründung der BRD und der DDR

1961

13. August 1961

3 Bau der Berliner Mauer durch die DDR-Regierung

1989

Herbst 1989
Massive Demonstrationen für Frieden und gegen die Mauer in der DDR (Friedensdemonstrationen)

9. November 1989

4 Öffnung der Berliner Mauer und Mauerfall

1990

3. Oktober 1990

5 Wiedervereinigung Deutschlands, Berlin wird wieder deutsche Hauptstadt

a

b

c

d

e

B. Was passierte zwischen 1945 und 1990 in Berlin? **Erzählen Sie.**

Am 8. Mai 1945 wurde der Zweite Weltkrieg beendet.

Grammatik

Dater un événement
→ p. 169 / ex. p. 188

Bis 1989 teilte eine Mauer Berlin.

2 Spuren deutsch-deutscher Geschichte

A. Sehen Sie sich die Fotos und Texte zur Gedenkstätte Berliner Mauer **an**. Was können die Besucher dort sehen? An wen wird erinnert?

↑ Die Grenzanlage, heute nationales Denkmal für die Opfer des kommunistischen Regimes und der deutschen Teilung.

↑ Das Fenster des Gedenkens zeigt die Opfer der Berliner Mauer.

↑ Mauernachzeichnung auf dem Areal der Gedenkstätte Berliner Mauer.

Die Gedenkstätte Berliner Mauer

Die Geschichte der Teilung wird in der Bernauer Straße exemplarisch in einer Ausstellung gezeigt. Hier sieht man sehr gut den in Ostberlin gelegenen Grenzstreifen. Es wird an die geteilte Stadt sowie an die Opfer des kommunistischen Regimes erinnert.

↑ Stiftung Berliner Mauer, www.berliner-mauer-gedenkstaette.de

B. Jugendliche berichten von ihrem Besuch der Gedenkstätte. **Hören Sie zu** und **achten Sie** dabei auf den Tonfall. Wie fühlen sich die Jugendlichen?

Prof. 60

C. Hören Sie sich die Beträge ein zweites Mal **an. Notieren Sie**, was die Jugendlichen am meisten beeindruckt hat.

Prof. 60

D. Finden Sie solche Gedenkstätten wichtig? Warum (nicht)? **Tauschen Sie sich aus.**

Grammatik

Les verbes de modalité au prétérit
→ p. 158 / ex. p. 188
Die Menschen **wollten** fliehen, **konnten** es aber nicht.

3 Ein ganz besonderer Ort

A. Sehen Sie sich die Fotos **an**. Was sieht man darauf? Um was für einen Ort handelt es sich wohl? **Stellen Sie** Hypothesen **auf**.

1

2

3

4

↑ Alle Fotos: DDR Museum, 2019

B. Sehen Sie sich nun den Imagefilm **an** und **überprüfen Sie** Ihre Hypothesen.

C. Wie finden Sie es, den Alltag einer anderen Epoche live erleben zu können? Würden Sie dieses Museum gern besuchen? Warum (nicht)? **Tauschen Sie sich aus**.

↑ DDR Museum, 2019

4 Ostalgie

A. Lesen Sie den autobiografischen Text. In welcher Beziehung steht die Autorin zu West-Berlin? In welcher zu Ost-Berlin? **Belegen Sie** Ihre Antworten mit Zitaten aus dem Text.

Ich war nur wenige Male dort: mit den Eltern, mit der Schule am Wandertag, wenn Berlinbesuch kam. Jeder Ausflug nach Ost-Berlin war von gegensätzlichen Gefühlen beherrscht: Ist das schrecklich hier! Und: Ist das schön hier! Da fehlten die Farben, da waren die Straßen, die Schaufenster, die Autos, die Gesichter von einer seltsamen Blässe[1]. Dem Essen fehlten die Gewürze.

Aber: Da war Unter den Linden, der Dom, das Brandenburger Tor – lag nicht das Herz Berlins im Osten? Das konnte man als Kind durchaus spüren.

Düster und drohend[2], wie eine versteckte Verwandte der Gedächtniskirche, wartete hier eine Stadt auf, die auf seltsame Weise Ähnlichkeit mit unserer hatte und doch ganz fremd schien. Und die Menschen berlinerten! Die Bayern oder Schwaben verstanden wir kaum, die Ost-Berliner, die in einem anderen System hinter der Mauer lebten, sprachen jedoch ganz ähnlich wie wir (trotz der feinen Unterschiede zwischen Ost-Berliner und West-Berliner Dialekt). Das war irritierend. Wohl gefühlt habe ich mich im Osten nie. Der Aufenthalt dort war emotional zu komplex. Wegen des ständigen Oszillierens[3] zwischen Nähe- und Fremdheitsempfinden konnte ich mich nie richtig entspannen. Man war, wenn man in Ost-Berlin war, nie nur an einem Ort, sondern gedanklich und emotional an mehreren gleichzeitig, geografisch und auf der Zeitachse – ein bisschen schien Ost-Berlin das frühere Berlin zu sein. Man war immer in Ambivalenz, in einem Zwischenland begriffen.

Mit dem Älterwerden kam eine Art Fernweh, eigentlich müsste man sagen: Nahweh, dazu. Da gab es die Mutter einer Freundin, die in Ost-Berlin aufgewachsen war und Dinge sagen konnte wie: »Traurig der Bahnhof Zoo heute ... Damals ... der Anhalter Bahnhof, der Schlesische Bahnhof – das waren richtige Bahnhöfe mit Stil! Ihr wisst ja gar nicht, wie Berlin vorm Krieg ausgesehen hat.«

↑ Aus: Tanja Dückers, *Mein altes West-Berlin*, 2017

1. **die Blässe** la pâleur
2. **düster und drohend** sombre et menaçant/e
3. **das Oszillieren** le fait d'osciller

Grammatik

La concession avec la préposition trotz + génitif

→ p. 167 / ex. p. 188

Trotz der Nähe waren Ost- und West-Berlin zwei Welten.

↑ Der Anhalter Bahnhof

B. Lesen Sie den Text noch einmal. Mit welchen Worten beschreibt die Autorin Ost-Berlin? **Notieren Sie.**

C. Was ist wohl „Ostalgie“? **Finden Sie** gemeinsam eine Definition.

Berlin nach 1945
- das Ende des Zweiten Weltkriegs
- der Krieg (-e) ≠ der Frieden
- die Kapitulation
- die Besetzung durch die Alliierten
- der Besatzungssektor (-en)
- die Alliierten
- die Teilung Berlins
- der Mauerbau ≠ der Mauerfall
- die Gründung der BRD und der DDR
- die BRD (Bundesrepublik Deutschland)
- die DDR (Deutsche Demokratische Republik)
- das kommunistische Regime
- die Demonstration (-en)
- an einer Demonstration teilnehmen
- die Öffnung der Mauer

Das geteilte Land
- die Teilung Deutschlands ≠ die Wiedervereinigung
- geteilt werden ≠ wiedervereint werden
- die Grenzanlage (-n)
- der Grenzstreifen (-)
- der Beobachtungsturm (¨-e)
- die deutsch-deutsche Grenze (-n)
- in der Ostzone = im Osten
- in der Westzone = im Westen
- in den Westen fliehen = den Osten verlassen
- das Ereignis (-se)
- erschossen werden
- die Flucht in den Westen / in die Freiheit

Axe : Le passé dans le présent

Berlin, eine Gedenkstätte zum Erleben?

fiche ENTR. LEXICAL

Geschichte und Erinnerung
- die Spur (-en)
- die Ausstellung (-en)
- das Denkmal (¨-er)
- die Gedenkstätte (-n)
- die Führung (-en)
- das Opfer (-)
- an etwas / jemanden erinnern
- jemanden beeindrucken
- sich an etwas / jemanden erinnern

Ostalgie
- die Ostalgie = Osten + Nostalgie
- gegensätzliche Gefühle haben
- schrecklich ≠ wunderschön
- Ähnlichkeit haben ≠ fremd scheinen
- sich wohl fühlen ≠ sich unwohl fühlen
- an mehreren Orten gleichzeitig
- Fernweh haben

1 La consonne G

Prof. 61 Élève 53

A. Écoutez et **répétez**. Comment la lettre G se prononce-t-elle ?

1. das Gefühl
2. die Ostalgie
3. die Geschichte
4. gern
5. vergessen
6. geben
7. gar nicht
8. wegen

Prof. 62 Élève 54

B. Écoutez les mots suivants. Comment la lettre G se prononce-t-elle en fin de mot ? Quelle règle pouvez-vous énoncer ?

1. der Krieg
2. der Weg
3. der Vortrag
4. der Berg
5. der Beitrag
6. der Erfolg
7. der Sieg
8. der Tag

Prof. 62 Élève 54

C. Écoutez à nouveau les mots, puis **lisez-les** à votre tour.

2 IG en fin de mot

Prof. 63 Élève 55

A. Écoutez les mots suivants. Comment la lettre G se prononce-t-elle ? Quelle règle pouvez-vous énoncer ?

1. wenig
2. sechzig
3. traurig
4. gleichzeitig
5. gegenwärtig
6. wichtig
7. vierzig
8. einig

Prof. 63 Élève 55

B. Écoutez à nouveau les mots, puis **lisez-les** à votre tour.

3 Les lettres NG

Prof. 64 Élève 56

A. Écoutez et **répétez**. Comment la lettre G se prononce-t-elle ?

1. die Erinnerung
2. lang
3. die Regierungen
4. die Öffnung
5. das Ding
6. anfangen
7. die Führung
8. gelingen

B. Lisez à haute voix ces informations sur le mur de Berlin.

Im Jahr 1961 begann der Bau der Berliner Mauer, die bis 1989 ständig erweitert wurde. Im Juli 1989 war die Mauer insgesamt 155 km lang. Davon waren 43 km zwischen Ost-Berlin und West-Berlin. Es gab 302 Beobachtungstürme, 20 Bunker, und 14 Grenzübergänge. Wie viele Menschen an der Grenze gestorben sind, ist nicht klar. Die Anzahl der Opfer liegt zwischen 140 und 245 Personen.

fiche AIDE À LA TÂCHE

fiche ÉVAL. TÂCHE

Quiz zur Geschichte Berlins
Wir erstellen ein Quiz zum Thema „Berlin im geteilten Deutschland“ und spielen es in der Klasse.

1. Wir bilden Paare und sehen uns die Lektion noch einmal genau an.

2. Jedes Paar schreibt sechs Fragen zur Geschichte Berlins zwischen 1945 und 1990.

3. Wir geben zu jeder Frage drei Antwortmöglichkeiten an. Aber nur eine davon ist korrekt!

4. Wir spielen das Quiz mit einem anderen Paar: Jedes Paar beantwortet die Fragen des anderen Paares. Wer hat die meisten richtigen Antworten?

Digitale Alternative
Sie können Ihr Quiz auch mit *QuizzYourSelf* erstellen.

Wie wichtig ist die Geschichte für deutsche Jugendliche?

Le passé dans le présent

16 Erinnerungskultur?

1 Friedrich der Große vor einem Fußballtor

2 Martin Luther mit Care-Paket

3 Ritter vor einem „Trabi"

Trailer und Standbilder: Deutsches Historisches Museum

Abschlussaufgabe

Unser Vortrag gegen das Vergessen
Wir erklären in einem Vortrag, wie wichtig es ist, sich an die Geschichte zu erinnern.

→ **Cahier d'entraînement**
p. 90-95

1 Stolpersteine gegen das Vergessen

A. Sehen Sie sich die Fotos **an**. Worum geht es wohl? Was verbindet die drei Fotos?

1

2

3

↑ Der Künstler Gunter Demnig in Aktion

B. Sehen Sie sich den ersten Teil des Animationsfilms **an**. Wozu dienen die Stolpersteine? **Machen Sie sich** Notizen.

C. Sehen Sie sich nun den Animationsfilm weiter **an**. Wer war Julius Schwab? **Machen Sie sich** Notizen und **berichten Sie** dann.

D. Lesen Sie den Artikel. Was erfahren Sie über das Projekt?

↑ *Wozu ein Stein?*, C. Brüggemann / A. Pannecke, 2013

Eine ganz besondere AG

Eine Arbeitsgruppe von Schülern und Lehrern des Geschwister-Scholl-Gymnasiums in Lebach und das Adolf-Bender-Zentrum hatten sich auf Spurensuche für ihr gemeinsames Projekt „Stolpersteine" gemacht. Ihr Ziel war es, das Schicksal von während der nationalsozialistischen Gewaltherrschaft verfolgten und ermordeten Menschen aus Lebach und Umgebung zu erforschen und für die Nachwelt sichtbar zu machen.

Gemeinsam mit dem Künstler Gunter Demnig wurden am 29. August 2013 an fünf Standorten in Lebach insgesamt dreizehn Stolpersteine verlegt, die an die Opfer des Nationalsozialismus in der Theelstadt erinnern sollen und gleichzeitig mahnen, damit so etwas nie wieder geschieht.

↑ Geschwister-Scholl-Gymnasium Lebach, www.gsglebach.de

Grammatik

La finalité avec damit

→ p. 164 / ex. p. 189

Die Stolpersteine werden verlegt, **damit** so etwas nie wieder passiert.

E. Im Rahmen des „Parcours citoyen" möchte Ihre Klasse auch in Ihrer Stadt einen Stolperstein verlegen. **Schreiben Sie** dem Künstler Gunter Demnig eine E-Mail, um sich zu informieren.

2 Geschichte in der Schule

A. **Sehen Sie sich** den Titel und das Foto **an**. Worum geht es wohl in diesem Pressetext? **Stellen Sie** Hypothesen **auf**.

B. **Lesen Sie** den Artikel und **beantworten Sie** die folgenden Fragen. **Belegen Sie** Ihre Antworten mit Zitaten aus dem Text.

1. Für wie wichtig halten die Befragten den Geschichtsunterricht in der Schule?
2. Was für eine Art von Geschichtsunterricht wird gewünscht?
3. Welchen Rat gibt Herr Tetzlaff? Wie kann man junge Leute für den Geschichtsunterricht begeistern?

Grammatik

L'interrogatif was für?
→ p. 163 / ex. p. 189
Was für einen Unterricht wünschen sich die Schüler?

Vier von zehn Schülern wissen nicht, was Auschwitz ist

Nur 59 Prozent der deutschen Schüler ab 14 Jahren wissen, dass Auschwitz-Birkenau ein Konzentrationslager der Nazis war. Vier von zehn Schülern kennen den Namen nicht. Das geht aus einer Umfrage der Hamburger Körber-Stiftung hervor, die am Donnerstag veröffentlicht wurde.

Demnach finden es 95 Prozent der Deutschen sehr wichtig oder wichtig, dass Schüler in der Schule Geschichtsunterricht haben. Die meisten wünschen sich einen Unterricht, der dazu befähigt, Inhalte kritisch zu hinterfragen (93 Prozent) und Lehren[1] für die Gegenwart ziehen zu können (92 Prozent). Repräsentativ befragt wurden 1009 Bundesbürger ab 14 Jahren sowie 502 Schüler.

Drei Viertel der befragten Schüler (75 Prozent) glauben, dass das Interesse ihrer Mitschüler an Geschichte generell nicht so groß oder eher gering ist. Nach ihrem eigenen Interesse befragt zeigt sich ein positiveres Bild: Mehr als die Hälfte (56 Prozent) gibt an, sich selbst sehr oder eher für Geschichte zu interessieren.

„Junge Menschen können dann für Geschichte begeistert werden, wenn sie mit ihnen und ihrem Leben zu tun hat", sagt Sven Tetzlaff, Leiter des Bereichs Bildung der Körber-Stiftung. Geschichtsunterricht müsse daher diesen Transfer leisten – zumal Geschichte „für das Verständnis der Gegenwart unabdingbar ist".

↑ *Vier von zehn-Schülern wissen nicht, was Auschwitz ist*, Evangelischer Pressedienst (epd), www.welt.de, 28.09.2017

1. **eine Lehre ziehen** tirer un enseignement

C. Was wünschen Sie sich vom Geschichtsunterricht? Was gefällt Ihnen? Was könnte man besser machen? **Tauschen Sie sich aus.**

3 Auch Schulen erinnern ...

A. Das sind die zehn Gewinner der deutschen Schulnamen-Hitliste. Welche Persönlichkeit/en aus der Liste kennen Sie schon? **Berichten Sie.**

1. Hans und Sophie Scholl

2. Albert Schweitzer

3. Johann Wolfgang von Goethe

4. Friedrich Schiller

5. Theodor Heuss

6. Alexander von Humboldt

B. Lesen Sie die Kurzbiografien. Welcher Text passt zu welcher Person? **Ordnen Sie zu.**

7. Freiherr vom Stein

8. Erich Kästner

9. Anne Frank

10. Albert Einstein

a. Der bekannte Schriftsteller und Journalist (1899-1974) schrieb Kinderbücher, die für die damalige Zeit revolutionär waren. *Emil und die Detektive* ist sein bekanntestes Buch. In der Nazi-Zeit waren seine Werke verboten.

b. Der große Arzt, Philosoph und Pazifist (1875-1965) gründete 1913 ein Krankenhaus für Leprakranke in Ostafrika. Er bekam 1952 den Friedensnobelpreis.

c. Der brillante preußische Politiker (1757-1831) modernisierte im 18. Jahrhundert den deutschen Staat.

d. Das jüdische Mädchen (1929-45) musste 1933 das Nazi-Deutschland verlassen und in die Niederlande fliehen. Es starb in einem Konzentrationslager. Der Vater überlebte und veröffentlichte ihr berühmtes Tagebuch.

e. Der geniale deutsche Wissenschaftler (1879-1955) arbeitete lange in der Schweiz und emigrierte 1932 in die USA. Er bekam 1921 den Nobelpreis für Physik.

f. Der erste Präsident der Bundesrepublik Deutschland (1884-1963) gilt als „Vater der Verfassung" und verbesserte das Image des Landes nach dem Zweiten Weltkrieg.

g. Die beiden Geschwister (1918/22-1943) gehörten zur Gruppe „Die Weiße Rose", kämpften gegen den Nationalsozialismus und mussten dafür sterben.

h. Der bekannte Schriftsteller der deutschen Klassik (1759-1805) wurde durch seine Theaterstücke *Die Räuber* (1781) und *Wilhelm Tell* (1804) weltberühmt.

i. Der Anthropologe, Physiker, Geologe, Geograf und Humanist (1769-1859) gilt als Begründer der modernen wissenschaftlichen Entdeckungsreisen.

j. Dieser Mann (1749-1832) ist mit seinem *Faust* (1806-1831) der bekannteste deutsche Schriftsteller. Es gibt Molière in Frankreich, Shakespeare in England ... und ihn in Deutschland!

C. Wählen Sie eine oder mehrere Persönlichkeiten **aus** und **stellen Sie** sie der Klasse **vor**.

D. Beantworten Sie nun gemeinsam die folgenden Fragen.

1. Warum tragen Schulen wohl den Namen dieser Personen?
2. Inwiefern sind diese Menschen ein Vorbild für junge Leute?
3. Was sagt das über die Deutschen aus? Wie erleben sie ihre Geschichte?

Grammatik

Le prétérit → p. 158 / ex. p. 189

Er **gründete** ein Krankenhaus in Afrika und **bekam** den Nobelpreis.

4 Ein Wimpernschlag in der Zeit

A. Lesen Sie den Songtext.
Sie können das Lied auf einer der gängigen Internetplattformen anhören.

Der Krieg kommt schneller zurück, als du denkst

Wie weit ist weit genug weg?
Wie weit ist weg?
Wie weit?
Was sind sechzig Jahre?
Ein Wimpernschlag[1] in der Zeit

Wie lang ist lange vorbei?
Wie lang wann ist es vorbei?
Wie lang ist langweilig lang?
Wir waren schon lang nicht dabei

Was ist so lustig?
Was ist so lustig an Liebe und Frieden?
Was ist so lustig?

Der Krieg kommt schneller zurück, als du denkst
Du kriegst zurück, was du verdrängst[2]
Der Krieg kommt schneller zurück, als du denkst
Du kriegst zurück, was du verdrängst

Wie weit ist weit genug weg?
Wie weit ist weg?
Na warte!
Wie weit ist weit genug weg
Zehn Finger breit auf der Karte

Der Krieg kommt schneller zurück, als du denkst
Du kriegst zurück, was du verpennst
Der Krieg kommt schneller zurück, als du denkst
Du kriegst zurück, was du verpennst[3]

↑ Judith Holofernes mit der Band „Wir sind Helden" im Konzert. Die Gruppe hat sich 2012 aufgelöst.

↑ Text: Judith Holofernes, „Wir sind Helden", 2007

1. **der Wimpernschlag** le battement de cils
2. **etw. verdrängen** refouler qqch.
3. **etw. verpennen** (fam.) louper qqch.

B. Finden Sie zu jeder Aussage die passenden Zeilen aus dem Lied.

1. „Der Zweite Weltkrieg ist noch gar nicht so lange vorbei."
2. „Wir dürfen den letzten Krieg nicht vergessen, damit es nicht wieder Krieg gibt."
3. „Wenn man sich nicht an die Geschichte erinnert, kann das negative Folgen haben."
4. „In vielen anderen Ländern außerhalb Europas herrscht zur Zeit Krieg."

C. Zu zweit: **Übersetzen Sie** den Liedtext in ein möglichst poetisches Französisch.

D. Finden Sie es wichtig, die Erinnerung an die beiden Weltkriege lebendig zu halten? Warum (nicht)? **Tauschen Sie sich aus.**

Schicksalsschläge
- das Schicksal (-e)
- verfolgt werden
- ermordet werden
- deportiert werden
- sterben
- das Opfer (-)
- geschehen
- das Konzentrationslager (-)
- die Vergangenheit / die Gegenwart / die Zukunft
- der Krieg (-e) ≠ der Frieden
- vorbei sein
- zurückkommen

Erinnerung und Vergessen
- sich an etwas / jemanden erinnern ≠ etwas / jemanden vergessen≠
- das Monument (-e) = das Denkmal (¨-er)
- der Gedenkstein (-e)
- das Mahnmal (-e)
- ein Werk veröffentlichen
- die Geschichte krititsch hinterfragen
- mit dem eigenen Leben zu tun haben

Axe : Le passé dans le présent

fiche ENTR. LEXICAL

Wie wichtig ist die Geschichte für deutsche Jugendliche?

Große Persönlichkeiten
- der / die Schriftsteller/in
- der / die Journalist/in
- der Arzt / die Ärztin
- der / die Humanist/in
- der / die Politiker/in
- der / die Wissenschaftler/in
- der / die Physiker/in
- der / die Präsident/in
- der / die Begründer/in

Vorbilder
- das Vorbild (-er)
- der Held (-en) / die Heldin (-nen)
- das Symbol (-e)
- bekannt = berühmt
- respektiert werden = geachtet werden
- mutig / revolutionär
- etwas Besonderes für die Gesellschaft leisten
- sich für / gegen etwas engagieren
- für / gegen etwas kämpfen
- sich für etwas begeistern
- verboten werden
- der Nobelpreis (-e)
- zu einer Gruppe gehören

1 Voyelles ouvertes ou fermées ?

Prof. 65
Élève 57

A. **Écoutez** bien les mots. Les voyelles marquées en gras sont-elles ouvertes ou fermées ? **Reproduisez** la grille dans votre cahier et **cochez** les bonnes cases.

1. anl**ä**sslich
2. das **O**pfer
3. w**i**ssen
4. die St**i**ftung
5. s**o**llen
6. verg**e**ssen
7. V**ie**rtel
8. das L**e**ben
9. die Pers**o**n
10. v**ie**l

Voyelle ouverte	Voyelle fermée
...	...
...	...
...	...
...	...
...	...
...	...

Prof. 66
Élève 58

B. **Écoutez** et **répétez**. Pouvez-vous énoncer une règle ?

1. **a**nlässlich
2. die Pers**o**n
3. ber**i**chten
4. k**ö**nnen
5. z**e**hn
6. n**ie**
7. fr**a**gen
8. sch**ö**n
9. der L**e**hrer
10. **e**her

2 Voyelles courtes ou longues ?

Prof. 66
Élève 58

A. **Écoutez** à nouveau les mots de l'exercice 1B. Les voyelles accentuées sont-elles courtes ou longues ?

B. **Récopiez** la règle ci-dessous dans votre cahier en la complétant.

En allemand, une même voyelle peut être courte ou longue, ouverte ou fermée.
- **Une voyelle est courte quand elle est suivie de ...**
- **Une voyelle courte est aussi ...**
- **Une voyelle longue est ...**
- **Les voyelles suivies d'un h sont toujours ... et ...**

C. **Lisez** à présent le texte suivant en respectant la longueur et l'ouverture des voyelles.

Drei Viertel der Schüler glauben, dass das Interesse ihrer Mitschüler an Geschichte generell nicht so groß ist. Mehr als die Hälfte gibt an, sich selbst sehr oder eher für Geschichte zu interessieren.

fiche AIDE À LA TÂCHE

fiche ÉVAL. TÂCHE

Unser Vortrag gegen das Vergessen

Wir erklären in einem Vortrag, wie wichtig es ist, sich an die Geschichte zu erinnern.

Sprachmittlung

1. Wir bilden Paare und gehen noch einmal die Lektion durch. Wir machen uns Notizen zu den vorgestellten Events und Feierlichkeiten.

2. Wir verfassen unseren Vortrag und achten dabei auf die folgenden Aspekte.

   - Wir begrüße ich mein Publikum?
   - Was ist die zentrale Aussage meines Vortrags?
   - Welche Beispiele möchte ich nennen?
   - Wie verabschiede ich mich von meinen Zuhörern?

3. Wir teilen uns den Text auf. Jeder lernt seinen Textteil auswendig. Wir üben unseren Vortrag zu zweit.

4. Wir halten den Vortrag anlässlich des Besuchs unserer Partnerklasse oder können die Präsentation als MP3-Datei an sie verschicken.

Digitale Alternative

Sie können Ihren Vortrag auch mit *Genial.ly* erstellen.

Méthodologie : Réussir en classe de seconde

1

La classe de seconde marque une étape importante dans votre scolarité : vous voici au lycée ! Certes, tout n'est pas différent du collège mais une plus grande indépendance vous est laissée, et il vous est demandé d'être plus autonome pour réussir. Voici quelques conseils pour le cours d'allemand, utiles aussi pour d'autres disciplines.

1 Ayez confiance en vous !

★ Vous êtes désormais regroupés avec des élèves issus de plusieurs établissements différents. Leurs méthodes de travail ne sont pas forcément les mêmes que les vôtres et peut-être auront-ils abordé d'autres thématiques ou problématiques au collège. Les acquis peuvent aussi être très divers, selon le parcours de chacun. C'est une chance : échangez, coopérez et pratiquez l'entraide !

★ Et si votre groupe réunit des élèves de LVA et de LVB, rassurez-vous : votre professeur saura adapter les activités et les attentes aux besoins de chacun.

2 Organisez-vous

★ Classeur ou cahier ? Choisissez le support qui vous convient le mieux, puis réfléchissez à la meilleure manière de l'organiser : par exemple, regroupez, dans des parties différentes, le lexique, les règles de grammaire, les aides méthodologiques ou stratégiques, les entraînements, les évaluations, etc. Si vous utilisez un classeur, remettez-y régulièrement de l'ordre. Votre livre et votre cahier / classeur sont des supports indispensables en cours : ne les oubliez surtout pas.

★ Organisez bien votre prise de notes. Il vous sera beaucoup plus facile de vous y retrouver si celles-ci sont propres et lisibles, et le travail d'apprentissage à la maison n'en sera que plus aisé.

★ Apprenez au fur et à mesure ! N'attendez pas le dernier moment pour faire votre travail ou pour réviser : assimiler tout le vocabulaire ou l'ensemble des notions d'un chapitre en une seule fois relève de l'impossible. Les cartes mentales des pages de lexique de votre manuel, ou d'autres encore que vous pourrez créer vous-même, vous aideront à mieux mémoriser. Relisez régulièrement vos notes pour mieux mémoriser.

★ Profitez des heures de permanence ou des temps creux entre deux heures de cours pour avancer dans votre travail, seuls ou à plusieurs.

★ Les évaluations seront peut-être moins nombreuses qu'au collège. Apprenez donc à vous auto-évaluer pour mieux cibler vos efforts. Les grilles d'évaluation qui accompagnent les projets ainsi que les fiches d'auto-évaluation vous permettront de faire le point sur vos acquis.

3 Approfondissez votre travail

★ Être autonome, c'est aussi savoir ne pas s'en tenir aux seules explications du professeur, mais approfondir la réflexion en effectuant au besoin des recherches. Vous avez découvert en cours d'allemand une figure ou un événement important ? Utilisez les différents moyens mis à votre disposition dans votre établissement (CDI, ordinateurs) pour approfondir ou éclaircir.

★ Surtout, n'oubliez pas : la réussite, ça se provoque ! Avec du travail et de l'organisation, vous y arriverez ! Gardez confiance en vous !

Méthodologie : Travailler en groupe

2 **Vous avez déjà appris à travailler en groupe au collège, notamment en cours de langue, pour vous entraîner à la compréhension et l'expression, et dans le cadre de différents projets. Vous aurez à le faire encore plus souvent au lycée, pour vous approprier le contenu d'un document ou préparer par exemple une intervention à plusieurs. Voici quelques conseils pour un travail de groupe réussi.**

1 Pour un projet à réaliser : organisez votre travail !

★ Un travail de groupe bien mené est un travail bien organisé : chacun doit savoir exactement ce qu'il a à faire ! Pour cela, relisez les consignes : quelle est la tâche à réaliser ? En combien de temps ?

★ Discutez avec vos camarades des points à traiter et de la manière dont vous allez vous y prendre. Le travail à effectuer vous paraîtra bien plus clair. Réfléchissez : que faut-il faire en priorité ? Et dans un deuxième temps ?

★ Pour que le travail soit encore plus efficace, vous pouvez désigner un « gardien du temps » qui surveillera la montre, un porte-parole qui appellera le professeur au besoin, un modérateur qui distribuera la parole et, éventuellement, un secrétaire qui notera la production du groupe (même si chacun devra prendre des notes pour garder une trace du travail réalisé).

2 Les clés de la réussite : la coopération et l'entraide

★ À plusieurs, on est plus fort ! Vous n'avez pas forcément besoin de l'aide de votre professeur. Servez-vous d'abord des outils à votre disposition : dictionnaire, lexique à la fin du manuel, précis de grammaire à la fin du manuel, traces écrites et documents dans le cahier, exercices déjà réalisés, etc.

★ Ne sollicitez votre professeur qu'en dernier recours : apprenez à coopérer et à vous entraider. Recherchez ensemble les stratégies adaptées pour parvenir au résultat, quitte à vous tromper. Prenez des risques ! On progresse aussi en faisant des erreurs.

★ Chacun peut avoir de bonnes idées. Pour que le travail puisse être efficace, écoutez tous les avis de chacun sans vous couper la parole. Ne parlez pas non plus trop bruyamment, pour ne pas gêner les autres groupes.

Je gère le niveau sonore de mon groupe. Je distribue la parole. Je m'assure que tout le monde s'écoute.

J'appelle le professeur en cas de besoin et je lui expose le problème que nous rencontrons.

Je surveille la montre. Il faut pouvoir finir dans les temps.

Je centralise les idées / les réponses de mon groupe. Bien sûr, mes camarades m'apportent leur aide !

Le savez-vous ?

La capacité à travailler en équipe est indispensable dans l'exercice de nombreux métiers, par exemple ceux des secteurs de la santé, du bâtiment, de l'entreprise en général, et bien d'autres encore, comme architecte, ingénieur ou enseignant.

Méthodologie : Devenir médiateur / médiatrice

3 Les obstacles à la compréhension sont fréquents et de différents ordres. Ils peuvent être d'ordre linguistique mais aussi culturel, ou tout simplement relever d'un manque d'information. Jouez les intermédiaires en devenant médiateur de la langue et de la culture des pays dont vous apprenez la langue. Informez, et favorisez ainsi la compréhension et un meilleur vivre ensemble.

1 Votre mission

★ Il s'agit de transmettre et d'expliquer à d'autres ce que vous avez vous-même découvert en cours d'allemand. Toutes les occasion seront bonnes pour cela. Intervenez !

2 Auprès de qui ?

★ Il peut s'agir de camarades de votre classe, de ceux des autres classes, ou encore d'un public extérieur (correspondants allemands, parents, lecteurs d'un journal de presse ou auditeurs de la radio locale).

3 Par quel biais ?

★ La médiation peut prendre la forme d'une explication, d'un résumé, d'un compte rendu, d'un témoignage via des exposés, d'une exposition, d'articles sur le site du lycée, etc.

4 Comment procéder ?

★ Il ne s'agit pas d'exprimer un point de vue mais de transmettre à vos interlocuteurs les informations dont vous disposez. Il ne vous est pas demandé de traduire un texte ou un document sonore mais d'en restituer un maximum de contenu, de manière à bien informer.

★ Choisissez la langue la mieux appropriée à vos interlocuteurs. Il peut s'agir de l'allemand, du français ou de toute autre langue commune.

5 Développez les compétences utiles au médiateur

★ Apprenez à interagir (poser des questions simples, faire des propositions, demander l'avis de l'autre, etc.), à transmettre des informations simples et à expliciter des points de vue différents, dans le but de favoriser la compréhension et le dialogue.

★ Prenez en compte ce que vous savez de vos interlocuteurs (leur identité, leur âge, leur culture) pour mieux établir la communication et les intéresser. Car tel un *Brückenarchitekt*, le médiateur décode les références culturelles pour construire des ponts entre les langues et les cultures.

★ Attention : certains mots, expressions, jeux de mots ou proverbes porteurs d'un arrière-plan culturel ne peuvent être traduits à la lettre. Ainsi, pour être comprise d'un Français, l'expression *wie Gott in Frankreich leben*, qui en dit long sur la vision allemande de la France, pays de la douceur de vivre, doit être traduite par un équivalent :
« vivre comme un coq en pâte ».

Le savez-vous ?

Plusieurs métiers nécessitent des compétences de médiation : traducteur ou interprète, diplomate, ambassadeur, médiateur culturel, enseignant...

Méthodologie : Comprendre un message oral ou écrit

4

La compréhension de l'oral et celle de l'écrit sont deux compétences qu'il vous faut entraîner. Mais comprendre, c'est d'abord avoir la satisfaction d'accéder à des informations ou à des idées nouvelles et, au-delà, le plaisir de s'ouvrir à l'autre en partageant son univers. Identifier des indices, comme Sherlock Holmes, et les interpréter pour pouvoir ensuite rendre compte du sens et partager ce que vous avez découvert, tel est l'objectif. Mais comment y parvenir ? Voici quelques clés.

1 Mettez-vous en condition

★ Vous allez forcément comprendre quelque chose, si vous ne vous laissez pas distraire par votre entourage ou déstabiliser par des mots inconnus. Ne perdez pas le fil : il vous faut stocker dans votre mémoire les informations au fur et à mesure que vous les découvrez pour en comprendre la logique. Alors, concentrez-vous !

2 Anticipez !

★ Préparez-vous activement à la lecture ou à l'écoute en repérant les indices éventuels : le titre, par exemple, vous permet de dégager le thème ou l'idée générale et vous livre de premières informations qui vous aident à orienter votre attention. Les images, les lignes d'introduction, le nom de l'auteur, le titre de l'œuvre, sa date de publication, les notes explicatives, la forme (récit, interview, article de journal, etc.) sont autant de précieux éléments dont vous devez tenir compte. Le contexte d'énonciation permet aussi d'anticiper ce que vous allez entendre : qui parle ? À qui ? De quoi ?

★ Appuyez-vous sur ce que vous savez déjà, à savoir votre connaissance du sujet ou de la situation. Car comprendre, c'est aussi reconnaître.

★ Émettez des hypothèses à partir de ces premiers éléments et usez de bon sens !

3 Repérez puis mettez en lien les éléments identifiés

★ Notez ou surlignez tout ce que vous comprenez, même des mots isolés ou des mots composés que vous ne comprenez que partiellement, et mettez tous ces éléments en relation. Vous aurez déjà compris beaucoup.

★ Souvent, il vous faudra aussi savoir interpréter. Prêtez attention aux intonations, aux attitudes, aux expressions des visages. Mettez à profit vos connaissances culturelles pour mieux comprendre les situations et percevoir l'implicite.

4 Procédez à plusieurs écoutes / lectures

★ Plus on se frotte au document et plus on en affine la compréhension. Relisez ce que vous avez noté pour valider vos hypothèses ou pour les invalider et les rectifier. Et prenez du recul pour ne pas tomber dans des pièges éventuels.

5 Reste-t-il des éléments non compris ?

★ Ils ne sont peut-être pas importants ! Dites-vous que comprendre ne signifie pas comprendre chaque mot mais saisir les idées essentielles.

Le savez-vous ?

Les stratégies développées pour comprendre un document dans une langue étrangère vous seront utiles pour réussir dans d'autres disciplines ou dans le métier que vous choisirez peut-être d'exercer : traducteur, interprète, mais aussi journaliste, psychologue, médiateur...

5

S'exprimer dans une langue étrangère est à la portée de chacun/e pour peu que l'on s'y entraîne. Les occasions sont nombreuses en cours d'allemand : un exposé, le compte-rendu d'un document étudié en classe, un débat organisé, ou tout simplement une prise de parole au pied levé, pour échanger avec les camarades ou le professeur. Mais pour pouvoir dialoguer, s'exprimer en continu ou encore rédiger un texte, il faut des compétences ! Vous pouvez les acquérir facilement en suivant les conseils suivants.

1 Faites-vous confiance

★ Mobilisez votre lexique ! Faites appel à votre mémoire : vous avez acquis, au fil du temps, suffisamment de mots et de tournures pour vous faire comprendre, même de manière imparfaite, et il y a souvent plusieurs façons de dire les choses. N'ayez pas peur de faire des erreurs, qui sont inévitables : les progrès viennent avec la pratique.

2 Soyez attentif / attentive

★ Lors d'un échange oral, soyez très attentif / attentive aux propos de vos interlocuteurs. Converser avec quelqu'un nécessite que vous le compreniez. Au besoin, demandez-lui de répéter.

3 Préparez-vous !

★ Une prise de parole en continu, pour un exposé ou une présentation, se prépare avec le plus grand soin, et la rédaction d'un texte construit nécessite de la méthode.

★ Rassemblez et organisez vos idées. Il est attendu de votre part une expression personnelle et non des copier-coller d'informations trouvées sur internet ou la traduction d'un texte préalablement rédigé en français.

★ Usez de connecteurs logiques (*und, denn, aber, also...*) ou/et chronologiques (*zuerst, dann, zum Schluss...*) pour être sûr/e d'être bien suivi/e.
Prévoyez une introduction et une conclusion ; structurez votre texte en paragraphes ou votre prise de parole en différentes parties.

★ S'exprimer à l'oral ne signifie pas lire. Détachez-vous de vos notes. Vous pouvez hésiter, vous reprendre, reformuler, et même marquer des silences pour réfléchir.

★ Entraînez-vous en vous référant aux grilles d'(auto-)évaluation proposées dans le livre : à l'oral, la parole doit être audible et fluide, la prononciation correcte, le ton et la gestuelle adaptés ; à l'écrit, votre texte doit être compréhensible et bien présenté.

4 Pour progresser

★ Produisez d'abord des phrases simples, puis étoffez-les peu à peu, en ajoutant des adjectifs qualificatifs, des compléments (de lieu, de temps, de manière...), voire des subordonnées (*weil, wenn, um ... zu ...*), pour mieux nuancer ou préciser votre propos. Apprenez à varier les tournures.

5 Pour une réussite garantie !

★ À l'oral : entraînez-vous ! Plus on s'exerce, plus on gagne en assurance ! Pour un exposé, prévoyez un support, une images ou un diaporama, qui vous aidera à ne pas perdre le fil. Sinon, préparez un plan succinct avec les mot-clés.

★ À l'écrit : relisez-vous ! Vérifiez que les verbes sont bien placés et correctement conjugués. Vérifiez aussi l'orthographe et la ponctuation.

Le savez-vous ?

De nombreux métiers nécessitent des compétences en expression, orale ou écrite : rédacteur, journaliste, commercial, guide touristique, médiateur...
Et savoir s'exprimer dans une langue étrangère, notamment en allemand, facilite grandement l'insertion professionnelle.

6

Heureusement, il existe des dictionnaires ! On peut y rechercher la signification d'un mot allemand en français ou la traduction d'un mot français en allemand et en vérifier l'orthographe ou le pluriel. Un dictionnaire est donc un allié de taille, mais encore faut-il en connaître les codes. Voici quelques indications pour bien l'utiliser.

1 Avant d'ouvrir le dictionnaire…

★ **Prenez quelques instants pour réfléchir !** Le mot recherché vous est-il vraiment inconnu ? S'agit-il d'un mot composé, ou dérivé ? Ne pouvez-vous pas en déduire le sens en le décomposant ou grâce à d'autres éléments de la phrase, du texte ou du contexte ?

★ Pour vous exprimer, vous n'aurez pas toujours de dictionnaire sous la main. **Mobilisez vos connaissances** et apprenez à **contourner les difficultés** : ce que vous ne savez pas dire d'une façon, dites-le donc autrement !

2 Apprenez les codes

★ **Le mots sont classés** par **ordre alphabétique**. Pour les retrouver, repérez l'ordre des lettres : d'abord la première, puis la deuxième, puis la troisième.

Les entrées : le mot, appelé « entrée », apparaît en premier, en caractères gras.

Les abréviations indiquent la nature des mots, par exemple : **adj** pour adjectif, **v.t.** pour verbe transitif, **SUBST** pour substantif, etc.

Erfolg <-[e]s, -e> [ɛɐˈfɔlk] SUBST m 1. succès m. 2. résultat m.

La transcription phonétique du mot est indiquée entre crochets.

Lorsqu'un mot a plusieurs sens, ils sont introduits par un chiffre ou une lettre, en commençant d'abord par le sens premier.

★ **Prenez connaissance de toutes les traductions possibles, de manière à pouvoir choisir la bonne.**
Vous voulez par exemple traduire : « il était perdu dans ses pensées » et vous recherchez la traduction du mot « pensée ». La première entrée étant :

pensée [pɑ̃se] SUBST f BOT 1. Stiefmütterchen n.

vous risquez de traduire :
Er war in seinen Stiefmütterchen  *verloren.*

au lieu de :
Er war in seinen Gedanken  *verloren.*

Faites attention !

Les **applications pour smartphone** et les **sites de traductions** en ligne ne sont **pas pleinement fiables** : sans vérification, ils peuvent mener à des contresens, voire à des non-sens. Bien souvent, le plus simple et le plus efficace sera de **faire appel à sa mémoire** ou de **rechercher dans ses cours**. Enfin, les sites qui vous proposent des traductions automatiques de phrases entières ne vous seront **pas très utiles à long terme**, car ils ne vous apprendront pas à vous exprimer de manière autonome.

Méthodologie : Bien prononcer

7 **Pour se faire bien comprendre, il faut prononcer correctement, mais pour bien prononcer, encore faut-il bien entendre ! Car chaque langue a ses règles de prononciation, ainsi que des sons spécifiques et une mélodie qui la caractérise. Comment se les approprier ? Voici quelques conseils qui vous aideront à éduquer votre oreille et à bien prononcer.**

1 Appropriez-vous les règles de prononciation

★ Une fois que vous connaissez les règles de prononciation, vous avez très peu de risques de vous tromper. Apprenez quelques principes généraux :

- à la différence du français, toutes les lettres se prononcent, même le -e à la fin des mots (*die Sonne, die Rose, ich wohne, ...*) ;
- on n'effectue pas de liaison entre les mots ;
- il y a des accents de mots, placés sur la première syllabe quand il n'y en a que deux (*morgen, die Deutschen, das Auto, essen, spielen, ...*) ;
- il y a des accents de phrases qui font l'intonation ;
- certaines voyelles sont courtes, d'autres longues (*bitten / bieten*) ;
- certains voyelles sont ouvertes, d'autres fermées (*Sonne / Sohn*).

★ Certaines sons spécifiques n'existent pas en français :

- le **H expiré**, placé en début de mot : entraînez-vous à le prononcer devant un miroir en vérifiant que votre souffle y laisse de la buée. Nombreux sont les mots qui commencent pas un **H** (*hallo, haben, Hose, Hemd, Hund, hier, ...*) ;
- le **CH** après un **E**, un **I** ou une **voyelle avec *Umlaut***, comme dans *sprechen, ich, nicht* : ce son n'existe qu'en allemand. Il se prononce la langue collée au palais ;
- le **CH après A, O ou U**, comme dans *noch, nach, Buch* : il faut aller chercher le son au fond de la gorge.

Le savez-vous ?

L'allemand est la langue la plus parlée en Europe, avec plus de 100 millions de locuteurs natifs. En outre, l'Allemagne est la première puissance économique de la zone euro. Parler l'allemand représente donc un atout inestimable pour votre avenir personnel et professionnel à condition que vous réussissiez à vous faire comprendre grâce à une prononciation correcte et intelligible.

2 Ouvrez l'oeil !

★ Quand vous lisez les mots, repérez bien les différences : Ä / A, Ö / O, Ü / U, IE / EI, ICH / ISCH, HALT / ALT, HAUS / AUS, SIEH / ZIEH, ...

3 Imprégnez-vous de la langue

★ Écoutez les enregistrements proposés sur le site **www.espacelangues.emdl.fr** : vous vous approprierez progressivement la prononciation et l'intonation qui conviennent.

★ Écoutez régulièrement des chansons de groupes germanophones, qui vous resteront dans l'oreille même si vous ne les comprenez pas. Le rythme vous aidera à repérer les accents de mots et à saisir l'intonation.

4 Entraînez-vous

★ Répétez plusieurs fois les mots difficiles (les mots longs tels que les mots composés, ou encore ceux qui contiennent des sons spécifiques). Reproduisez fidèlement les accents de mots et de phrases. Prononcez d'abord lentement, en exagérant l'articulation et l'accentuation, puis de plus en plus vite, pour parvenir à une diction fluide et naturelle.

★ Relisez à haute voix les textes abordés en classe. Enregistrez-vous et réécoutez-vous pour vous améliorer.

★ Pour une meilleure articulation, exercez-vous à prononcer des virelangues (*Zungenbrecher*). En voici trois :

- *Russische Russen rutschen*
  russische Rutschen russisch runter.
- *Hinter Herrmann Hansens Haus*
  hängen hundert Hemden raus.
  Hundert Hemden hängen raus
  hinter Herrmann Hansens Haus.
- *In Ulm und um Ulm und um Ulm herum.*

Sommaire

I. Le groupe nominal

1. La structure du groupe nominal

Pour accompagner un **nom**, on peut avoir un **déterminant**, mais aussi un **adjectif**, ou encore un autre **nom**, placé devant, tel un déterminant.

Welche Familie? Was für eine Familie?

die Familie
eine Familie
eine tolle Familie
meine Familie
Lenas Familie
die Regenbogenfamilie

Le groupe nominal peut aussi avoir des **extensions à droite**.

die Familie von Lena
die Familie meines Freundes Leo

2. Les genres des noms

Les trois genres

masculin : DER

- Tous les membres de la famille de sexe masculin : **der Vater**, **der Opa**, ...
- Tous les noms se terminant par le suffixe **-er** : **der Lehrer**, **der Computer**, ...
- Tous les noms se terminant par un **-e** qui désignent des personnes de sexe masculin, qu'on appelle aussi « masculins faibles » : **der Junge**, **der Kollege**, ...
- Tous les noms se terminant par **-ling** (**der Lehrling**, **der Frühling**, ...), **-ismus** (**der Kapitalismus**, ...), **-or** (**der Motor**, **der Reaktor**, ...) et **-ist** (**der Kapitalist**, **der Pazifist**, ...).
- Tous les noms de voitures : **der VW**, **der BMW**, **der Renault**, ...

neutre : DAS

- Tous les noms se terminant par le suffixe **-chen** et **-lein** : **das Mädchen**, **das Hündlein**, ...
- Tous les noms se terminant par le suffixe **-nis** (**das Ereignis**, **das Erlebnis**, ...), **-um** (**das Studium**, **das Universum**, ...) et **-o** (**das Auto**, **das Kino**, ...).
- Les noms de pays : **Deutschland**, **Frankreich**, **Spanien**, ...
  Exceptions : **die Schweiz**, **die Ukraine**, **die USA**, **die Türkei**.

féminin : DIE

- Tous les membres de la famille de sexe féminin : **die Mutter**, **die Oma**, ...
- Tous les noms se terminant par un **-e** hormis ceux qui désignent des êtres de sexe masculin : **die Garage**, **die Banane**, **die Tasche**, ...
- Tous les noms se terminant par les suffixes **-in** (**die Freundin**, ...), **-ung** (**die Übung**, ...), **-heit** (**die Freiheit**, ...), **-keit** (**die Persönlichkeit**, ...) et **-schaft** (**die Freundschaft**, ...).
- Tous les noms se terminant par les suffixes **-ion** (**die Integration**, ...), **-ik** (**die Physik**, ...) et **-tät** (**die Diversität**, ...).
- De nombreux noms de fleuves : **die Donau**, **die Elbe**, **die Mosel**, ...
  Exceptions : **der Rhein**, **der Main**, ...

3. Les déterminants et les quantificateurs

Les déterminants

der, das, die

article défini : *le, la, les*
- **der** Mann
- **das** Kind
- **die** Frau
- **die** Leute

dies-

adjectif démonstratif : *ce / cet, cette, ces*
- **dieser** Mann
- **dieses** Kind
- **diese** Frau
- **diese** Leute

jed-

adjectif indéfini : *chaque*
- **jeder**
- **jedes**
- **jede**

ein/e

article indéfini : *un, une, des*
- **ein** Mann
- **ein** Kind
- **eine** Frau
- **-** Leute

mein/e

adjectif possessif : *mon, ma, mes*
- **mein** Mann
- **mein** Kind
- **meine** Frau
- **meine** Leute

kein/e

article indéfini négatif
- **kein** Mann
- **kein** Kind
- **keine** Frau
- **keine** Leute

Les quantificateurs

ein wenig, etwas (un peu)
ein wenig Glück, etwas Glück

wenig/e (peu)
wenig Geld, wenige Leute

einige (quelques)
einige Leute

ein paar (quelques)
ein paar Leute

manche (plusieurs)
manche Leute

viel/e (beaucoup ; plusieurs)
viel Glück; viele Leute

mehrere (plusieurs)
mehrere Stunden

alle (tous)
alle Leute

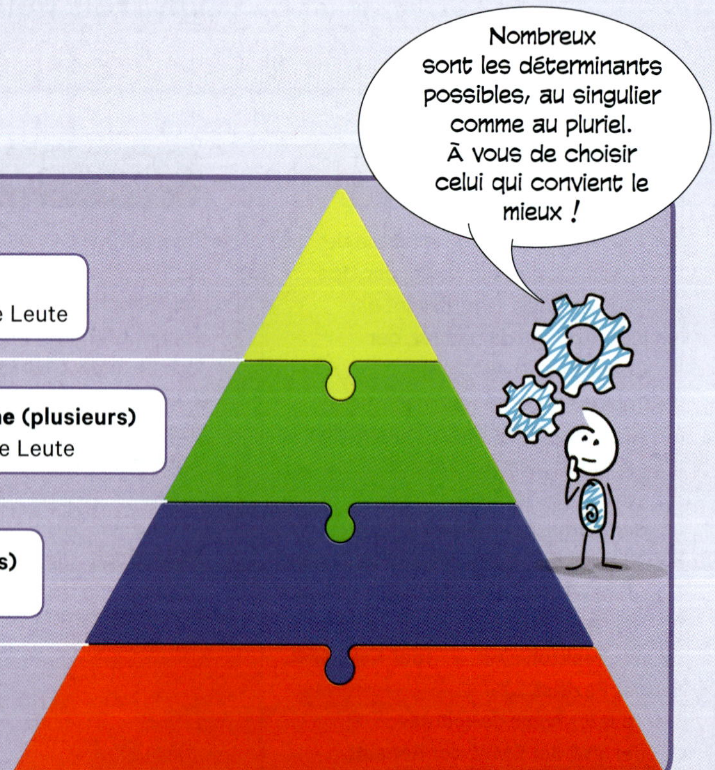

4. Les déterminants possessifs

les trois personnes du singulier		
ich	mein-	mein Vater / Kind meine Mutter meine Eltern
du	dein-	dein Vater / Kind deine Mutter deine Eltern
er / es	sein-	sein Vater / Kind seine Mutter seine Eltern
sie	ihr-	ihr Vater / Kind ihre Mutter ihre Eltern

les trois personnes du pluriel		
wir	unser-	unser Vater / Kind unsere Mutter unsere Eltern
ihr	euer / eu(e)re	euer Vater / Kind eu(e)re Mutter eu(e)re Eltern
sie / Sie	ihr- / Ihr-	ihr / Ihr Vater / Kind ihre / Ihre Mutter ihre / Ihre Eltern

Regardez les adjectifs possessifs de la 3e personne du singulier : en allemand comme en anglais, on fait la distinction entre un **possesseur masculin** et un **possesseur féminin**.
sein Vater >> **his** father
ihr Vater >> **her** father

5. Le pluriel des noms

Les marques du pluriel

- **-n / -en / -nen**
  - die Frage, die Fragen
  - die Frau, die Frauen
  - die Freundin, die Freundinnen
- **-e**
  - der Hund, die Hunde
- **-er**
  - das Kind, die Kinder
- **¨-**
  - der Bruder, die Brüder
- **¨-e**
  - die Maus, die Mäuse
- **¨-er**
  - der Mann, die Männer
- **-**
  - der Lehrer, die Lehrer
  - das Mädchen, die Mädchen
- **-s**
  - das Auto, die Autos
  - der Opa, die Opas

Pluriel en -n ou -en :

- tous les noms se terminant par un -e (**der Affe/-n, die Tomate/-n**) ;
- tous les masculins faibles (**der Löwe/-n, der Student/-en**) ;
- tous les noms féminins se terminant par -e (**die Tasche/-n**), -ion (**die Tradition/-en**), -heit (**die Freiheit/-en**), -keit (**die Süßigkeit/-en**), -schaft (**die Freundschaft/-en**), -tät (**die Aktivität/-en**), -ung (**die Übung/-en**) ;
- les noms se terminant par le suffixe -in, qui forment leur pluriel en -nen (**die Freundin/-nen**).

Pluriel en -s :

- les noms d'origine étrangère (**das Auto/-s, das Interview/-s**) ;
- les noms désignant des familles entières (**die Webers, die Müllers**) ;
- les noms se terminant par -a (**der Opa/-s**), -o (**das Foto/-s**), -i (**die Mutti/-s**), -y (**das Hobby/-s**).

Invariables :

- la plupart des noms masculins se terminant par -er (**der Lehrer**), -el (**der Löffel**), -en (**der Schinken**) ;
- les noms neutres se terminant par les suffixes -chen ou -lein (**das Mädchen, das Männlein**).

Utilisés seulement au singulier : der Hunger, der Durst, die Milch, das Glück, ...

Utilisés seulement au pluriel : die Leute, die Eltern, die Ferien, ...

6. La déclinaison du groupe nominal avec adjectif

• La déclinaison du groupe nominal avec l'article défini le, la, les

	singulier			pluriel
	masculin	neutre	féminin	
nominatif : Das ist / sind ...	der nette Mann	das nette Kind	die nette Frau	die netten Leute
accusatif : Ich kenne ...	den netten Mann	das nette Kind	die nette Frau	die netten Leute
datif : Ich treffe mich mit ...	dem netten Mann	dem netten Kind	der netten Frau	den netten Leuten
génitif : Der Name ...	des netten Mannes	des netten Kindes	der netten Frau	der netten Leute

• La déclinaison du groupe nominal sans déterminant

	singulier			pluriel
	masculin	neutre	féminin	
nominatif : Das ist / sind ...	guter Wein	frisches Brot	frische Milch	leckere Äpfel
accusatif : Ich habe ...	guten Wein	frisches Brot	frische Milch	leckere Äpfel
datif : Ein Essen mit ...	gutem Wein	frischem Brot	frischer Milch	leckeren Äpfeln
génitif : Der Verkauf ...	guten Weines	frischen Brotes	frischer Milch	leckerer Äpfel

• **La déclinaison du groupe nominal avec l'article indéfini un, une, des**

	singulier			pluriel
	masculin	**neutre**	**féminin**	
nominatif : Das ist / sind …	ein netter Mann	ein nettes Kind	eine nette Frau	nette Kinder (meine / keine netten Kinder)
accusatif : Ich habe …	einen netten Mann	ein nettes Kind	eine nette Frau	nette Kinder (meine / keine netten Kinder)
datif : Ich treffe mich mit …	einem netten Mann	einem netten Kind	einer netten Frau	netten Kindern (meinen / keinen netten Kindern)
génitif : Der Name …	eines netten Mannes	eines netten Kindes	einer netten Frau	netter Kinder (meiner / keiner netten Kinder)

L'adjectif qualificatif épithète

Il fait partie du groupe nominal et se place toujours **directement devant le nom** qu'il qualifie.

Sa terminaison varie non seulement selon **le genre**, **le nombre** et **la fonction du nom** qu'il qualifie, mais aussi selon **le déterminant** qui introduit le groupe nominal :
das erfolgreiche Unternehmen
ein erfolgreiches Unternehmen
die erfolgreichen Unternehmen

Dans un groupe nominal au nominatif ou à l'accusatif introduit par l'article indéfini **ein**, la terminaison de l'adjectif permet d'**identifier le genre** du nom :
ein toller Job (→ **der** Job)
ein schickes Hotel (→ **das** Hotel)

Rappelez-vous !
Certains adjectifs dérivés de noms de villes ou de pays prennent la terminaison **-er** ; ces adjectifs sont **toujours invariables** et prennent **toujours une majuscule** :
ein Berliner Kiez, der Wiener Walzer, Schweizer Käse

7. Le génitif

- Pour exprimer l'**appartenance**, on utilise un complément au génitif :
das Haus meines Brieffreundes

- Si le complément est un **nom propre**, on utilise la forme appelée « génitif saxon » :
Maries Haus, Deutschlands Hauptstadt

Le complément au génitif est alors placé directement devant le nom qu'il complète. Il joue le rôle de déterminant.

Le nom propre prend un **-s**. S'il se termine déjà par un **-s**, ou encore par **-ß**, **-x** ou **-z**, on lui ajoute simplement une **apostrophe** :
Jonas' Haus (das Haus von Jonas)

La même forme existe aussi en anglais, mais le nom propre est toujours suivi d'une apostrophe :
Betty's house

II. Les pronoms personnels

	singulier					pluriel			forme de politesse
nominatif	ich	du	er	es	sie	wir	ihr	sie	**S**ie
accusatif	mich	dich	ih**n**	es	sie	uns	euch	sie	**S**ie
datif	mi**r**	di**r**	ih**m**	ih**m**	ih**r**	uns	euch	ihn**en**	**I**hn**en**

Les pronoms personnels se déclinent aussi en anglais et en français.
Ich sehe dich. Siehst du **mich**?
Sag **mir** etwas!
>> **I** see you. Do you see **me**?
Tell **me** something!
>> **Je** te vois. Tu **me** vois ?
Dis-**moi** quelque chose !

Le pronom personnel peut être « réfléchi ». Il se décline alors au cas correspondant à **sa fonction par rapport au verbe**.

pronom personnel	verbe conjugué	pronom réfléchi
ich	engagiere	mich
du	engagierst	dich
er / es / sie	engagiert	sich
----	----	----
wir	engagieren	uns
ihr	engagiert	euch
sie	engagieren	sich
Sie	engagieren	sich

III. Le groupe verbal

1. Les types de verbes

verbes auxiliaires	**utilisés pour former le futur, certains temps du passé et la voix passive :** • sein, haben, werden	
verbes simples	• gehen, kaufen, kommen, ...	
verbes composés	**à préverbe séparable :** **an-, auf-, ein-, aus-, mit-** • ausgehen, einkaufen, ankommen, ... **Le préverbe séparable est toujours en fin de proposition :** Er geht aus. **Formation du participe II :** **-ge- s'intercale entre le préverbe et le radical** (ausgegangen)	**à préverbe inséparable :** **be-, emp-, ent-, er-, ge-, miß-, ver-, zer-** • bekommen, erzählen, verkaufen, ... **Le préverbe est indissociable du radical :** Verstehst du? **Formation du participe II :** **sans -ge-** (verstanden)
verbes pronominaux	• sich freuen, sich erinnern, ...	
verbes de modalité	**= auxiliaires de mode :** • sollen, müssen, können, dürfen, mögen, wollen	
verbes faibles	**= verbes réguliers (les plus nombreux) :** • machen, machte, gemacht • spielen, spielte, gespielt • ...	
verbes forts	**irréguliers aux temps du passé :** • sehen, sah, gesehen • kommen, kam, gekommen • schlafen, schlief, geschlafen • schreiben, schrieb, geschrieben • ...	**irréguliers au présent : verbes forts en -a et en -e aux 2e et 3e personnes du singulier :** • schlafen, du schläfst • sehen, sie sieht • ...
verbes mixtes	**présentent, aux temps du passé, les caractéristiques à la fois des verbes faibles (suffixe -te au prétérit, terminaison -t au participe II) et des verbes forts (radical modifié) :** • denken, dachte, gedacht • kennen, kannte, gekannt • nennen, nannte, genannt • ...	

2. L'infinitif

Les verbes à l'infinitif se terminent tous par **-en** (**machen, singen, wollen, kaufen**, etc.) sauf **sein** et **tun**.

Ils sont placés **à la fin de la proposition** : **Ich möchte ins Kino gehen.**

3. L'indicatif

3.1. Le présent

• Les auxiliaires **haben**, **sein** et **werden**

Les verbes **haben** (avoir), **sein** (être) et **werden** (devenir) peuvent être aussi utilisés comme auxiliaires pour former les temps composés ou la voix passive.

Rappelez-vous ! Tous les auxiliaires sont irréguliers.

haben

ich **habe**
du **hast**
er / es / sie **hat**
-----
wir **haben**
ihr **habt**
sie / **S**ie **haben**

auxiliaire du parfait : Er hat nichts gesagt.

sein

ich **bin**
du **bist**
er / es / sie **ist**
-----
wir **sind**
ihr **seid**
sie / **S**ie **sind**

auxiliaire du parfait : Sie ist spät gekommen.

werden

ich **werde**
du **wirst**
er / es / sie **wird**
-----
wir **werden**
ihr **werdet**
sie / **S**ie **werden**

auxiliaire du futur : Sie wird bald kommen.

auxiliaire du passif : Die Mauer wird 1961 erbaut.

• Les verbes faibles (réguliers) et les verbes forts en -a et en -e

	verbes faibles	verbes forts en -a	verbes forts en -e
	machen	**schlafen**	**sprechen**
ich	mach**e**	schlaf**e**	sprech**e**
du	mach**st**	schl**ä**f**st**	spr**i**ch**st**
er / es / sie	mach**t**	schl**ä**f**t**	spr**i**ch**t**
wir	mach**en**	schlaf**en**	sprech**en**
ihr	mach**t**	schlaf**t**	sprech**t**
sie	mach**en**	schlaf**en**	sprech**en**
Sie	mach**en**	schlaf**en**	sprech**en**

- **Les verbes de modalité et le verbe wissen**

	wollen	mögen	können	dürfen	müssen	sollen	wissen
ich	will	mag	kann	darf	muss	soll	weiß
du	willst	magst	kannst	darfst	musst	sollst	weißt
er / es / sie	will	mag	kann	darf	muss	soll	weiß
wir	wollen	mögen	können	dürfen	müssen	sollen	wissen
ihr	wollt	mögt	könnt	dürft	müsst	sollt	wisst
sie	wollen	mögen	können	dürfen	müssen	sollen	wissen
Sie	wollen	mögen	können	dürfen	müssen	sollen	wissen

Souvenez-vous !
Les verbes de modalité et le verbe **wissen** sont **irréguliers aux trois personnes du singulier** (seulement).

Comment utiliser les verbes de modalité ?

« vouloir »

wollen
= vouloir
Ich will Fußball spielen.

mögen
= vouloir, aimer
Mögen s'utilise plutôt sans verbe à l'infinitif :
Ich mag Pizza.

« pouvoir »

können
= être capable de
Ich kann gut schwimmen.

dürfen
= avoir le droit de
Ich darf heute nicht ins Kino gehen.

« devoir »

müssen
= être obligé/e
Ich muss die Hausaufgaben machen.

sollen
= devoir (avec différentes nuances)
- **obligation morale :** Man soll sich engagieren! (= Il faut s'engager !)
- **conseil :** Du sollst aufpassen! (= Tu dois faire attention !)
- **injonction :** Sie soll einen Salat mitbringen. (= Elle doit apporter une salade. / Il lui a été demandé d'apporter une salade.)

3.2. Le futur

	singulier	
	werden	+ infinitif
ich	werde	... sehen
du	wirst	
er / es / sie	wird	

	pluriel	
	werden	+ infinitif
wir	werden	... sehen
ihr	werdet	
sie	werden	
Sie	werden	

3.3. Le prétérit

	verbes faibles	verbes forts	verbes mixtes
	machen	**sehen**	**denken**
ich	mach**te**	s**a**h	d**ach**t**e**
du	mach**test**	s**a**h**st**	d**ach**t**est**
er / es / sie	mach**te**	s**a**h	d**ach**t**e**
wir	mach**ten**	s**a**h**en**	d**ach**t**en**
ihr	mach**tet**	s**a**h**t**	d**ach**t**et**
sie	mach**ten**	s**a**h**en**	d**ach**t**en**
Sie	mach**ten**	s**a**h**en**	d**ach**t**en**

Attention !

Verbes faibles :
wollen / sollen → ich wollte / sollte

Verbes forts :
sein → ich war
werden → ich wurde

Verbes mixtes :
haben → ich hatte
müssen / dürfen / mögen / können
→ ich musste / durfte / mochte / konnte

3.4. Le parfait

sein

= auxiliaire *être*, utilisé pour
- **les verbes d'état :**
  bleiben → ich **bin** ... geblieben
- **les verbes de déplacement :**
  gehen → ich **bin** ... gegangen

haben

= auxiliaire *avoir*, utilisé pour tous les autres verbes :
machen → ich **habe** ... gemacht

...

participe II

+ participe passé, toujours placé en fin de proposition :
Sie haben am Wochenende eine Party **gefeiert**.

Formation : voir p. 159.

3.5. Le plus-que-parfait

sein

= auxiliaire *être* au prétérit, utilisé pour
- **les verbes d'état :**
  bleiben → ich **war** ... geblieben
- **les verbes de déplacement :**
  gehen → ich **war** ... gegangen

haben

= auxiliaire *avoir* au prétérit, utilisé pour tous les autres verbes :
machen → ich **hatte** ... gemacht

...

participe II

+ participe passé, toujours placé en fin de proposition :
Sie hatten am Wochenende eine Party **gefeiert**.

Formation : voir p. 159.

3.6. Les emplois des temps de l'indicatif

le passé — **le présent** — **le futur**

le passé

prétérit

Le prétérit est un temps du passé. Il est utilisé **plutôt à l'écrit** mais pas exclusivement.

parfait

Le parfait correspond au **passé composé** en français. C'est le temps du récit ou du compte rendu.

plus-que-parfait

L'emploi est le même en français et en allemand.

le présent

présent

On utilise le présent :
- comme en français, **pour parler du présent** ;
- plus souvent encore qu'en français **pour parler de l'avenir** quand il est accompagné d'un adverbe pour éviter l'ambiguïté : **Ich komme morgen.**

le futur

futur

On emploie le futur pour parler de l'avenir, mais on l'utilise **moins souvent** qu'en français. Il exprime aussi souvent une **intention** ou une **prédiction** : **Ich werde dir (sicher) schreiben.**

4. Les participes I et II

- **Formation du participe I**

radical + **-end** : funktionieren → **funktionierend**

- **Formation du participe II – verbes faibles**

ge- + **radical** + **-t** : machen → **gemacht**

- **Formation du participe II – verbes forts**

ge- + **radical (souvent) modifié** + **-en** : gehen → **gegangen**

- **Formation du participe II – verbes mixtes**

ge- + **radical modifié** + **-t** : denken → **gedacht**

Comme en français, on peut former un adjectif à partir d'un participe :
eine diskriminier**ende** Gesellschaft / ein gut bezahl**ter** Job

Attention !
Pour les verbes à préverbe séparable, **on intercale le préfixe -ge- entre le préverbe et la base verbale** :
mitmachen → **mitge**macht ; **weg**gehen → **wegge**gang**en**

Ne prennent pas le préfixe -ge- :
- les verbes **à préverbe inséparable** :
  verstehen → **ver**standen ; **be**zahlen → **be**zahlt
- les verbes en **-ieren** et ceux **empruntés à l'anglais** :
  präsentieren → präsentier**t** ; interviewen → interview**t**

Le **participe I** correspond au **participe présent** et le **participe II** correspond au **participe passé** en français.

5. L'impératif

verbes réguliers	verbes forts en -e
Komm!	Lies!
Kommt!	Lest!
Kommen Sie!	Lesen Sie!

Rappelez-vous !
L'impératif est le mode de l'injonction. Il sert à donner **un ordre** ou **un conseil**, à adresser **une demande** à quelqu'un ou à faire **une suggestion**. Il est souvent accompagné du mot de politesse **bitte** (« s'il te plaît / s'il vous plaît »), qui rend le discours moins autoritaire.

6. Le subjonctif I et II

• Le subjonctif I

	hören	sein	haben
ich	höre	sei	habe
du	hörest	seist	habest
er / es / sie	höre	sei	habe
wir	hören	seien	haben
ihr	höret	seiet	habet
sie	hören	seien	haben
Sie	hören	seien	haben

Formation du subjonctif I :

radical + terminaisons du subjonctif :
-e, **-est**, **-e**, **-en**, **-et**, **-en**

ex. : **kommen → ich komme** ; **können → ich könne** ; **mögen → ich möge**

Emploi :

Le subjonctif I est utilisé au **discours indirect**, pour rapporter les propos de quelqu'un, par exemple dans un article de presse. Il permet de **créer une distance entre le discours et la personne qui le rapporte**.

• Le subjonctif II

Formation du subjonctif II :

- **formes de prétérit** + **Umlaut** + les terminaisons **-e**, **-st**, **-e**, **-en**, **-t**, **-en**.
  ex. : **dürfen, ich durfte → ich dürfte** ; **kommen, ich kam → ich käme**.
- les auxiliaires **haben**, **sein** et **werden** et les **verbes de modalité** : formes simples.
- les verbes faibles : la plupart forment leur subjonctif II avec **würde** + **infinitif**.
  ex. : **ich würde sagen, dass ...**
- les autres verbes : si les formes simples existent (**ich käme**, **ich ginge**, **ich fände**, **ich sähe**, ...), on leur préfère souvent les formes composées, plus usuelles.
  ex. : **ich würde kommen, ich würde gehen, ich würde finden, ich würde sehen, ...**

Quelques formes sont utilisées surtout dans un registre de langue soutenu ou littéraire :
ich bräuchte (brauchen), ich wüsste (wissen), ich käme (kommen), es ginge (gehen), ...

Emploi :

Le subjonctif II **correspond au conditionnel** en français :
Wenn ich Geld hätte, würde ich mir ein Auto kaufen.

- On l'utilise aussi pour exprimer **un souhait** : **Ich würde gern in einer WG leben.**
- On l'emploi également pour donner **un conseil** ou faire **une suggestion** :
  Du könntest nächsten Sommer nach Berlin fahren.

• **Subjonctif II : Les auxiliaires**

	haben	sein	werden
ich	hätte	wäre	würde
du	hättest	wärst	würdest
er / es / sie	hätte	wäre	würde
wir	hätten	wären	würden
ihr	hättet	wäret	würdet
sie	hätten	wären	würden
Sie	hätten	wären	würden

• **Subjonctif II : Les verbes de modalité et le verbe wissen**

	mögen	können	dürfen	müssen	sollen	wollen	wissen
ich	möchte	könnte	dürfte	müsste	sollte	wollte	wüsste
du	möchtest	könntest	dürftest	müsstest	solltest	wolltest	wüsstest
er / es / sie	möchte	könnte	dürfte	müsste	sollte	wollte	wüsste
wir	möchten	könnten	dürften	müssten	sollten	wollten	wüssten
ihr	möchtet	könntet	dürftet	müsstet	solltet	wolltet	wüsstet
sie	möchten	könnten	dürften	müssten	sollten	wollten	wüssten
Sie	möchten	könnten	dürften	müssten	sollten	wollten	wüssten

7. La voix passive

formation	en français (être + participe)	en allemand (werden + participe II)	
présent	je suis invité/e par... tu es invité/e il / elle est invité/e	ich werde du wirst er / es / sie wird	von ... eingeladen
	nous sommes invité/e/s vous êtes invité/e/s ils / elles sont invité/e/s vous êtes invité/e/s	wir werden ihr werdet sie werden Sie werden	
passé	j'ai été invité/e par... tu as été invité/e il / elle a été invité/e	ich wurde du wurdest er / es / sie wurden	von ... eingeladen
	nous avons été invité/e/s vous avez été invité/e/s ils / elles ont été invité/e/s vous avez été invité/e/s	wir wurden ihr wurdet sie wurden Sie wurden	

8. La forme impersonnelle avec wird

On l'appelle également « **passif impersonnel** » car elle se forme, comme le passif, avec l'auxiliaire **werden** et le participe II.

Il s'agit d'une forme particulière, **souvent utilisée sans sujet**, qui n'existe qu'en allemand : **Heute wird gefeiert!** On la traduit par « on » : « Aujourd'hui, on fête ! »

Le verbe conjugué étant toujours placé en seconde position, on a recours, éventuellement, au pronom impersonnel **es** pour occuper la première place dans la phrase : **Es wird (heute) gefeiert!**

IV. La phrase

1. La phrase indépendante

1.1. La déclarative

- **La place du verbe conjugué dans la phrase déclarative**

sujet ou complément ou proposition subordonnée	verbe conjugué	sujet	complément ou proposition subordonnée
Er	**kommt**		vielleicht morgen.
Vielleicht	**kommt**	er	morgen, wenn er Zeit hat.
Wenn er Zeit hat,	**kommt**	er	vielleicht morgen.

- **L'ordre des compléments dans la phrase**

Ich habe | **meiner Schwester** (COI substantif) | **das Buch** (COD substantif) | gezeigt.

Ich habe | **es** (COD pronom) | **meiner Schwester** (COI substantif) | gezeigt.

Ich habe | **ihr** (COI pronom) | **das Buch** (COD substantif) | gezeigt.

Ich habe | **es** (COD pronom) | **ihr** (COI pronom) | gezeigt.

- Si le **COD** et le **COI** sont tous les deux des **substantifs**, alors le **COI** se place devant le **COD**.
- Si le **COD** et le **COI** sont tous les deux des **pronoms**, alors le **COD** se place devant le **COI**.
- Si l'un est un **substantif** et l'autre un **pronom**, alors il faut toujours placer **le pronom devant le substantif**.

1.2. Les interrogatives globale et partielle

• La place du verbe conjugué dans la phrase interrogative

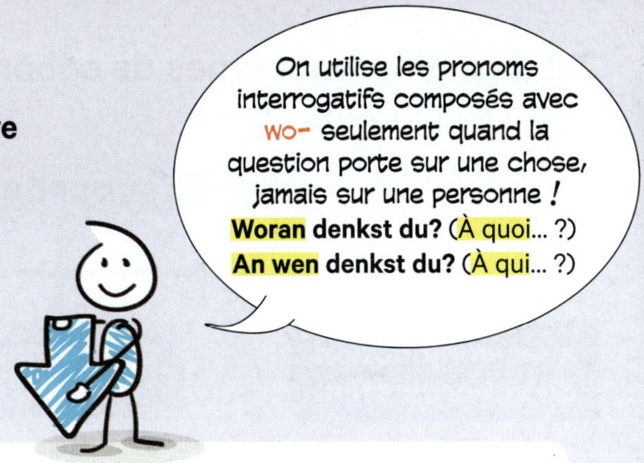

pronom interrogatif	verbe conjugué	sujet	complément(s)
	Kommt	sie	morgen?
Warum	**kommt**	sie	morgen?

• Les interrogatifs

Les interrogatifs :

Wer? Qui ?
Wie? Comment ?
Was? Quoi ?
Wo? Où ?
Wohin? Où (vas-tu) ?
Woher? D'où (viens-tu) ?
Wann? Quand ?
Wie viel? Combien ?
Warum? Pourquoi ?
Weshalb? Pourquoi ?
Wozu? Dans quel but ?
Welch-?
Quel ? / Quelle ?
Was für (ein-)?
Quelle sorte de (club) ?

Les combinaisons avec wie :

Wie lange? Combien de temps ?
Wie alt? Quel âge ?
Wie groß? Quelle taille ?
Wie weit? À quelle distance ?
Wie schnell? À quelle vitesse ?
Wie oft? À quelle fréquence ?
Wie viel Uhr? Quelle heure ?
Inwiefern? Dans quelle mesure ?

Les pronoms interrogatifs composés avec wo- :

Woran denkst du?
Wofür engagierst du dich?
Wogegen demonstrieren die Leute?
Womit schreibst du?
Wovon sprichst du?
Worüber berichtest du?

2. La phrase complexe

2.1. La structure de la phrase

La phrase complexe est composée d'au moins deux propositions : **une principale** et **une subordonnée**.
La proposition principale et la proposition subordonnée sont séparées par **une virgule**.
Dans une proposition subordonnée, **le verbe conjugué** est toujours **en dernière position**.

- **Ich weiß, dass er sehr engagiert ist.** (principale + subordonnée complétive)
- **Ich frage mich, ob / warum er da ist.** (principale + subordonnée interrogative indirecte)
- **Er ist nicht da, weil er krank ist.** (principale + subordonnée conjonctive)
- **Die Leute, die hier wohnen, sind sehr nett.** (principale + subordonnée relative)
- **Der Ort, wo ich wohne, ist ziemlich klein.** (principale + subordonnée relative)

Une phrase complexe peut aussi comporter **un infinitif complément** :

- **Er arbeitet, um etwas Geld zu verdienen.**

L'infinitif complément est également **précédé d'une virgule**.

2.2. Les différents types de subordonnées

La subordonnée

avec conjonction de subordination
- ..., dass
- ..., weil
- ..., ob
- ..., obwohl
- ..., während
- ..., damit
- ..., wenn
- ..., falls
- ..., als
- ..., indem
- ..., bevor
- ..., nachdem
- ..., solange
- ..., seit

avec pronom relatif
- ..., der
- ..., die
- ..., das
- ..., wer
- ..., wo
- ..., was

avec pronom interrogatif
- ..., wann
- ..., warum
- ..., wer
- ..., wie
- ..., wo
- ...

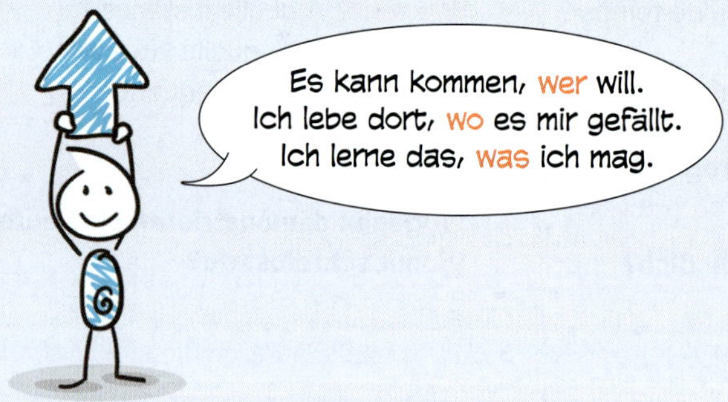

2.3. L'infinitif complément

L'infinitif se place **à la fin du groupe infinitif**. En allemand comme en français, il peut être précédé d'une préposition :

- **zu** : de, à
  Er hat keine Lust, Mathe zu lernen. (Il n'a pas envie de...)
- **um ... zu** : pour
  Er bleibt zu Hause, um Mathe zu lernen. (Il reste à la maison pour...)
- **anstatt ... zu** : au lieu de
  Er spielt am PC, anstatt Mathe zu lernen. (Il joue à l'ordinateur au lieu de...)

Le groupe infinitif peut être introduit par **um** et **anstatt**.

Zu est toujours placé **directement devant le verbe à l'infinitif**.

Dans un verbe à préverbe séparable, **zu** s'intercale **entre le préverbe et la base du verbe** :

Ich habe keine Lust, mir das Video anzusehen.

zu = to en anglais !
- Es ist wichtig, Freunde zu treffen.
  >> It is important to meet friends.
- I play football in order to meet friends.
  >> Ich spiele Fußball, um Freunde zu treffen.

3. Les connecteurs

3.1. Les conjonctions de coordination

- **und** : et
- **oder** : ou
- **aber** (précédé d'une virgule) : mais
- **denn / nämlich** : en effet
- **doch** : cependant, pourtant
- **entweder ... oder** : soit ... soit
- **weder ... noch** : ni ... ni
- **nicht nur ..., sondern auch** : pas seulement ... mais aussi
- **zwar ..., aber** : certes ... mais

3.2. Les adverbes / locutions adverbiales logiques et chronologiques

connecteurs logiques	connecteurs chronologiques
• **trotzdem / dennoch** : malgré tout • **dagegen** : par contre • **daher / darum / deshalb / deswegen** : c'est pourquoi • **aus diesem Grund** : pour cette raison • **also** : donc • **allerdings** : toutefois • **ähnlich wie** : de la même façon que • **im Vergleich zu** : en comparaison de / à • **anders als / im Gegensatz zu** : au contraire de	• **zuerst / erstens** : d'abord • **dann** : ensuite • **schließlich / zum Schluss** : finalement • **seither** : depuis • **vorher** : auparavant • **nachher** : après • **bisher** : jusqu'ici, jusqu'à présent • **inzwischen** : entre-temps, maintenant • **seitdem** : depuis (ce moment-là)

3.3. Les conjonctions de subordination

- **dass** : que (complétif)
- **ob** : si (interrogation indirecte)
- **weil / da** : parce que
- **obwohl** : bien que
- **(auch) wenn** : si (condition)
- **wenn** : quand (toutes les fois que)
- **als** : quand (au moment où, à l'époque où, la fois où...)
- **während** : (conjonction) tandis que (opposition)
- **bevor** : avant que
- **nachdem** : après que
- **solange** : tant que
- **bis** : jusqu'à ce que
- **damit** : afin que
- **indem** : en (+ participe présent)
- **sodass / so ..., dass** : si bien que (conséquence)

3.4. Les pronoms relatifs

Les pronoms relatifs introduisent des propositions subordonnéees relatives.

Ils adoptent le **même genre** et le **même nombre** que leur antécédent.
Ils se déclinent **au cas qui correspond à leur fonction** dans la proposition subordonnée relative.

Ich liebe dieses Kaffeehaus, das so gemütlich ist. (= Das Kaffeehaus ist so gemütlich.)

Der Job, den ich gern haben möchte, ist nicht einfach. (= Ich möchte den Job gern haben.)

Was, **wer** et **wo** peuvent aussi être des pronoms relatifs :

Heimat ist der Ort, wo man aufgewachsen ist.
Sport ist das, was die Menschen verbindet.
Wer will, der kann.

4. La ponctuation

En allemand, les propositions principales et subordonnées sont séparées **par une virgule** :

Die Menschen ziehen in die Peripherie, weil die Mieten in der Innenstadt steigen.

En allemand comme en français, les différents éléments d'une **énumération** sont séparés **par une virgule** :

Wir haben in Berlin den Reichstag, das Brandenburger Tor, die Siegessäule und den Alexanderplatz besucht.

À la **différence du français**, les compléments circonstantiels placés en début de phrase ne sont **jamais suivis d'une virgule** :

Gestern Abend haben wir gemeinsam Videos angesehen.

V. La négation

La negation avec nicht et kein-

- **Devant un nom**, on utilise le déterminant négatif **kein-** :
  Er hat keinen Wagen, keine Zeit und kein Geld.
  Celui-ci se décline comme **ein-**.
- **Dans tous les autres cas**, on utilise l'adverbe **nicht** :
  Er kommt nicht. Er will nicht kommen.
  Er ist nicht alt.

Les mots de la négation

- **kein-** (déterminant négatif portant sur le nom devant lequel il est placé) : pas de
- **nicht** (adverbe portant sur un verbe, un adverbe ou un adjectif) : ne ... pas
- **nichts** (adverbe) : ne ... rien **(Ich habe nichts gekauft.)**
- **nie(mals)** (adverbe) : ne ... jamais **(Ich würde das niemals tun.)**
- **nirgendwo** (adverbe) : ne ... nulle part **(Man lebt nirgendwo besser, als in Wien.)**
- **niemand** (pronom) : ne ... personne **(Es war niemand da.)**

VI. Les degrés de comparaison

- **Le comparatif**

égalité		**so** (adjectif) **wie** **genauso** (adjectif) **wie**	Er ist **so** groß **wie** sie. Sie ist **genauso** groß **wie** ihr Bruder.
supériorité		(adjectif) + **-er als**	Er ist größ**er als** sie.
infériorité		**nicht so** (adjectif) **wie**	Er ist **nicht so** groß **wie** sie.

Rappelez-vous !
Sauf exceptions, **les adjectifs d'une seule syllabe** prennent un **Umlaut** au comparatif de supériorité et au superlatif :
alt • älter • älteste/r/s
groß • größer • größte/r/s
kurz • kürzer • kürzeste/r/s

Mais attention : seuls le **a**, le **o** et le **u** peuvent être infléchis.

Plus... plus... avec un adjectif = **je** + comparatif **..., desto** + comparatif :

Je größer die Zahl der Teilnehmer an der Kampagne, desto besser sind ihre Erfolgschancen.

- **Le superlatif**

adjectif	**der / das / die schnellste**	(adjectif) + **-st** (+ terminaison)	Er ist der schnell**st**e Schüler der Klasse.
adverbe	**am schnellsten**	**am** (adjectif) + **-sten**	Er läuft **am** schnell**sten**.

- Les adjectifs se terminant par **-t**, **-d**, **-s** ou **-z** intercalent un **-e-** devant le suffixe **-st** : **älteste**.
- Les adverbes aussi s'utilisent au comparatif et au superlatif :

Jonas läuft schnell. → Urs und Markus laufen noch schneller. → Wer läuft am schnellsten?
Lena tanzt gut. → Ihre Freundinnen tanzen noch besser. → Wer tanzt am besten?

Comme en anglais et en français, certaines formes de comparatif et de superlatif sont irrégulières.
gut >> good >> bien, bon
besser >> better >> mieux, meilleur
der beste / am besten >> the best >> le mieux, le meilleur
viel >> many >> beaucoup
mehr >> more >> plus
am meisten >> the most >> le plus

VII. Les groupes prépositionnels

1. Les prépositions

Prépositions toujours suivies de l'accusatif

- **durch** : à travers, par
- **für** : pour
- **gegen** : contre
- **ohne** : sans
- **um** : autour de

Prépositions toujours suivies du datif

- **aus** : de, hors de
- **bei** : chez
- **mit** : avec
- **nach** : vers, après
- **seit** : depuis
- **von** : de
- **zu** : à, vers, chez

Prépositions suivies tantôt de l'accusatif, tantôt du datif

- **an** : près de
- **auf** : sur
- **in** : en
- **neben** : à côté de
- **hinter** : derrière
- **über** : au-dessus de, au sujet de
- **unter** : sous, parmi
- **vor** : devant, avant
- **zwischen** : entre

Prépositions suivies du génitif

- **dank** : grâce à
- **innerhalb / außerhalb** : dans, en / en dehors de
- **trotz** : malgré
- **während** : pendant
- **wegen / aufgrund** : à cause de

2. Les compléments circonstanciels

• **Les compléments de lieu**

Introduits par une préposition suivie de l'accusatif (directif) ou du datif (locatif)

Rappelez-vous !
Selon que le complément indique **le lieu où l'on est (locatif)** ou **le lieu on l'on va (directif)**, ces prépositions seront suivies du datif ou de l'accusatif.

Introduits par une préposition à cas fixe

- **aus** (+ datif) : **Er kommt aus meiner Stadt.**
- **bei** (+ datif) : **Sie wohnt noch bei ihren Eltern.**
- **um** (+ accusatif) : **Wir gehen um das Rathaus.**
- **von** (+ datif) : **Er kommt vom Skaten.**
- **zu** (+ datif) : **Kommst du zu mir?**

Wohin? Paul geht **in die** Ecke.
Wo? Jetzt sitzt er **in der** Ecke.

Paul fliegt **hinter den** Schrank.
Jetzt ist er **hinter dem** Schrank.

Wohin? Paul geht **an die** Wand.
Wo? Jetzt sitzt er **an der** Wand.

Paul fliegt **vor die** Tür.
Jetzt fliegt er **vor der** Tür herum.

Wohin? Paul setzt sich **auf den** Tisch.
Wo? Jetzt sitzt er **auf dem** Tisch.

Paul fliegt **über das** Regal.
Jetzt fliegt er **über dem** Regal herum.

Wohin? Paul geht **unter das** Bett.
Wo? Jetzt ist er **unter dem** Bett.

Er setzt sich **neben das** Regal.
Jetzt sitzt er **neben dem** Regal.

Wohin? Er setzt sich **zwischen die** Lampe und **den** Tisch.
Wo? Jetzt sitzt er **zwischen der** Lampe und **dem** Tisch.

• **Les compléments de temps**

Introduits par une préposition
- **in / im** + une époque, une saison, une année, un mois, une semaine... : **in den letzten Wochen, im kommenden Jahr**
- **am** + un moment de la journée, un jour, une date : **am Morgen, am Montag, am 3. Oktober**
- **um** (+ heure) : **um 11 (Uhr)**
- **vor** (+ datif) pour marquer l'antériorité : **vor dem Essen**
- **nach** (+ datif) pour indiquer la postériorité : **nach dem Essen**
- **von ... bis ...** pour indiquer une durée : **von 1961 bis 1989**
- **zwischen** (+ datif) : **zwischen heute und morgen**
- **seit** (+ datif) : **seit 1989, seit Montag**
- **während** (+ génitif) pour indiquer la simultanéité : **während des Kriegs**
- **als Kind** (= **als ich ein Kind / klein war**) : « quand j'étais enfant »
- **zu** + jour de fête : **zu Weihnachten, zum Geburtstag**

À l'accusatif sans préposition
- **nächstes Jahr: Nächstes Jahr feiern wir in Berlin Silvester.**
- **eine Stunde: Wir haben eine Stunde gechattet.**
- **Monate: Die Vorbereitungen haben Monate gedauert.**

3. Les verbes à objet prépositionnel

Les verbes à objet prépositionnel

+ accusatif

auf
- **auf ... achten** (faire attention à)
- **auf ... ankommen** (dépendre de)
- **sich auf ... freuen** (se réjouir d'une chose à venir)
- **auf ... warten** (attendre)
- **auf ... antworten** (répondre à)

an
- **an ... denken** (penser à)
- **sich an ... erinnern** (se souvenir de)
- **sich an ... gewöhnen** (s'habituer à)
- **an ... glauben** (croire en / à)

für
- **sich für ... entscheiden** (opter pour)
- **sich für ... interessieren** (s'intéresser à)

über
- **über ... berichten** (informer de / sur)
- **über ... diskutieren** (discuter de)
- **sich über ... freuen** (se réjouir d'une chose présente)
- **über ... sprechen** (parler de)

um
- **um ... gehen** (s'agir de)
- **sich um ... handeln** (traiter de)
- **sich um ... kümmern** (s'occuper de)

+ datif

aus
- **aus ... bestehen** (consister en / à)

an
- **sich an ... beteiligen** (participer à)
- **an ... teilnehmen** (participer à)
- **an ... zweifeln** (douter de)

mit
- **mit ... anfangen** (commencer par)
- **mit ... beginnen** (commencer par)

nach
- **nach ... fragen** (s'enquérir de)

von
- **von ... abhängen** (dépendre de)
- **von ... handeln** (traiter de)
- **von ... halten** (penser de)
- **sich von ... unterscheiden** (se distinguer de)
- **von ... träumen** (rêver de)

vor
- **sich vor ... fürchten** (craindre, avoir peur de)

zu
- **zu ... einladen** (inviter à)
- **zu ... gehören** (appartenir à)

Les principaux verbes irréguliers allemands

infinitif	**prétérit**	**parfait**	**traduction**	**présent**
haben	hatte	hat gehabt	avoir	hat
sein	war	ist gewesen	être	ist
werden	wurde	ist geworden	devenir	wird

a	**i(e)**	**a**		
fallen	fiel	ist gefallen	tomber	fällt
fangen	fing	hat gefangen	attraper	fängt
halten	hielt	hat gehalten	tenir	hält
lassen	ließ	hat gelassen	laisser, laisser faire	lässt
laufen	lief	ist gelaufen	courir	läuft
raten	riet	hat geraten	conseiller / deviner	rät
schlafen	schlief	hat geschlafen	dormir	schläft

a	**u**	**a**		
fahren	fuhr	ist / hat gefahren	aller (en roulant), conduire	fährt
laden	lud	hat geladen	charger	lädt
schlagen	schlug	hat geschlagen	frapper	schlägt
tragen	trug	hat getragen	porter	trägt
wachsen	wuchs	ist gewachsen	grandir, pousser	wächst
waschen	wusch	hat gewaschen	laver	wäscht

e	**a**	**a**		
denken	dachte	hat gedacht	penser	denkt
kennen	kannte	hat gekannt	connaître	kennt
nennen	nannte	hat genannt	nommer	nennt
stehen	stand	hat gestanden	être debout, être posé/e (verticalement)	steht
verstehen	verstand	hat verstanden	comprendre	versteht

e	**a**	**e**		
essen	aß	hat gegessen	manger	isst
fressen	fraß	hat gefressen	manger (pour un animal)	frisst
geben	gab	hat gegeben	donner	gibt
geschehen	geschah	ist geschehen	survenir, se passer	geschieht
sehen	sah	hat gesehen	voir	sieht
vergessen	vergaß	hat vergessen	oublier	vergisst

e	**a**	**o**		
befehlen	befahl	hat befohlen	ordonner	befiehlt
brechen	brach	hat gebrochen	casser	bricht
helfen	half	hat geholfen	aider	hilft
nehmen	nahm	hat genommen	prendre	nimmt
sprechen	sprach	hat gesprochen	parler	spricht
stehlen	stahl	hat gestohlen	voler, dérober	stiehlt
sterben	starb	ist gestorben	mourir	stirbt
treffen	traf	hat getroffen	rencontrer	trifft
werfen	warf	hat geworfen	jeter	wirft

e	**i**	**a**		
gehen	ging	ist gegangen	aller	geht

ei	**ie**	**ei**		
heißen	hieß	hat geheißen	s'appeler	heißt

ei	**i(e)**	**i(e)**		
beißen	biss	hat gebissen	mordre	beißt
bleiben	blieb	ist geblieben	rester	bleibt
greifen	griff	hat gegriffen	attraper	greift
leihen	lieh	hat geliehen	prêter	leiht

Les principaux verbes irréguliers allemands

infinitif	prétérit	parfait	traduction	présent
scheinen	schien	hat geschienen	sembler / briller	scheint
schreiben	schrieb	hat geschrieben	écrire	schreibt
schreien	schrie	hat geschrien	crier	schreit
schweigen	schwieg	hat geschwiegen	se taire	schweigt
steigen	stieg	ist gestiegen	monter	steigt
streiten (sich)	stritt (sich)	hat (sich) gestritten	(se) disputer	streitet (sich)
i	**a**	**a**		
bringen	brachte	hat gebracht	apporter	bringt
i	**a**	**e**		
bitten	bat	hat gebeten	prier, demander	bittet
liegen	lag	hat gelegen	être couché/e, être posé/e (horizontalement)	liegt
sitzen	saß	hat gesessen	être assis/e	sitzt
i	**a**	**o**		
beginnen	begann	hat begonnen	commencer	beginnt
gewinnen	gewann	hat gewonnen	gagner	gewinnt
schwimmen	schwamm	ist geschwommen	nager	schwimmt
i	**a**	**u**		
binden	band	hat gebunden	attacher	bindet
finden	fand	hat gefunden	trouver	findet
gelingen	gelang	ist gelungen	réussir	gelingt
singen	sang	hat gesungen	chanter	singt
springen	sprang	ist gesprungen	sauter	springt
trinken	trank	hat getrunken	boire	trinkt
verschwinden	verschwand	ist verschwunden	disparaître	verschwindet
zwingen	zwang	hat gezwungen	obliger, contraindre	zwingt
ie	**o**	**o**		
biegen	bog	hat gebogen	courber, plier	biegt
bieten	bot	hat geboten	offrir	bietet
fliegen	flog	ist geflogen	voler (avion, oiseau)	fliegt
fliehen	floh	ist geflohen	s'enfuir	flieht
fließen	floss	ist geflossen	couler (eau)	fließt
frieren	fror	hat gefroren	avoir froid, geler	friert
riechen	roch	hat gerochen	sentir	riecht
schließen	schloss	hat geschlossen	fermer	schließt
verlieren	verlor	hat verloren	perdre	verliert
ziehen	zog	hat gezogen	tirer	zieht
i	**u**	**u**		
wissen	wusste	hat gewusst	savoir	weiß
o	**a**	**o**		
kommen	kam	ist gekommen	venir	kommt
u	**a**	**a**		
tun	tat	hat getan	faire	tut
u	**ie**	**u**		
rufen	rief	hat gerufen	appeler	ruft
ü	**o**	**o**		
betrügen	betrog	hat betrogen	tromper	betrügt
lügen	log	hat gelogen	mentir	lügt

Neuanfang

Conjuguer au présent : sein / haben et les verbes faibles

1 Die Gastfamilie. Complétez les phrases avec les verbes qui conviennent sans oublier de les accorder.
stellen • sein (2x) • fühlen • vermissen • kennen/lernen • haben (4x) • wohnen • sagen

1. Lena ... in einer tollen Gastfamilie. **2.** Sie ... einen neuen kleinen Bruder. **3.** Clément ... viele Fragen. **4.** Die Gasteltern ... sehr nett und ... immer Zeit für sie. **5.** „Ich ... so viel Glück!", ... sie ihrer Freundin Annika. **6.** „Meine neue Familie ... so lieb und ich ... so viele nette Leute ... . **7.** Ich ... mich wohl hier. **8.** Aber ich ... dich! **9.** ... du meine französische Telefonnummer?"

La place du verbe dans la phrase déclarative

2 Erste Eindrücke! Construisez des phrases en plaçant les éléments dans le bon ordre. Commencez par les éléments soulignés.

1. in Frankreich • seit gestern • ist • Lena
2. sie • in einer E-Mail • von ihrer Gastfamilie • erzählt
3. Lena • ihre neue Familie • toll • findet
4. nicht sehr viel • am Anfang • versteht • sie
5. Alexandra • aber • immer da • und • ist • ihr • hilft

Le génitif saxon

3 Familien. Recopiez les phrases en utilisant le génitif saxon pour exprimer l'appartenance.

1. Der Vater von Lena wohnt in Bremen.
2. Die Mutter von Clément kann kein Deutsch.
3. Der Hund von Max heißt Robby.
4. Die Gastfamilie von Jonas ist nett.

La phrase interrogative

4 So neugierig ... Complétez les questions avec les mots interrogatifs qui conviennent.

1. ... heißt Antoines Freund? • Er heißt Marc.
2. ... wohnt Lenas Oma? • Sie wohnt in Hamburg.
3. ... ist Robby? • Das ist Jonas' Hund.
4. ... fängt die Schule an? • Am Montag.
5. ... erzählt Lena in ihrer E-Mail? • Sie spricht von ihrer Gastfamilie.
6. ... Schwestern hat Antoine? • Er hat drei Schwestern.
7. ... versteht Lena Clément nicht? • Weil er zu schnell spricht.

5 So viele Fragen! Posez les questions portant sur les éléments soulignés. Faites attention à l'ordre des mots.

1. Jonas kommt aus Frankfurt.
2. Clément spricht zu schnell.
3. Clément spricht zu schnell.
4. Jonas hat drei neue Freunde gefunden.
5. Lena fährt im September nach Frankreich.
6. Lena ruft ihre Freundin Annika an.
7. Jonas vermisst seine Familie nicht.
8. Lena und Jonas telefonieren am Nachmittag.

6 Fragen, Fragen. Retrouvez les questions auxquelles répondent les phrases suivantes.

1. Nein, Jonas hat keine Schwester.
2. Ja, Lenas Eltern sind getrennt.
3. Nein, Jonas wohnt in Frankfurt.
4. Doch, Lena findet ihre Gastfamilie toll!

Conjuguer au présent : les verbes forts

7 In der Schule. Recopiez les phrases en remplaçant Lena und Jonas par le sujet proposé.

1. Lena und Jonas fahren zur Schule. → Lena ...
2. Lena und Jonas sprechen schon besser Französisch. → Du ...
3. Lena und Jonas treffen neue Freunde. → Ihr ...
4. Lena und Jonas essen in der Kantine. → Jonas ...
5. Lena und Jonas sehen abends Videos. → Du ...

Les verbes à préverbe séparable

8 Eine verrückte Alltagsroutine! Formez des phrases en commençant par les éléments soulignés. Conjuguez les verbes au présent.

1. jeden Tag • Tommy • aufstehen • um 10 Uhr
2. sich anziehen • nach dem Mittagessen • er
3. abends • fernsehen • er • von 18 bis 19 Uhr
4. um 20 Uhr • einschlafen • er

Les verbes de modalité

9 Können, wollen, mögen. Complétez les phrases en conjuguant les verbes proposés au présent.

1. können: ... du mich anrufen? Ich ... schon so viel erzählen! Oder wir ... per WhatsApp chatten.
2. wollen: Lena und Alexandra ... einen Tanzkurs machen. Lena ... aber nicht Hip-Hop tanzen.
3. mögen: Ich ... meine neue Klasse. Jonas und ich ... unser neues Leben in Frankreich!

10 Können, wollen, mögen? Complétez les phrases avec les verbes de modalité adéquats. Il peut y avoir plusieurs possibilités.

1. Lena ... Clément nicht gut verstehen. Er spricht zu schnell.
2. ... du deine neue Familie? Sie sieht cool aus.
3. Lena und Jonas ... drei Monate in Frankreich bleiben.
4. Ich mache einen Aufenthalt in Frankreich. Ich ... mich in Französisch verbessern.

La négation

11 Interview für die Schülerzeitung! Lena répond toujours par « non ». Complétez ses déclarations en utilisant la négation kein/e.

1. Hast du Heimweh? → Nein, ich ...
2. Hast du Schwierigkeiten gehabt? → Nein, ich ...
3. Hattest du Angst? → Nein, ich ...
4. Hat Alexandra eine Schwester? → Nein, sie ...

12 Bei Antoine. Transformez ces phrases en phrases négatives en utilisant la négation nicht. Faites attention à la place de la négation.

1. Jonas geht zu Antoines Großeltern.
2. Der Großvater spricht gut Deutsch.
3. Die Oma versteht, was Jonas sagt.
4. Jonas ist sehr schüchtern.
5. Die Basketballmannschaft hat gewonnen.
6. Die Freunde gehen in den Park.

13 Neues Leben! Transformez ces phrases en phrases négatives. Attention au choix et à la place de la négation.

1. Lena versteht Clément gut.
2. Jonas hat eine Schwester.
3. Die Jugendlichen haben Heimweh.
4. Sie wollen nach Hause zurückfahren.
5. Jonas hat Angst vor dem Austausch.
6. Sie vermissen ihre Familien.

Le prétérit

14 Eingelebt! Transposez ces phrases au prétérit.

1. Lena hat am Anfang Angst. **2.** Sie will ihre Familie nicht verlassen. **3.** Sie kann in den ersten Tagen nicht so viel verstehen. **4.** Es ist nicht so leicht. **5.** Alles ist neu und sie hat Schwierigkeiten. **6.** Aber die Schulkameraden sind immer für sie da.

Le parfait

15 Haben oder sein? Complétez les phrases avec l'auxiliaire qui convient.

1. Jonas ... zu Antoines Großeltern gefahren. **2.** Er ... mit dem Opa gesprochen. **3.** Später ... er mit Antoines Freunden ein Basketballspiel gesehen. **4.** Dann ... alle zum Park gegangen. **5.** Sie *(pluriel)* ... viel gelacht!

16 Wie lautet das Partizip II? Indiquez le participe II des verbes suivants.

1. machen
2. spielen
3. schlafen
4. lernen
5. sich integrieren
6. sich einleben
7. finden
8. zurückfahren
9. sammeln
10. erzählen
11. verbessern
12. entdecken
13. telefonieren
14. schicken
15. schreiben
16. chatten

17 Tagebuch. Transposez ce compte-rendu au parfait.

1. Lena erzählt von ihrem Leben in Frankreich. **2.** Sie entdeckt eine neue Kultur. **3.** Sie verbessert sich in Französisch. **4.** Sie sammelt neue Eindrücke und macht neue Erfahrungen. **5.** Sie findet neue Freunde.

U1 Familie(n) im Trend

L'opposition avec während

1 Vergleiche. Reliez les propositions en utilisant la conjonction de subordination während.

1. Viele Eltern wünschen sich mehr Gleichberechtigung. • Die traditionelle Rollenverteilung ist noch sehr verbreitet.
2. Früher galten Frauen, die arbeiten, als schlechte Mütter. • Heute ist das ganz normal.
3. Früher haben fast alle Kinder mittags zu Hause gegessen. • Heute essen viele Kinder in der Schule.
4. Viele Männer möchten sich nach der Geburt um die Kinder kümmern. • Sie müssen aus finanziellen Gründen wieder arbeiten.
5. Manche Männer möchten sich gern um den Haushalt kümmern. • Andere Männer gehen lieber arbeiten.
6. Oft ist Weihnachten für die Eltern viel Stress. • Für die Kinder ist es meistens ein schönes Fest.
7. Früher verbrachten Kinder mehr Zeit zuhause. • Heute verbringen sie weniger Zeit zuhause, weil beide Eltern arbeiten.
8. Früher gab es nur ein Familienmodell. • Heute sind unterschiedliche Familienmodelle möglich.

Le génitif

2 Entwicklung und Wandel. Recopiez le texte en remplaçant les mots soulignés par la forme du génitif qui convient.

1. Knapp die Hälfte von der Bevölkerung in Deutschland lebt in Familien. **2.** 72 Prozent von den Erwachsenen arbeiten. Aber Achtung! **3.** Während 78% von den Männern zwischen 18 und 64 arbeiten, liegt der Anteil von den Frauen bei nur 66 Prozent. **4.** Bei den Renten zeigt sich ein ähnliches Bild. 89 Prozent von den Senioren bekommen eine Pension: 93 Prozent von den Herren und 86 Prozent von den Damen. **5.** Zehn Prozent von den Seniorinnen können nur dank der finanziellen Unterstützung von ihrer Familie leben. **6.** Das sind die Angaben von dem Statistischen Bundesamt für das Jahr 2017.

Le pronom relatif au nominatif et à l'accusatif

3 Familien zusammenbringen! Complétez les phrases avec la proposition relative qui convient. Utilisez les éléments entre parenthèses.

1. Jana lebt bei ihrer Mutter. (sie hat geschiedene Eltern)
2. Viele Eltern leiden unter Zeitdruck. (sie haben einen unstrukturierten Alltag)
3. Meine Mutter hat die Balance zwischen Arbeit und Familie gefunden. (ich bewundere sie sehr)
4. Ich hätte gern eine Großfamilie. (sie ist immer für mich da)
5. Die Großfamilie würde in einem großen Haus mit Garten wohnen (ich hätte sie gern)
6. Ich streite oft mit meinem Bruder. (er ist nicht teamfähig)
7. Ich habe eine tolle Patchwork-Familie. (ich mag sie sehr)
8. Gemeinsame Mahlzeiten gibt es leider immer weniger. (sie sind so wichtig für die Kommunikation in der Familie)
9. Meine große Schwester gehe ich oft besuchen. (sie wohnt schon allein)
10. Das Ehepaar wollte keine Kinder. (ich sehe es jeden Samstag mit dem Hund)

4 Alles ist relativ! Complétez les noms avec des propositions subordonnées relatives.

1. Die Kinder, ..., essen mittags immer allein.
2. Meine Cousine, ..., findet es dort schöner.
3. In der Schule, ..., konnte man mittags nichts essen.
4. Menschen, ..., sind meistens sehr offen und tolerant.
5. Meine Eltern verstehen meine Schwester, ..., nicht.

a. die sehr rebellisch ist
b. die in der Wohnung nebenan wohnen
c. in die ich früher ging
d. die letztes Jahr nach Belgien gezogen ist
e. die in Patchwork-Familien aufwachsen

U2 Oma, Opa ... und wir

Le futur avec werden

1 Meine Familie der Zukunft! Tournez les phrases au futur.

1. Im Jahr 2030 bin ich schon fast 30 Jahre alt.
2. Vielleicht habe ich dann schon Kinder.
3. Meine Eltern sind die Großeltern von meinen Kindern.
4. Sie haben eine gute Beziehung zueinander.
5. Vielleicht leben wir alle zusammen unter einem Dach.
6. Oder meine Eltern wohnen in einer coolen Senioren-WG.
7. Bei jedem Treffen erzählen wir Geschichten und erinnern uns an früher.
8. Jede Woche übernachten meine Kinder bei meinen Eltern und ich kann meine Freunde treffen.
9. Am nächsten Tag essen wir alle zusammen mein Lieblingsessen.
10. Aber vorher finde ich einen Job und ziehe von zuhause aus.

2 Mein Leben in der Zukunft! Répondez aux questions en utilisant le futur.

1. Was wirst du studieren?
2. Welche Arbeit wirst du haben?
3. Wo und mit wem wirst du leben?
4. Was werden deine Hobbys sein?
5. Wann und wie oft wird sich deine Familie treffen?

Le comparatif de supériorité

3 Früher und heute: ein Vergleich. Formulez des réponses en utilisant le comparatif comme dans l'exemple.

1. Wie hat sich die Beziehung zwischen Großeltern und Enkeln verändert? **(eng)**
   Heute ist die Beziehung zwischen Enkeln und Großeltern enger als früher.
2. Wie hat sich die Rolle des Vaters in den letzten dreißig Jahren verändert? **(locker)**
   Heute sind die Väter ...
3. Wie hat sich die Rolle der Mutter in den letzten fünfzig Jahren verändert? **(selbstständig)**
4. Wie hat sich die Gesellschaft in den letzten zwanzig Jahren verändert? **(tolerant)**
5. Wie haben sich die Wohngemeinschaften in Deutschland in den letzten Jahren verändert? **(diversifiziert)**
6. Wie sind die Teenager heute im Vergleich mit den Teenagern in den 1980er Jahren? **(frei)**

4 So ist es besser. Complétez les phrases en utilisant le superlatif comme dans l'exemple.

1. Familien **(groß)** sein • früher / heute
   Früher waren die Familien ...
   Früher waren die Familien größer als die Familien heute.
2. WGs **(viel)** geben • heute / 1950
   Heute gibt es ...
3. bei Oma übernachten **(oft)** • als Kind / heute
   Als Kind habe ich ...
4. **(alt)** sein • meine Tante / mein Onkel
   Meine Tante ist ...
5. Aufmerksamkeit bekommen **(wenig)** • mein Vater / mein Opa
   Ich bekomme von meinem Vater ...

Wenn pour exprimer le temps ou la condition

5 Oma und Opa sind die Besten. Reliez et formulez des phrases avec wenn.

1. Ich habe bei Oma und Opa übernachtet.
   Wenn ich bei Oma und Opa übernachtet habe, war das toll.
2. Ich schlief bei Oma im Bett.
3. Mein Opa kochte.
4. Wir spielten zusammen Karten.
5. Meine Eltern mussten verreisen.
6. Es gab ein Familientreffen bei meinen Großeltern.

a. Sein Essen schmeckte immer super.
b. Alle Onkel und Tanten und meine Cousins und Cousinen kamen.
c. Ich gewann immer.
d. Ich übernachtete bei Oma und Opa.
e. Meine Oma schnarchte laut und ich hielt mir die Ohren zu.
f. Das war toll.

U3 Eine Erfolgsgeschichte

L'adjectif attribut et l'adjectif épithète

1 Europa-Park. Transformez les phrases suivantes selon le modèle. Si nécessaire, aidez-vous des tableaux de déclinaison p. 152-153.

1. Der Freizeitpark bietet mehr als 100 Attraktionen und Shows. Der Freizeitpark ist bekannt.
   Der bekannte Freizeitpark bietet mehr als 100 Attraktionen und Shows.
2. Die Mitarbeiter sind Tag und Nacht für die Gäste da. Die Mitarbeiter sind freundlich.
3. Die Maskottchen Ed und Edda wurden zum 40. Jubiläum vorgestellt. Die Maskottchen sind süß.
4. Insgesamt können sich die Gäste auf 15 Themenbereiche freuen. Die Themenbereiche sind interessant.
5. Man kann den Freizeitpark sehr gut mit dem Auto erreichen. Der Freizeitpark ist gut gelegen.
6. Franz Mack war ein Unternehmer aus Baden. Der Unternehmer war bescheiden und fleißig.
7. Das Projekt des Freizeitparks entstand auf einer Reise durch die USA. Der Freizeitpark ist originell.
8. Das Familienunternehmen gibt es seit acht Generationen. Das Familienunternehmen ist erfolgreich.
9. Die Familie exportiert Achterbahnen in die ganze Welt. Die Achterbahnen sind innovativ.
10. Der Freizeitpark bietet Attraktionen für die ganze Familie. Der Freizeitpark ist beliebt.

2 Kommen Sie zu uns! Recopiez les phrases ci-dessous en complétant les groupes nominaux avec les adjectifs entre parenthèses. Aidez-vous si nécessaire des tableaux de déclinaison p. 152-153.

1. Wir suchen einen ... (freundlich) Mitarbeiter oder eine ... (freundlich) Mitarbeiterin für den Bereich Gastronomie. **2.** Der oder die ... (neu) Mitarbeiter/in sollte gern kochen und lernfreudig sein. **3.** Wir bieten eine ... (spannend) Arbeit mit vielen ... (interessant) Aufgaben und ... (nett) Kollegen. **4.** Bei uns können Sie lernen, wie man ... (regional) Gerichte kocht. **5.** Kommen Sie zu uns und machen Sie ... (neu) Arbeitserfahrungen. **6.** Interessiert? Dann schicken Sie uns Ihren ... (vollständig) Lebenslauf per E-Mail.

La conséquence avec darum / deshalb / deswegen

3 Warum? Associez les phrases des deux séries ci-dessous en utilisant darum, deshalb ou deswegen. Employez chaque adverbe au moins une fois.

1. Pierre kommt aus Frankreich, spricht gut Deutsch und liebt Attraktionen.
2. Der Europa-Park wird von vielen Franzosen besucht.
3. Der Freizeitpark liegt im Dreiländereck zwischen Deutschland, Frankreich und der Schweiz.
4. Die Gäste lieben Überraschungen.
5. Die meisten Azubis werden vom Europapark übernommen.
6. Immer weniger Franzosen sprechen gut Deutsch.

a. Es gibt jedes Jahr neue Attraktionen.
b. Er ist der perfekte Kandidat für eine Ausbildung im Europa-Park.
c. Die Suche auf dem französischen Arbeitsmarkt wird immer schwieriger.
d. Die Ausbildungsplätze im Europa-Park sind sehr beliebt.
e. Die Atmosphäre ist sehr international.
f. Auch Französischkenntnisse sind für die Arbeit im Europa-Park wichtig.

Le souhait avec le subjonctif II

4 Wunschjob. Choisissez la / les forme/s verbale/s appropriée/s. Il y a parfois deux possibilités.

1. Ich hätte / wäre / möchte / würde gern in einem Freizeitpark arbeiten, aber in einem ganz besonderen.
2. Ich hätte / wäre / möchte / würde gern ein nettes Team von Kollegen.
3. Ich hätte / wäre / möchte / würde auch gern Gäste betreuen und verwöhnen.
4. Ich hätte / wäre / möchte / würde sehr fleißig und hilfsbereit.
5. Der Chef oder die Chefin hätte / wäre / möchte / würde bestimmt zufrieden mit mir.
6. Und die Kollegen hätten / wären / möchten / würden einen fleißigen und netten Helfer!

U4 Neue Wege zeigen

Le groupe infinitif complément avec zu

1 Das ist wichtig! Formulez des phrases à partir des groupes verbaux à l'infinitif ci-dessous en commençant par : Es ist wichtig, ... zu ...

1. Mädchen und Jungen gleiche Chancen geben
2. Mädchen für technische Berufe interessieren
3. Jungen für Erziehungsberufe begeistern
4. Vorurteile abbauen
5. einen Beruf wählen, der einem gefällt
6. Ausbildungsberufe fördern
7. unterschiedliche Berufe kennenlernen
8. Informationstage für Schülerinnen und Schüler organisieren
9. Jungen und Mädchen gute Ausbildungschancen anbieten
10. junge Leute für einen passenden Beruf motivieren

2 Zeit und Lust haben. Transformez les phrases suivantes en commençant par les amorces proposées.

1. Ich möchte den Kindergarten besser kennenlernen!
   → Ich habe Lust, ...
2. Ich lese gern Bücher über Physik.
   → Es macht mir Spaß, ...
3. Ich kann dir jetzt nicht mit der Bewerbung helfen.
   → Ich habe leider keine Zeit, ...
4. Ich spiele jeden Sonntag mit meinen kleinen Cousins und Cousinen. → Ich liebe es, ...
5. Ich lerne gern Chemie in der Schule.
   → Ich finde es toll, ...
6. Wir möchten nicht alle dasselbe studieren.
   → Wir haben keine Lust, ...
7. Ich fühle mich gern nützlich.
   → Ich mag es, ...
8. Julia möchte später nicht Naturwissenschaftlerin werden. → Julia hat keine Lust, ...
9. Tina programmiert gern Apps fürs Handy.
   → Tina liebt es, ...
10. Der Professor konnte uns heute nicht viel über seinen Beruf erzählen. → Der Professor hatte heute keine Zeit, ...

L'interrogative indirecte avec les W-Fragen et ob

3 Was willst du tun? Transformez les interrogatives indirectes en interrogatives directes selon le modèle.

1. „Ist das wirklich der richtige Beruf für dich?"
   → Mein Vater fragt, ob das wirklich der richtige Beruf für mich ist.
2. „Welche Berufe interessieren dich?"
   → Sie möchte wissen, ...
3. „Kommt ihr morgen zum Tag der Offenen Tür?"
   → Herr Lenz fragt, ...
4. „Wann treffen wir uns morgen?"
   → Die Schüler möchten wissen, ...
5. „Habe ich nichts vergessen?"
   → Der Lehrer fragt sich, ...
6. „Auf welche Schule geht ihr?"
   → An der Rezeption werden wir gefragt, ...
7. „Hast du denn keinen Zukunftsplan?"
   → Meine Eltern fragen, ...
8. „Was möchte Niklas studieren?"
   → Anne fragt mich, ...
9. „Wo wollt ihr denn studieren?"
   → Karim möchte wissen, ...
10. „Hat jemand von euch Interesse an dieser Ausbildung?" → Wir wurden gefragt, ...

L'hypothèse avec le subjonctif II

4 Alles hypothetisch. Enoncez des hypothèses en utilisant le subjonctif II.

1. Diese Initiativen haben bei uns wahrscheinlich keinen Erfolg. Diese Initiativen hätten bei uns ...
2. Ich studiere vielleicht Ingenieurwissenschaften in Deutschland.
3. Ein naturwissenschaftliches Studium bietet vielleicht mehr Jobmöglichkeiten.
4. In diesem Job habt ihr wahrscheinlich gute Perspektiven.
5. Als Erzieher kannst du wohl oft Urlaub machen.
6. Ich werde wohl nicht in Frankreich studieren.
7. In meiner Stadt habe ich wahrscheinlich nicht so viele Berufsmöglichkeiten.
8. Ich werde mich wohl für einen sicheren Job entscheiden.

U5 Berlin, da will ich hin!

La voix passive

1 Die Geschichte des Reichstags. Complétez les formes du passif avec l'auxiliaire werden au prétérit.

Hi Tom!
Ich schicke dir diese Nachricht aus dem fantastischen Berlin! Wir ... **(1)** von meiner Tante zum siebzigsten Geburtstag eingeladen. Am Sonntag ... **(2)** schön gefeiert, dann hatten wir Zeit, den Reichstag zu besuchen. Stell dir vor, dieses monumentale Gebäude ... **(3)** im 19. Jahrhundert erbaut, in der Nazi-Zeit zerstört und erst fünfzig Jahre später wieder aufgebaut! Kurz vor der Renovierung ... **(4)** der Reichstag von dem Künstler Christo und seiner Frau verpackt. Die Glaskuppel ... **(5)** von dem Architekten Norman Foster gebaut.
Viele Grüße und bis bald! Deine Maja

2 Berliner Architektur. Informez sur les différents monuments de Berlin en employant le passif au présent ou au prétérit.

1. 2006 • den Hauptbahnhof eröffnen
   `2006 wird / wurde der Hauptbahnhof ...`
2. nach 1990 • das Regierungsviertel erbauen
3. bis 2020 • das Pergamonmuseum renovieren
4. im Jahr 2000 • das Sony-Center eröffnen
5. im 18. Jahrhundert • den Gendarmenmarkt erbauen

seit 2013 • das Berliner Schloss neu errichten

3 Reiseziel Berlin. Transformez les phrases suivantes à la voix passive.

1. Berlin zieht viele junge Menschen an.
   `Viele junge Menschen werden von ...`
2. Viele Künstler schätzen die kreative Atmosphäre der Stadt.
3. Die Touristen schätzen besonders die Berliner Musical-Szene.
4. Beim ersten Berlinbesuch besichtigt man normalerweise das Stadtzentrum.
5. Viele Restaurantketten eröffnen schicke neue Lokale in Berlin.
6. Die Touristen besuchen besonders gern die Museumsinsel.

4 Stadtgeschichte. Tournez les phrases suivantes à la voix passive en utilisant le prétérit.

1. Norman Foster hat in den 1990er Jahren den Reichstag renoviert.
2. Die Regierung hat den Reichstag 1999 wieder zum Sitz des deutschen Bundestags gemacht.
3. Soldaten haben 1989 die Mauer geöffnet.
4. Die UNESCO ernannte 1999 die Museumsinsel zum UNESCO-Weltkulturerbe.
5. Daniel Libeskind konzipierte das Jüdische Museum in Form von einem zerbrochenen David-Stern.
6. 2005 erbaute Peter Eisenman das Holocaust-Mahnmal zur Erinnerung an die sechs Millionen ermordeten Juden Europas.

Les compléments de lieu

5 Leben in Berlin. Directif (accusatif) ou locatif (datif) ? Choisissez le cas qui convient en fonction du verbe employé.

1. Kommst du mit **ins** / **im** Stadtzentrum oder bleiben wir im Kiez?
2. Sie sucht eine Druckerpatrone **in den** / **im** Backshop.
3. Familie Jansen hat eine schöne Wohnung **hinter den** / **hinter dem** Tiergarten gemietet.
4. Wir treffen uns **am** / **an den** Bahnhof.
5. Meine Freunde machen eine Führung **ins** / **im** Stadtzentrum.
6. Das Brandenburger Tor steht **zwischen den** / **zwischen dem** Reichstag und **die** / **der** Allee Unter den Linden.
7. Das Berliner Schloss liegt **vor die** / **vor der** Museumsinsel.
8. Heute Abend gehen wir in einem Berliner Klub **auf eine** / **auf einer** Party.
9. Das Schöne an Berlin ist, dass es **in die** / **in der** Stadt viele Parks und Grünflächen gibt.
10. Gehen wir **in den** / **im** Park?
11. Der Multifunktionsladen befindet sich gleich **neben die** / **neben der** Post.
12. Ich muss **in den** / **im** Laden „Allerlei" gehen, weil ich einen Führerschein brauche.

U6 Zu Gast in Wien

L'adjectif épithète au superlatif

1 **Die lebenswerteste Stadt der Welt. Complétez les phrases avec les formes de superlatif des adjectifs entre parenthèses. Aidez-vous au besoin des tableaux de déclinaison p. 152-153.**

1. Wir waren letzten Monat in der **(lebenswert)** Stadt der Welt: Wien!
2. Dort gibt es wirklich die **(gemütlich)** Kaffeehäuser.
3. Ich habe im Café Sacher den **(lecker)** Kuchen meines Lebens gegessen!
4. Und ich habe den **(gut)** Kakao der Welt getrunken.
5. Im Secessionsgebäude haben wir die **(groß)** Ausstellung zum Wiener Jugendstil besucht.
6. Die Secession ist das **(bedeutend)** Gebäude des Wiener Secessionstils.
7. Aber am **(schön)** fand ich das Riesenrad. Es war früher das **(hoch)** Riesenrad der Welt.
8. Der Stephansdom ist eine der **(wichtig)** gotischen Kirchen Österreichs. Aber wir haben ihn nicht besucht.
9. Wir haben in Wien im **(schick)** Hotel meines Lebens übernachtet.
10. Ich glaube, es war auch das **(teuer)** Hotel der Stadt. Reisen mit den Eltern hat seine Vorteile!

Le prétérit

2 **Der ewige Kaiser. Complétez le texte suivant en conjuguant les verbes entre parenthèses au prétérit.**

1. Franz Joseph I. ... **(sein)** von 1848 bis 1916 Kaiser von Österreich und ... **(werden)** deshalb „der ewige Kaiser" genannt.
2. Franz Joseph ... **(haben)** ein schwieriges Familienleben.
3. Seine Frau ... **(heißen)** Elisabeth und ... **(sein)** seine Cousine.
4. Zusammen ... **(haben)** sie vier Kinder.
5. Im Alter von 2 Jahren ... **(sterben)** seine kleine Tochter Sophie.
6. Sein Sohn Rudolf ... **(nehmen)** sich mit 31 Jahren das Leben.
7. Seine Frau, die Kaiserin, ... **(werden)** neun Jahre später in Genf ermordet.
8. Franz Joseph ... **(regieren)** viele Jahrzehnte lang das Kaiserreich.
9. Aus diesem Grund ... **(prägen)** er Wien sehr stark.
10. Die Ringstraße, die er 1857 erbauen ... **(lassen)**, gehört heute zum Weltkulturerbe.

3 **Das war „Sisi". Rédigez la biographie de l'impératrice Elisabeth à partir des informations suivantes en utilisant le prétérit.**

1. mit 16 Jahren Kaiserin werden
2. vier Kinder bekommen
3. nicht gern in der Hofburg leben
4. jeden Tag stundenlang spazieren gehen
5. regelmäßig Sport treiben
6. extrem schlank bleiben wollen
7. viel reisen
8. zwei Kinder verlieren und mit 61 Jahren sterben
9. vom Kaiser sehr geliebt werden
10. früh zur Legende werden

La conséquence avec so ... dass

4 **Wien bleibt Wien. Reliez les propositions qui vont ensemble en utilisant so ... dass.**

Die Wiener Kaffeehäuser sind so bekannt, dass man sie in allen Reiseführern findet.

1. Die Wiener Kaffeehäuser sind sehr bekannt.
2. In den Kaffeehäusern ist es sehr gemütlich.
3. Die Kuchenspezialitäten sind appetitlich.
4. Die klassische Wiener Küche ist sehr lecker.
5. Wien ist eine Stadt mit Menschen aus vielen Kulturen.
6. Das Wiener Schnitzel ist ein sehr bekannter Wiener Klassiker.
7. Das Hotel Sacher ist bei den Touristen sehr beliebt.
8. Die Melange ist sehr typisch.

a. Die Touristen bestellen sich dort gern die berühmte Schokoladentorte.
b. Jeder sollte sie einmal probiert haben.
c. Diese Kaffeespezialität sollte man unbedingt probieren.
d. Man findet sie in allen Reiseführern.
e. Man spürt sofort das internationale Flair.
f. Es wird in jedem Kaffeehaus oder Restaurant angeboten.
g. Die Leute sitzen dort stundenlang, lesen und trinken Kaffee.
h. Man möchte sich am liebsten gleich mehrere Torten bestellen.

U7 Zwischen Sein und Schein

Le groupe infinitif complément avec zu

1 Wir sind bereit! Transformez les phrases suivant le modèle.

1. Nur nachhaltige Mode kaufen: Ich versuche es.
   Ich versuche, nur nachhaltige Mode ...
2. Beim Kauf immer auf faire Herstellung achten: Es ist schwierig.
3. Mehr zahlen für umweltfreundliche Mode: Wir sind dazu bereit.
4. Nur noch Klamotten aus Recyclingmaterial zu benutzen: Ich kann es mir vorstellen.
5. In Zukunft weniger Ressourcen verschwenden: Wir alle hoffen es.
6. Nur noch bequeme Klamotten kaufen: Ich habe es beschlossen.
7. In der Zukunft nur noch fair zu produzieren: Es wäre gut.
8. Nur noch lokal produzierte Kleider zu kaufen: Sie hat es sich vorgenommen.
9. Shoppen gehen und coole Klamotten kaufen: Es macht Spaß.
10. Wir kaufen nur noch fair produzierte T-Shirts: Ich schlage es dir vor.

2 Gute Vorsätze. Complétez les phrases avec les groupes infinitifs proposés.

1. Qualität ist mir wichtig. Deswegen versuche ich, ...
2. Ich habe mir für nächste Woche vorgenommen, ...
3. Unsere ganze Klasse hat Lust, ...
4. Meine Freundin findet es schwierig, ...
5. Umweltschutz ist wichtig. Aber es ist schwer, ...
6. Meine Eltern finden es absurd, ...

a. Plastikmüll vermeiden
b. sieben Tage lang keinen Plastikabfall produzieren
c. beim Shoppen immer an die Umwelt denken
d. nur in guten Geschäften kaufen
e. in Plastik verpackte Bioprodukte kaufen
f. eine Ökowoche in der Schule organisieren

La déclinaison du groupe nominal avec adjectif

3 So sind wir. Recopiez les phrases en intégrant des adjectives épithètes. Si nécessaire, aidez-vous des tableaux de déclinaison p. 152-153.

1. Für ... Deutsche ist fair produzierte Kleidung noch nicht sehr wichtig. (jung)
2. Bei ... Produkten sollte man die Marke immer erkennen. (teuer)
3. Ich kenne mich mit den ... Trends nicht aus. (aktuell)
4. Das T-Shirt ist von einer ... Marke. (sehr bekannt)
5. Wenn ich viel kaufe, dann habe ich oft ein ... Gewissen. (schlecht)
6. Ich kaufe nur Produkte, die unter ... Bedingungen hergestellt wurden. (fair)
7. Meine Eltern versuchen, die ... Produktion zu unterstützen. (lokal)
8. Die ... Lage ist zurzeit schwierig. (wirtschaftlich)
9. Ich trage keine ... Schuhe. (unbequem)
10. Ab heute kaufe ich keine ... Klamotten mehr. (preisreduziert)

4 Der neue Luxus! Recopiez les phrases en choisissant les formes d'adjectifs appropriées.

1. In Deutschland gibt es definitiv eine neue / neuer Lust am Luxus.
2. Im Unterschied zu anderer / anderen Ländern ist Deutschland ein Land des diskreter / diskreten Luxus.
3. Immer mehr Deutsche entdecken das schöne / schönes Leben und geben mehr Geld für teuren / teure Marken aus.
4. Das liegt natürlich auch an der gute / guten Konjunktur.
5. Ein schöne / schönes Kleid oder eine luxuriöse / luxuriöser Uhr machen jedem Freude.
6. Aber es ist für die deutschen / deutsche Verbraucher wichtig, dass die Kleidung aus qualitativ gute / guten Materialien hergestellt wurde.

U8 So, wie ihr mich wollt …

Le prétérit / La subordonnée de temps avec als

1 Der Neue. Recopiez le texte au prétérit.

1. Luis **ist** neu in der Schule. **2.** Er **ist** gerade mit seiner Familie in unsere Stadt gezogen und **kommt** zum ersten Mal in unsere Klasse. **3.** Am Anfang **gefällt** er mir nicht: Luis **ist** groß, er **lacht** laut und **beantwortet** alle Fragen der Lehrer. **4.** Ich bin klein, schüchtern und **spreche** fast gar nicht. **5.** Ich **habe** auch keine Freunde. **6.** Dann **tut** Luis aber etwas, das alles **verändert**. **7.** In der Pause **sitze** ich meistens allein auf einer Bank und **lese**. **8.** Eines Tages **kommt** Paul, **nimmt** mir das Buch aus der Hand und **fängt** an, daraus vorzulesen. **9.** Er **macht** sich über mich lustig, und alle anderen **lachen**. **10.** Ich **muss** fast weinen. **11.** Da **kommt** Luis. **12.** Er **lacht** nicht. „Lass sie in Ruhe und gib sofort das Buch zurück!“, **sagt** er. **13.** Die anderen Jugendlichen **hören** auf zu lachen. **14.** „Seid ihr wirklich alle so gemein?“, **fragt** er. **15.** Seit diesem Tag **sind** Luis und ich gute Freunde, und auch die anderen aus der Klasse **sprechen** plötzlich mit mir.

2 Was dann passierte. Associez les propositions en utilisant la conjonction als. Réfléchissez bien à l'ordre des propositions.

1. Markus' Geldbeutel verschwand; Britta wurde beschuldigt.
2. Britta redete an dem Tag mit mir; Ich antwortete nicht.
3. Ich blieb feige; Die anderen Kinder behandelten Britta schlecht.
4. Britta wurde immer stiller; Ich tat nichts.
5. Ich verteidigte Britta nur in Gedanken; Die anderen Kinder waren gemein zu ihr.
6. Ich brauchte selbst Hilfe; Es war keiner mehr da.
7. Ich war erwachsen; Ich versuchte, Britta zu finden.
8. Britta war freundlich; Ich rief sie an.
9. Ich erzählte ihr von meinem Leben; Sie hörte zu.
10. Ich schlug ein Treffen vor; Sie sagte „nein“.

Le pronom relatif au nominatif, á l'accusatif et au datif

3 Das Mädchen, das … Complétez les noms en transformant les propositions entre parenthèses en relatives.

1. Ich habe eine Freundin, … . **(sie versteht mich immer)**
2. Britta, …, wurde immer trauriger. **(am Anfang lächelte sie noch viel)**
3. Der Schulpsychologe hilft den Kindern, … . **(sie werden missachtet)**
4. Der kleine Junge, …, war heute glücklich. **(wir haben ihm gestern geholfen)**
5. Jule, …, ist wieder meine Freundin. **(ich habe mich bei ihr entschuldigt)**
6. Ich bewundere meine Lehrerin, … . **(wir können ihr immer alles erzählen)**
7. Der Hausmeister, …, hat schon oft bei Konflikten geholfen. **(er ist in der Pause immer auf dem Schulhof)**
8. Wir alle mögen den Schulleiter, … . **(er macht manchmal Vertretung in Biologie)**
9. Frau Froschkönig, … , ist früher selbst auf unsere Schule gegangen. **(keiner hört ihr zu)**
10. Frau Lenz, … , kann uns alle motivieren. **(wir lernen bei ihr am meisten)**

4 Die Klasse. Reliez les phrases en utilisant des pronoms relatifs comme dans le modèle.

1. Ich hatte ein paar Freunde. Ich verlor leider den Kontakt zu ihnen.
   Ich hatte ein paar Freunde, zu denen ich leider den Kontakt verlor.
2. Mein bester Freund war Florian. Er war immer nett zu allen.
3. Sophie mochte ich überhaupt nicht. Sie machte sich immer über andere lustig.
4. Simon gingen wir alle aus dem Weg. Er war richtig gemein.
5. Mit Felix habe ich mich immer gut verstanden. Ich sah ihn nachmittags immer beim Schwimmen.
6. Am liebsten unterhielt ich mich mit Anne. Ich ging schon mit ihr in den Kindergarten.

U9 Sportdeutschland

La déclinaison du groupe nominal avec adjectif

1 Sport und Integration. Complétez les groupes nominaux avec les adjectifs entre parenthèses.

1. Die ... **(deutsch)** Sportvereine sind bei ... **(viel)** Jugendlichen beliebt.
2. Sie haben meistens ein ... **(vielfältig)** Angebot mit ... **(zahlreich)** Aktivitäten.
3. Bei den ... **(sportlich)** Aktivitäten kommen ... **(jung)** Leute aus Deutschland und mit ... **(fremd)** Herkunft zusammen.
4. Sie lernen sich kennen und bilden zusammen ... **(gut)** Teams und ... **(stark)** Mannschaften.
5. „Sport vereint ... **(unterschiedlich)** Menschen auf ... **(divers)** Ebenen", sagt ein ... **(bekannt)** Spezialist.
6. Er sieht im ... **(gemeinsam)** Training viele ... **(wichtig)** Aspekte des ... **(integriert)** Zusammenlebens.
7. „Die Jugendlichen sehen, dass sie mehr Gemeinsamkeiten als Unterschiede haben. Das ist eine ... **(wichtig)** Erkenntnis."
8. So entstehen in den Vereinen ... **(wahr)** Freundschaften, die oft für das ... **(ganz)** Leben sind.

2 Ein Wort fehlt. Complétez les phrases avec les adjectifs adéquats. N'oubliez pas les décliner.

neu • groß • positiv • spannend • gesund • besser • diskriminierend • fremd • wertvoll • erfolgreich

1. Für ein ... Leben ist Sport einfach absolut notwendig.
2. Gestern haben wir ein ... Fußballspiel gesehen. Wir wussten bis zum Ende nicht, wer gewinnt.
3. Menschen aus ... Kulturen werden manchmal diskriminiert.
4. Unser Verein hat dieses Jahr fünfzehn ... Mitglieder.
5. Sport ist eine ... Bereicherung für die Gesellschaft.
6. Wir versuchen durch den Sport, ein ... Bild der Gesellschaft zu vermitteln.
7. ... Aussagen werden bei uns nicht toleriert.
8. Wir wünschen uns alle eine ... Zukunft.
9. Unsere Mannschaft hatte letztes Jahr eine sehr ... Meisterschaft. Wir haben gewonnen!
10. Es war für mich eine ... Ehre, mit so guten Sportlern zu spielen.

3 Was passt zusammen? Complétez les phrases 1 à 6 avec les groupes infinitifs adéquats.

1. Ich wollte schon immer in einem ...
2. Sport kann ein ...
3. Wir möchten alle eine ...
4. Die gesamte Gesellschaft muss sich gegen ...
5. Wir möchten heute an einer ...
6. Wir müssen mehr für die ...

a. interessanten Debatte über Integration teilnehmen.
b. bessere Zukunft mitgestalten.
c. großen Stadion ein Fußballspiel sehen.
d. ärmeren Mitglieder des Vereins tun.
e. positives Beispiel von Integration vermitteln.
f. diskriminierende Aktionen positionieren.

Weder ... noch ... / nicht (nur) ... sondern (auch) ... / zwar ... aber

4 Nicht wir, sondern ...! Complétez les propositions avec les bons éléments.

1. Nicht nur der Sieg vereint die Menschen, ...
2. Sich für etwas zu engagieren kostet zwar Zeit, ...
3. Nicht nur Sportler müssen sich engagieren,
4. Weder die PR-Kampagnen
5. Nicht ich war gestern Siegerin bei dem Turnier,

a. sondern alle.
b. sondern auch die gemeinsame Mühe!
c. noch die Medien konnten den Fremdenhass bisher komplett stoppen.
d. sondern meine Freundin Aysha.
e. aber es lohnt sich.

5 Nicht nur ... Complétez les phrases.

weder • noch • sondern • nicht nur • sondern auch • zwar • aber

1. Der Rassismus ist leider ... in Deutschland, ... in anderen europäischen Ländern ein Problem.
2. ... versucht man, das Problem zu bekämpfen, ... das ist nicht immer einfach.
3. Meistens ist nicht das Zusammenleben das Problem, ... der mangelnde Kontakt, die Ausgrenzung.
4. Rassistische Äußerungen sollten ... im Stadion ... in den Medien akzeptiert werden.

U10 Sport um jeden Preis?

Le moyen avec indem

1 Wie hast du das geschafft? Reliez les propositions en utilisant la conjonction de subordination indem.

1. Die jungen Sportler werden gefördert; Man bietet ihnen eine tolle Infrastruktur.
   Die jungen Sportler werden gefördert, indem man ...
2. Viele Leistungssportler erzielen spektakuläre Ergebnisse; Sie verzichten auf viele andere Dinge im Leben.
3. Manche Sportler reagieren auf den Leistungsdruck; Sie entwickeln Depressionen oder Ängste.
4. Heute möchte man diesen Menschen helfen; Man bietet mehr psychologische Hilfe an.
5. Coachs und Trainer bekämpfen den psychischen Druck der Sportler; Sie sprechen mit ihnen über ihre Probleme.
6. Leider können sich manche vom mentalen Stress nur erholen; Sie beenden ihre erfolgreiche Karriere.

Le groupe infinitif complément avec zu

2 Sieg und Niederlage im Sport. Transformez les phrases selon le modèle proposé.

1. Viele Sportler trauen sich nicht (über ihre seelischen Probleme sprechen)
   Viele Sportler trauen sich nicht, über ihre seelischen Probleme zu sprechen.
2. Sportvereine sind dazu verpflichtet (junge Sportler psychologisch unterstützen)
3. Viele vielversprechende Sportler hören auf (Sport machen, weil es zu stressig ist)
4. Sie haben oft das Gefühl (mit ihren Problemen alleingelassen werden)
5. Wir als Gesellschaft müssen lernen (anders mit Sieg und Niederlage im Sport umgehen)
6. Auch die Medien sollten sich bemühen (respektvoll über die psychischen Folgen des Leistungsdrucks berichten)

3 Trau dich zu schreiben! Complétez les phrases.

1. Meine Eltern müssen aufhören, ...
2. Meine Lehrer sollten lernen, ...
3. Mein bester Freund sollte sich trauen, ...
4. Die Schule müsste dazu verpflichtet sein, ...
5. Ich habe das Gefühl, ...

La concession avec obwohl

4 Genau umgekehrt. Transformez les phrases suivantes comme dans l'exemple.

1. Nur wenige Profisportler kritisieren den Leistungsdruck, obwohl viele das Problem kennen.
   Obwohl nur wenige Profisportler den Leistungsdruck kritisieren, kennen viele das Problem.
2. Magdalena fühlte sich überrollt, obwohl sie Weltmeisterin im Biathlon wurde.
3. Obwohl der Coach ihr anfangs nur bei der Technik helfen sollte, wurde er später viel wichtiger.
4. Obwohl sie die erfolgreichste Biathletin aller Zeiten wurde, hörte sie mit 25 auf.
5. Die Mannschaft von Neurundland war richtig gut, obwohl sie lieber zu Hause blieb.
6. Ich bin sehr sportlich, obwohl ich kein Leistungssportler bin.

5 Obwohl oder indem? Reliez les propositions en utilisant obwohl ou indem.

1. Viele Sportler können dem Druck nicht standhalten; Sie bekommen psychologische Unterstützung.
2. Ein Coach kann bei Stress helfen; Er definiert die Prioritäten.
3. Manche jungen Menschen erholen sich gut vom Druck; Sie verbringen viel Zeit mit ihrer Familie.
4. Andere kritisieren die Sportwelt; Sie können ohne Sport nicht leben.
5. Viele junge Sportler beenden ihre Karriere; Sie haben Erfolg und eine vielversprechende Zukunft.
6. Viele Coaches unterstützen die Mannschaft; Sie bieten den Spielern psychologische Hilfe an.
7. Depressionen sind bei jungen Leistungssportlern sehr üblich; Das Thema ist heute noch stark stigmatisiert.
8. Jeder Mensch sollte bei seelischen Problemen Hilfe bekommen; Das ist nicht jedem bewusst.

U11 Kunst!

Le prétérit

1 Wim Wenders. Recopiez la biographie de Wim Wenders en passant du présent de narration au prétérit.

1. Wim Wenders **kommt** am 14. August 1945 in Düsseldorf zur Welt.
2. Als der Vater Chefarzt am St.-Josefs-Hospital in Oberhausen **wird**, **zieht** die Familie um.
3. Nach dem Abitur, im Jahr 1963, **studiert** Wim Wenders zwei Semester Medizin in München.
4. Bis 1966 **studiert** er Verschiedenes und **malt** viel.
5. Dann **zieht** er nach Paris und **bewirbt** sich am *Institut des hautes études cinématographiques*, **wird** aber nicht angenommen.
6. Trotzdem **bleibt** er ein Jahr lang in Paris und **geht** oft in die *Cinémathèque française*.
7. 1967 **verlässt** er Paris und **beginnt** in München ein Studium an der Hochschule für Fernsehen und Film.
8. Gleichzeitig **schreibt** er für viele Zeitungen Filmkritiken.
9. 1970 **dreht** er seinen ersten eigenen Film.
10. 1984 **erscheint** der Film *Paris, Texas*, der im selben Jahr in Cannes die Goldene Palme **erhält**.
11. Sein Film *Buena Vista Social Club* (1999) **wird** zum Welterfolg und **bekommt** eine Oskar-Nominierung.
12. Wenders erster 3D-Film, *Pina*, **erscheint** 2012 und **wird** auch für den Oscar nominiert.
13. Vorher **läuft** er auf der 61. Berlinale außer Konkurrenz.
14. 2005 **wird** Wim Wenders als erster Filmschaffender Träger des Ordens *Pour le Mérite*.

Le plus-que-parfait

2 Nachdem ich die Oper gesehen hatte … Réécrivez le texte en commençant les phrases par la conjonction indiquée entre parenthèses comme dans le modèle.

1. Der Krieg zerstörte alles. Kunst hatte einen besonderen Wert. **(nachdem)**
   Nachdem der Krieg alles zerstört hatte, …
2. Ich entdeckte die Oper. Ich wurde ein neuer Mensch. **(nachdem)**
3. Die Musik hörte auf zu spielen. Ich musste weinen. **(als)**
4. Mein Herz öffnete sich. Ich verliebte mich zum ersten Mal. **(als)**
5. Ich wurde ein anderer Mensch. Ich verstand mich nicht mehr so gut mit meinen Eltern. **(nachdem)**
6. Ich traf meine Entscheidung. Ich verließ die Stadt. **(nachdem)**
7. Ich ging ins Ausland. Meine beste Freundin schrieb mir regelmäßig Briefe. **(nachdem)**
8. Die Opernmusik veränderte mich. Ich konnte meinen eigenen Weg gehen. **(nachdem)**

Les temps du récit

3 Charlotte Salomon. Complétez la biographie avec les verbes conjugués au prétérit / au plus-que-parfait, selon le cas.

1. Charlotte Salomon … **(kommen)** am 16. April 1917 in Berlin zur Welt. Nachdem sich ihre Mutter 1926 das Leben … **(nehmen)**, … **(heiraten)** ihr Vater 1930 eine Konzertsängerin.
2. Obwohl Charlotte ab 1927 das Gymnasium … **(besuchen)**, … **(verlassen)** sie die Schule ein Jahr vor dem Abitur: Seit der Machtergreifung der Nationalsozialisten … jüdische Schüler … **(verfolgt werden)**.
3. 1935 … sie … **(anfangen)**, in Berlin Kunst zu studieren. Im Januar 1939 … **(emigrieren)** sie aber nach Frankreich zu den Großeltern, nachdem die Verfolgung der Juden sehr stark … **(werden)**.
4. Nachdem Charlotte und ihr Großvater 1940 im Lager Camp de Gurs interniert … **(werden)**, … **(lassen)** man sie kurze Zeit später wieder frei.
5. 1943 … **(heiraten)** Charlotte den Österreicher Alexander Nagler, den sie nach der Flucht … **(kennenlernen)**. Nachdem sie ein Nachbar … **(verraten)**, … **(werden)** das Paar am 24. September 1943 verhaftet und dann nach Auschwitz deportiert. Charlotte Salomon, die vorher schwanger … **(werden)**, … **(sterben)** vermutlich sofort nach der Ankunft im Konzentrationslager.

U12 Nicht nur im Museum

La condition avec **falls** et **wenn**

1 Wenn und falls. Complétez les phrases en choisissant entre falls ou wenn.

1. ... du dich für Kunst interessierst, ... gefällt dir Berlin bestimmt.
2. ... man kann in Berlin viele Museen sehen, ... man genug Zeit hat.
3. Aber ... das Wetter schön ist, ... kann man auch spazieren gehen.
4. Denn ... man sich beim Spazierengehen umsieht, ... findet man auch auf der Straße viele Kunstwerke.
5. ... du dich aber nicht für Kunst interessierst, ... ist Berlin trotzdem sehr schön.
6. ... du selbst Künstlerin bist, ... kannst du dich von Barbara inspirieren lassen.
7. ... Barbara ein Mann ist, ... würde mich das sehr überraschen.
8. ... ich würde es toll finden, ... ich Barbara persönlich kennenlernen könnte.
9. ... wir würden uns bestimmt lang unterhalten, ... ich sie mal kennenlernen würde.
10. ... ich mal genug Geld habe, ... werde ich nach Berlin fahren und Barbaras Schilder suchen.

2 Barbara. Associez les phrases en commençant par falls ou wenn.

1. Du entdeckst Barbaras Schilder. → Du kannst sie fotografieren.
2. Barbara beklebt Schilder. → Sie beschädigt sie nicht.
3. Du läufst durch Berlin und Heidelberg. → Du kannst Barbaras Kunstwerke sehen.
4. Es regnet. → Die Aufkleber lösen sich auf.
5. Dir gefällt Barbara. → Du kannst ihre Kunstwerke im Internet suchen.
6. Du findest in Heidelberg ein beklebtes Schild. → Es ist wahrscheinlich von Barbara.
7. Ihr seid selbst kreativ. → Ihr könnt in eurer Stadt eine ähnliche Aktion starten.
8. Ihr habt eine gute Handykamera. → Ihr könnt die Fotos sofort hochladen.
9. Ihr veröffentlicht die Fotos im Internet. → Vielleicht werdet ihr bekannt.
10. Aber ihr bleibt nicht anonym. → Vielleicht bekommt ihr Probleme mit der Polizei.

Le participe I

3 Ein fröhliches Unternehmen. Complétez les groupes nominaux avec l'adjectif au participe I.

1. die Chefin, die Kaffee trinkt → die Kaffee ... Chefin
2. die Mitarbeiter, die lächeln → die ... Mitarbeiter
3. das Gemälde, das im Besprechungsraum hängt → das im Besprechungsraum ... Gemälde
4. die Kollegen, die Tischtennis spielen → die Tischtennis ... Kollegen
5. der Assistent, der am Kopierer singt → der am Kopierer ... Assistent
6. die Kollegin, die Witze macht → die Witze ... Kollegin
7. der Hausmeister, der tanzt → der ... Hausmeister
8. das Mittagessen, das die Motivation fördert → das die Motivation ... Mittagessen

4 Eine inspirierende Aufgabe. Complétez les noms avec les participes I des verbes indiqués entre parenthèses utilisés comme adjectifs.

1. Kunst am Arbeitsplatz fördert eine ... Atmosphäre. **(inspirieren)**
2. Ein steriles Arbeitsumfeld ist für Mitarbeiter oft ... . **(deprimieren)**
3. Die Farbe Blau sorgt für ... Konzentrationsfähigkeit. **(steigen)**
4. Konzentration ... Bilder können auch Studenten und Schülern beim Lernen helfen. **(fördern)**
5. Die Deutsche Bank hat eine ... Kunstsammlung. **(bedeuten)**
6. Studien belegen die ... Bedeutung von Kunst am Arbeitsplatz. **(wachsen)**
7. ... Mitarbeiter verbessern die Arbeitsatmosphäre. **(lächeln)**
8. Unternehmer geben für Kreativität ... Kunst gern mehr Geld aus. **(fördern)**
9. An weißen Wänden ... Bilder wirken besonders prominent. **(hängen)**
10. Kunst ... Menschen haben mehr Freude am Leben. **(lieben)**

U13 Eine Welt ohne Plastik

L'adjectif épithète au superlatif

1 Nur das Beste! Complétez les groupes nominaux avec les adjectifs entre parenthèses au superlatif. N'oubliez pas de les accorder.

1. Den ... Anteil an Plastikmüll produziert Irland. **(groß)**
2. Die Schüler haben die ... Kampagne des Jahres gestartet. **(wichtig)**
3. Ich denke, weniger Müll produzieren ist die ... Lösung. **(gut)**
4. In Tschechien wird der ... Müll recycelt. **(viel)**
5. Nur die ... Länder versuchen wirklich, das Problem zu lösen. **(wenig)**
6. Das Problem ist in den ... Ländern der Welt noch dramatischer. **(arm)**
7. Die ... Länder müssten mehr in die Lösung des Problems investieren. **(reich)**
8. Das ... Problem sind die Plastikteilchen. **(schlimm)**
9. Dafür brauchen wir die ... Lösung. **(schnell)**
10. Das Plastik, das jetzt schon in den Meeren ist, hat die ... Verfallszeit. **(lang)**

Le but avec um zu et l'interrogatif wozu?

2 Recyceln – wozu? Répondez à la question à l'aide des éléments proposés en utilisant um ... zu.

Wir müssen recyceln, um ...

1. die Welt für die Zukunft erhalten
2. etwas Gutes für die Umwelt tun
3. in der Gesellschaft aktiv sein
4. Menschen, Tieren und Pflanzen retten
5. einen positiven Unterschied machen
6. die Umwelt schützen

3 Wozu oder warum? Posez les questions appropriées en fonction des éléments soulignés.

1. Ich kaufe im Unverpackt-Laden ein, um weniger Müll zu produzieren.
   Wozu kaufst du im Unverpackt-Laden ein?
2. Mario hat immer eine Stofftüte dabei, weil er so keine Plastiktüten braucht.
3. Wir sind in der Naturschutz-AG, denn die Umwelt ist uns sehr wichtig.
4. Ich lese naturwissenschaftliche Zeitschriften, um mich über Umweltprobleme zu informieren.
5. Leonie kauft nur in Second-Hand-Läden, um möglichst viel wiederzuverwenden.
6. Die Leute sehen Dokumentarfilme, um mehr über das Thema zu erfahren.
7. Dora ist sehr aktiv, weil sie sich Sorgen um die Zukunft der Erde macht.
8. Mike ist in einer Umweltgruppe, um den Wildtieren in seiner Region zu helfen.
9. Jens studiert Biologie, um später aktiv im Umweltschutz zu arbeiten.
10. Jana hat aufgehört, Zeitung zu lesen, weil sie die Nachrichten traurig machen.

Nicht (nur) ... sondern (auch) ... / sowohl ... als auch ... / entweder ... oder ...

4 Sätze bauen. Associez les élements ci-dessous de manière à obtenir des phrases logiques et cohérentes.

1. Nicht die Strohhalme, ...
2. Entweder wir lernen, weniger Plastik zu produzieren, ...
3. Sowohl die armen ...
4. Wir müssen das Problem nicht erst in der Zukunft, ...
5. Entweder wir können das Problem lösen ...
6. Nicht die Welt wird an unserem Plastikmüll kaputtgehen, ...

a. oder es wird bald kein Stückchen Land mehr ohne Plastik geben.
b. sondern wir selbst.
c. sondern die Plastik-Mikropartikel sind das größte Problem.
d. sondern sofort lösen.
e. oder wir werden mit den katastrophalen Folgen leben müssen.
f. als auch die reichen Länder produzieren zu viel Müll.

U14 Ein „grünes“ Land?

Les verbes à preverbe séparable / inséparable

1 Wünsche in Taten umwandeln. Transformez les phrases suivantes en utilisant le présent.

1. Wir möchten so einen Wettbewerb an unserer Schule durchführen.
   Wir führen so einen Wettbewerb an unserer Schule durch.
2. Man kann viele Dinge einfach wiederverwenden.
3. Die Produktion von Einwegprodukten sollte abnehmen.
4. Wir sollten unsere Handys mehrere Jahre benutzen.
5. Wir sollten uns die Sachen gegenseitig ausleihen.
6. Elektronische Artikel dürften nicht so schnell kaputtgehen.
7. Niemand darf die Umwelt zerstören.
8. Kaputte Sachen kann man reparieren.
9. Der Staat sollte für Recycling mehr Ressourcen einsetzen.
10. Bald müssen wir unser Ziel erreichen!

L'impératif

2 Hilf mir endlich! Transformez les phrases suivantes en utilisant l'impératif.

1. Kannst du bitte den Aufkleber auf den Briefkasten kleben?
   Kleb bitte den Aufkleber auf den Briefkasten!
2. Kümmerst du dich bitte um deine kleine Schwester?
3. Kommt ihr bitte mit mir einkaufen?
4. Könntet ihr bitte die Blumen nicht zerstören?
5. Würdest du mir bitte eine Stofftasche ausleihen?
6. Teilst du bitte mit Jonas die Wasserflasche?
7. Könnt ihr bitte ein neues Umweltprogramm präsentieren?
8. Lässt du dir bitte eine gute Lösung einfallen?
9. Denkt ihr euch ein Projekt aus?
10. Ihr müsst kreativ sein!

Le comparatif de supériorité

3 Immer mehr und immer besser! Transformez les phrases suivantes comme dans l'exemple en utilisant immer + comparatif.

1. Viele Menschen kaufen fair ein.
   Immer mehr Menschen kaufen fair ein.
2. Fair gehandelte Produkte sind wichtig.
   Fair gehandelte Produkte sind immer ...
3. Die Anzahl der Plastiktüten ist bei uns niedrig.
4. Wenige Menschen interessieren sich nicht für den Umweltschutz.
5. Elektrogeräte werden heutzutage lang benutzt.
6. Es ist auch beliebt, kaputte Geräte zu reparieren.
7. Gruppen, die Geräte teilen, sind in Deutschland üblich.
8. Die Menschen gehen oft in Repair-Cafés, um zum Beispiel ihr Fahrrad oder den PC zu reparieren.
9. Heutzutage wird ein großer Anteil an Faitrade-Produkten in Deutschland gekauft.
10. Faire Produkte haben einen hohen Preis.

4 Was ist besser? Formulez des questions en utilisant le comparatif de l'adjectif indiqué.

1. **gut:** Wiederverwendung / Wiederverwertung?
   Was ist besser, Wiederverwendung oder Wiederverwertung?
2. **günstig:** Einwegflaschen / Mehrwegflaschen?
3. **wichtig:** Bio-Siegel / Fairtrade-Siegel?
4. **effektiv:** Windenergie / Sonnenenergie?
5. **umweltfreundlich:** Atomkraftwerke / Wasserkraftwerke?
6. **teuer:** Fairtrade-Produkte / normale Produkte

Ce lexique comprend les mots importants du manuel. Chaque mot a été traduit en fonction du sens qu'il revêt dans l'unité où il apparaît (le numéro de l'unité est indiqué en couleur).

Les préverbes séparables sont indiqués par une barre verticale et les changements de voyelles des verbes irréguliers sont signalés entre parenthèses.

Abréviations

Sg. : seulement au singulier
Pl. : seulement au pluriel
A : accusatif
D : datif
G : génitif

Lexique allemand-français

A

ab|hören écouter (un message) | U0
ab|nehmen (i-a-o) (der Handel nimmt ab) décliner | U14
Abend, der (-e) (am Abend / zu Abend essen) soir | U0
Abenteuer, das (-) aventure | U3
Abfall, der (¨-e) déchets, ordures | U13
achten (auf +A) faire attention (à) | U7
Achterbahn, die (-en) grand huit | U3
achtsam sein (mit +D) faire attention (à qqch.) | U14
AG, die (-s) → Arbeitsgemeinschaft, die (-en) atelier, groupe de travail | U0
Ähnlichkeit, die (-en) similitude | U15
aktuell actuel/le | U7
alleinerziehend qui élève seul/e | U1
Alliierten, die (Pl.) Alliés | U15
Alltag, der (Sg.) quotidien | U0 / U1
alt vieux / vieille | U0
Ältere, der / die (-n) ancien/ne (personne âgée) | U2
alternativ alternatif / alternative | U2
an|passen, sich (an +A) adapter, s' (à) | U8
an|regen (zu +D) inciter (à) | U12
an|rufen (+A) **(u-ie-u)** téléphoner (à) | U0
an|sprechen (i-a-o) adresser la parole (à), parler | U8 / U10
an|ziehen (+A) **(ie-o-o)** mettre (un vêtement) | U0
an|ziehen, sich (ie-o-o) habiller, s' | U0
Angebot, das (-e) offre, choix | U5 / U9
Angst haben avoir peur | U0
anspruchsvoll exigeant/e | U3
anstrengend fatigant/e | U0
Anteil, der (-e) (an +D) part (de) | U14
Anwohner, der (-) / Anwohnerin, die (-nen) riverain / riveraine | U5
Anzahl, die (Sg.) (+G) nombre | U5
Anzug, der (¨-e) costume | U14
Apfelstrudel, der (-) strudel aux pommes | U6
App, die (-s) appli | U0
Arbeitsbedingungen, die (Pl.) conditions de travail | U7
Arbeitslosenquote, die (-n) taux de chômage | U3
Arbeitsmarkt, der (Sg.) marché du travail | U3
Architektur, die (Sg.) architecture | U6
arm pauvre | U5
Arzt, der (¨-e) / Ärztin, die (-nen) médecin | U16
Atmosphäre, die (Sg.) atmosphère | U6 / U12
Atomkraftwerk, das (-e) centrale nucléaire | U14
Attraktion, die (-en) attraction | U3
auf|bauen instaurer | U13
auf|nehmen (i-a-o) enregistrer | U0
auf|stehen (e-a-a) lever, se | U0
auf|wachsen (in +D **/ mit** +D **/ bei** + D) **(ä-u-a)** grandir | U1
Aufkleber, der (-) autocollant | U14
Aufmerksamkeit, die (Sg.) attention | U2
aus dem Weg gehen (+D) fuir la présence de (qqn) | U8
aus|beuten exploiter | U14
aus|bilden former | U3
aus|denken, sich (e-a-a) imaginer, inventer | U14
aus|geben (i-a-e) dépenser | U7
aus|grenzen exclure | U8 / U9
aus|kommen (mit +D) entendre, s' (avec qqn) | U2
aus|suchen, sich choisir | U8
aus|üben (einen Beruf) exercer (un métier) | U4
aus|zeichnen (+A) décerner un prix / une distinction | U8
aus|ziehen (aus +D) **(ie-o-o)** quitter (un lieu), déménager | U2
Ausbildung, die (-en) (eine Ausbildung bei +D **/ als** +D **machen)** formation | U3 / U4
Ausbildungsberuf, der (-e) métier (nécessitant une formation) | U4
ausdrucksstark expressif / expressive | U11
Ausdruckstanz, der (Sg.) danse d'expression | U11
ausgebildet → ausbilden formé/e, qualifié/e → former | U4
Ausnahme, die (-n) exception | U2
Aussehen, das (Sg.) aspect | U7
Auszeichnung, die (-en) prix | U3
Auszubildende, der / die (-n) apprenti/e | U3 / U4
Außenseiter, der (-) / Außenseiterin, die (-nen) marginal/e | U8
außergewöhnlich exceptionnel/le | U11
außerordentlich exceptionnel/le | U10
Ausstellung, die (-en) exposition | U12 / U15

B

Balance, die (Sg.) équilibre | U1
Bar, die (-s) bar | U5
Bauchkrampf, der (¨-e) crampe d'estomac | U10
bedeutsam important/e | U11
Bedingung, die (-en) condition | U7
Bedürfnis, das (-se) besoin | U1
beeindrucken impressionner | U7 / U15
beenden mettre fin à | U10
befinden, sich (in +D) **(i-a-u)** trouver, se | U3
begabt doué/e | U11
begeistern, sich (für +A) enthousiasmer, s' (pour) | U16
Begründer, der (-) / Begründerin, die (-nen) fondateur / fondatrice | U16
bei|tragen (zu + D) (ä-u-a) contribuer (à) | U12
bejubelt werden (von + D) **→ bejubeln** être acclamé/e (par) → fêter qqn | U9

bekämpfen (+A) combattre | U10
bekannt célèbre | U16
bekommen obtenir | U0 / U2 / U5
belasten accabler | U10
Belastung, die (-en) charge | U10
Beleg, der (-e) justificatif, preuve | U12
belegen prouver, justifier | U12
Beleidigung, die (-en) insulte | U9
beliebt apprécié/e, populaire | U3 / U5 / U10
benutzen utiliser | U14
Beobachtungsturm, der (¨-e) tour de surveillance | U15
bequem confortable | U7
bereichern enrichir | U8
bereit sein (etwas zu tun) être prêt/e (à faire qqch.) | U7
Berliner Mauer, die (Sg.) mur de Berlin | U15
Beruf, der (-e) (in den Beruf zurückkehren) métier, profession | U1 / U3 / U4
beruflich professionnel/le | U4
berühmt célèbre | U16
Besatzungssektor, der (-en) zone d'occupation | U15
bescheiden modeste | U3
beschützen protéger, défendre | U8
Besetzung, die (Sg.) occupation | U15
besichtigen visiter | U5
besitzen posséder | U7 / U14
besonders particulièr/e | U5 / U16
besteigen (ei-ie-ie) monter sur | U6
bestimmen décider | U8
Besuch, der (-e) (zu Besuch) visite (en visite) | U6
besuchen, sich rendre visite, se | U2
Besucher, der (-) / Besucherin, die (-nen) visiteur / visiteuse | U3
betreuen prendre en charge | U3
Betrieb, der (-e) entreprise | U4
Bett, das (-en) (ins Bett gehen) lit (se coucher) | U0
Bewegung, die (-en) mouvement | U9 / U11
Bewerber, der (-) / Bewerberin, die (-nen) candidat/e | U3
Bewohner, der (-) / Bewohnerin, die (-nen) habitant/e | U2
bewundern admirer | U8
bewusst machen (+D) (+A) faire prendre conscience (de qqch. à qqn) | U13
Bewusstsein, das (Sg.)conscience | U13
Beziehung, die (-en) (zu +D) rapport (avec), relation (avec) | U2
Bezirk, der (-e) arrondissement | U5
bieten (ie-o-o) offrir | U3
billig bon marché | U5
bleibend → bleiben durable → rester | U11
Botschaft, die (-en) message | U12
Boulevard, der (-s) boulevard | U6
boykottieren boycotter | U13
brauchen (+A) avoir besoin de | U4
BRD, die (Bundesrepublik Deutschland) (Sg.) RFA (République fédérale d'Allemagne) | U15
Briefkasten, der (¨-) boîte aux lettres | U14
bringen (+A) **(zu** + D) **(jemanden zum Lachen bringen) (i-a-a)** amener (faire rire qqn) | U12
Bruder, der (¨-) frère | U0
Bundesland, das (¨-er) Land (État fédéré d'Allemagne) | U5
Büro, das (-s) bureau | U4 / U12
Bus, der (-se) (mit dem Bus fahren) autobus | U0

C

Chance, die (-n) (auf +A) chance (de) | U8 / U14
chatten chatter | U0
Choreograf, der (-en) / Choreografin, die (-nen) chorégraphe | U11
Clique, die (-n) bande | U8
Computer, der (-) ordinateur | U4

D

Dach, das (¨-er) (unter einem Dach) toit | U2
dagegen (etwas dagegen tun) contre cela | U9
dazu|gehören faire partie d'un groupe | U9
DDR, die (Deutsche Demokratische Republik) (Sg.) RDA (République démocratique allemande) | U15
Debatte, die (-n) (eine Debatte über +A **führen)** débat | U9 / U13
Demonstration, die (-en) manifestation | U15
Denkmal, das (¨-er) monument | U6 / U15 / U16
Deponie, die (-n) décharge | U13
deportiert → deportieren déporté/e → déporter | U16
Dienstleistung (-en) service | U5
Ding, das (-e) chose | U14
diskriminieren discriminer | U9
diskriminierend → diskriminieren discriminatoire → discriminer | U9
Diskriminierung, die (-en) discrimination | U9
Doppelmonarchie, die (-n) Double-Monarchie | U6
Druck, der (Sg.) pression | U10
Druckerpatrone, die (-n) cartouche d'imprimante | U5
Durchfall, der (Sg.) diarrhée | U10
Durchschnitt, der (Sg.) **(im Durchschnitt)** moyenne | U8
duschen prendre une douche | U0

E

E-Mail, die (-s) e-mail | U0
Ecke, die (-n) coin | U5
egoistisch égoïste | U1
Ehe, die (-n) (eine glückliche / schwierige Ehe führen) mariage | U6
ehemalig ancien/ne | U2
Ehepaar, das (-e) couple | U1
ehrlich honnête | U3 / U8
eigen particulier / particulière, propre | U1 / U2
Eigeninitiative, die (-n) initiative personnelle | U5
ein|fallen lassen, sich (ä-ie-a) trouver une ideé | U14
ein|kaufen faire des courses | U5
ein|leben, sich intégrer, s' / acclimater, s' | U0
ein|setzen, sich (für +A) engager, s' / investir, s' (pour) | U8 / U14
ein|ziehen (in +A / **bei** +D) **(ie-o-o)** emménager (dans / chez qqn) | U2
Eindruck, der (¨-e) impression | U0
Einwegflasche, die (-n) bouteille non consignée | U13
Einwohnerzahl, die (-en) nombre d'habitants | U5
einzigartig unique en son genre | U5
Eis, das (Sg.) glace | U9
elektronisch électronique | U14
Eltern, die (Pl.) parents | U0
Elternhaus, das (¨-er) maison familiale | U2
engagieren, sich (für +A / **gegen** +A) engager, s' (pour / contre) | U9 / U16
Enkelkind, das (-er) petit-fils / petite-fille | U2
entdecken découvrir | U0 / U5
Entertainment, das (Sg.) divertissement | U3
entscheiden, sich (für +A) **(ei-ie-ie)** décider, se (pour) | U4
entschuldigen, sich (bei +D) excuser, s' (auprès de) | U8

entsorgen collecter et traiter | U13
enttäuscht → enttäuschen déçu/e → décevoir | U8
entwickeln développer | U11
Ereignis, das (-se) événement | U6 / U15
Erfahrung, die (-en) expérience | U0
Erfolg, der (-e) (Erfolg haben) succès | U9
erfolgreich couronné/e de succès | U3
erfolgreich sein réussir | U8
erholen, sich (von +D**)** remettre, se (de) | U10
erinnern (an +A**)** rappeler (qqch. / qqn) | U15
erinnern, sich (an +A**)** souvenir, se (de) | U2 / U15 / U16
Erinnerung, die (-en) mémoire, souvenir | U2 / U15 / U16
erkennen (e-a-a) déceler ; reconnaître | U7 / U10
erleben vivre | U6
Erlebnis, das (-se) expérience | U2
ermöglichen permettre | U12
ermordet → ermorden assassiné/e → assassiner | U6 / U16
erneuerbar renouvelable | U14
erneuerbare Energie, die (-n) énergie renouvelable | U14
eröffnen ouvrir | U3
erreichen (+A) **(gut / schlecht zu erreichen) (ein Ziel erreichen)** accéder (à) (facile / difficile d'accès) ; atteindre (un objectif) | U3 / U11 / U14
erschossen → erschießen (ie-o-o) abattu/e → abattre | U15
Erwachsene, der / die (-n) adulte | U2
erwarten (von + D**)** attendre (de qqn) | U10
erweitern élargir | U8
Erzieher, der (-) / Erzieherin, die (-nen) éducateur / éducatrice | U4
essen (i-a-e) manger | U0
Essen, das (Sg.) **(zum Essen sein bei** +D**)** repas | U2
Essverhalten, das (Sg.) comportement alimentaire | U1
ewig éternel/le | U6
experimentell expérimental/e | U11
extrovertiert extraverti/e | U8

F

Fabrik, die (-en) usine | U2
Fach, das (¨-er) matière | U0
Fahrrad, das (¨-er) (mit dem Fahrrad fahren) vélo | U0
fair équitable | U7 / U14
fallen (ä-ie-a) tomber, baisser | U14
Familienmodell, das (-e) modèle familial | U1
feige lâche | U8
fern|sehen (ie-a-e) regarder la télévision | U0
Fernweh, das (Sg.) nostalgie des pays lointains | U15
fest|stellen établir | U12
Fiaker, der (-) fiacre | U6
finanzieren financer | U6
finden (i-a-u) trouver | U4
Firma, die (Firmen) entreprise, société | U3
flanieren flâner | U5
fleißig travailleur / travailleuse | U3
fliehen (in +A / **nach** +A / **aus** +D **) (ie-o-o)** fuir, enfuir, s' | U15
Flohmarkt, der (¨-e) marché aux puces | U5
Flucht, die (Sg.) **(in** +A **/ nach** +A / **aus** +D) fuite | U15
Folge, die (-n) (das neunte Mal in Folge) conséquence ; série, de suite | U1 / U6
fördern encourager | U12
Fortschritt, der (-e) progrès | U12
Frack, der (¨-e) frac | U6
Frage, die (-n) (in Frage stellen) mettre en cause | U11
Freiheit, die (Sg.) liberté | U11 / U15
Freizeitpark, der (-s) parc de loisirs | U3
fremd étranger / étrangère | U9 / U15
Fremdenhass, der (Sg.) xénophobie | U12
Fremdsprache, die (-n) langue étrangère | U0
Freude bereiten (+D) causer de la joie | U7
Freund, der (-e) / Freundin, die (-nen) (Freunde finden) ami/e | U0
freundlich aimable | U3
Freundschaft, die (-n) (Freundschaft mit +D **schließen)** amitié | U8
Frieden, der (Sg.) paix | U14 / U15 / U16
frühstücken prendre son petit déjeuner | U0
Führerschein, der (-e) permis (de conduire) | U5
Führung, die (-en) visite guidée | U15
funktionieren fonctionner | U14
funktionierend → funktionieren qui fonctionne → fonctionner | U13
Furcht, die (Sg.) peur, crainte | U11
füreinander (Zeit haben) l'un pour l'autre, les uns pour les autres | U1

G

Gast, der (¨-e) (zu Gast) client/e; invité/e, visiteur / visiteuse (en tant qu'invité/e) | U3/ U6
Gastgeber, der (-) / Gastgeberin, die (-nen) hôte / hôtesse | U3
Gastronomie, die (Sg.) gastronomie | U3 / U5
geachtet → achten estimé/e → estimer | U16
Gebäude, das (-) bâtiment | U6 / U12
gebraucht werden → brauchen être nécessaire → avoir besoin de | U2
Gedenkstätte, die (-n) mémorial | U15
Gedenkstein, der (-e) stèle commémorative | U16
geeignet sein (für +A**)** convenir (pour) | U3
gefährlich dangereux / dangereuse | U14
Gefühl, das (-e) sensation, sentiment | U11 / U15
gegensätzlich opposé/e | U15
Gegenteil, das (-e) contraire | U1
Gegenwart, die (Sg.) présent | U9 / U16
geheim secret / secrète | U5
Geheimtipp, der (-s) tuyau, astuce | U5
gehören (zu +D**)** appartenir (à), faire partie (de) | U6 / U16
gelangen (ins Meer) parvenir | U13
Geld, das (Sg.) argent | U1 / U2
Geldverschwendung, die (Sg.) gaspillage d'argent | U7
gelegentlich de temps en temps | U14
gelten als (+N) **(i-a-o)** passer pour | U1
gemein méchant/e | U8
gemeinsam collectif / collective, ensemble | U2 / U8
Gemischtwarenladen, der (¨-) épicerie | U5
gemütlich confortable | U2 / U6
Generation, die (-en) génération | U2
genießen (+A) **(ie-o-o)** profiter (de) | U2
Gerät, das (-e) appareil | U14
Geschäftsraum, der (¨-e) local commercial | U12
geschehen (ie-a-e) passer, se | U16
Geschichte, die (Sg.) histoire | U16
geschieden → sich scheiden lassen (von +D**)** divorcé/e → divorcer (de) | U0 / U1
Geschwister, die (Pl.) frères et sœurs | U0
Gesellschaft, die (-en) société | U9 / U12 / U16
gestalten (die Zukunft) concevoir, modeler (l'avenir) | U8 / U9

geteilt → teilen (politisch geteilt sein) divisé/e → diviser | U5 / U15
getrennt → sich trennen séparé/e → se séparer | U0 / U1
gewinnen (i-a-o) (gewinnen lassen) gagner, remporter | U2 / U3 / U10
Gewissen, das (-) (ein schlechtes Gewissen haben) conscience | U7
Gewohnheit, die (-en) habitude | U2
gleichzeitig (an mehreren Orten sein) en même temps | U15
glücklich heureux / heureuse | U6
Grenzanlage, die (-en) installation frontalière | U15
Grenze, die (-n) (die deutsch-deutsche Grenze) frontière (frontière germano-allemande) | U8 / U15
Grenzstreifen, der (-) bande frontalière | U15
Großeltern, die (Pl.) grands-parents | U0
Großfamilie, die (-n) grande famille | U1
Großmutter, die (¨-) grand-mère | U0
Großvater, der (¨-) grand-père | U0
gründen créer, fonder | U13 / U14
Gründung, die (-en) fondation, création | U15
günstig ayant un prix avantageux | U5 / U7
gutmütig d'un bon naturel | U8
Gymnasium, das (Gymnasien) lycée | U0

H

Halbbruder, der (¨-) demi-frère | U0
Halbschwester, die (-n) demi-sœur | U0
Halle, die (-n) salle de sport, gymnase | U9
halten (ä-ie-a) maintenir ; durer | U8 / U14
Handel, der (Sg.) commerce | U14
handeln faire du commerce | U14
Handwerk, das (Sg.) métier (manuel) | U3
Handy, das (-s) (téléphone) portable | U0
harmonisch harmonieux / harmonieuse | U1
Hass, der (Sg.) haine | U11
Hauptstadt, die (¨-e) capitale | U5
Haus, das (¨-er) maison | U2
Hausaufgaben (machen) devoirs | U0
Haushalt, der (-e) ménage (tenue de la maison) ; foyer | U1 / U2
Heimat, die (Sg.) patrie, pays (natal) | U9
heimlich secret / secrète | U2
Heimweh, das (Sg.) mal du pays | U0
Held, der (-en) / Heldin, die (-nen) héros / héroïne | U2 / U16
helfen (+D) **(i-a-o)** aider | U8
her|stellen fabriquer | U7
Herkunft, die (Sg.) origine | U9
Herstellung, die (Sg.) fabrication | U7
Herstellungsland, das (¨-er) pays producteur | U7
herunter|laden (ä-u-a) télécharger | U0
Hilfe, die (Sg.) aide | U5
hilfsbereit serviable | U3
hinter|lassen (+D) (+A) **(ä-ie-a)** laisser (qqch. à qqn) | U11
hinterfragen remettre en question | U16
historisch historique | U6
hoch|laden (ä-u-a) télécharger | U0
Hochschule, die (-n) université | U4
Hostellerie, die (Sg.) hôtellerie | U3
Humanist, der (-en) / Humanistin, die (-nen) humaniste | U16
Hund, der (-e) chien | U0

I

ideal idéal/e | U3
Idee, die (-n) (auf eine Idee kommen) idée | U3
Image, das (Sg.) **(ein gutes / schlechtes Image haben)** image (de marque) | U4 / U5
informieren (über +A**)** informer (sur) | U13
informieren, sich (über) informer, s' (de) | U4
Ingenieur, der (-e) / Ingenieurin, die (-nen) ingénieur | U4
Ingenieurwissenschaft, die (-en) sciences de l'ingénieur | U4
Initiative, die (-n) (die Schülerinitiative) initiative | U13
Innenstadt, die (¨-e) centre-ville | U6
Innovation, die (-en) innovation | U12
innovativ innovateur / innovatrice | U11
inspirieren inspirer | U12
Integration, die (Sg.) intégration | U9
integrieren (in +A**)** intégrer (dans) | U8
integrieren, sich intégrer, s' | U0
Interesse haben (an +D**)** être intéressé/e (par) | U4
introvertiert introverti/e | U1 / U8
IT-Bereich, der (-e) secteur de l'informatique | U4
IT-Experte, der (-) / IT-Expertin, die (-nen) expert/e en informatique | U4

J

jeder zweite / jede zweite un/e sur deux | U9
Job, der (-s) job, boulot, travail | U4
Jobchance, die (-n) chance de travail | U3
Journalist, der (-en) / Journalistin, die (-nen) journaliste | U16
jubeln jubiler | U9
Jüngere, der / die (-n) personne plus jeune | U2

K

Kaffeehaus, das (¨-er) salon de thé | U6
Kaiser, der (-) / Kaiserin, die (-nen) empereur / impératrice | U6
Kampagne, die (-n) campagne | U13
kämpfen (für +A **/ gegen** +A**)** battre, se (pour / contre) | U9 / U16
Kapitulation, die (Sg.) capitulation | U15
kaputt cassé/e | U14
kaputt|gehen (e-i-a) ne plus marcher | U14
Karriere, die (-n) (Karriere machen) carrière | U10
Katze, die (-n) chat | U0
kaufen acheter | U7
Käufer, der (-) / Käuferin, die (-nen) acheteur / acheteuse | U7
kennen, sich (e-a-a) connaître, se | U2
kennen|lernen faire la connaissance (de) | U0 / U4
Kiez, der (-e) quartier | U5
Kind, das (-er) enfant | U2
kinderlos sans enfants | U1
Kindheit, die (Sg.) enfance | U2
Kino, das (-s) cinéma | U5
Klamotten, die (Pl.) fringues | U7
Klasse, die (-n) classe | U0
Klassenlehrer, der (-) / Klassenlehrerin, die (-nen) professeur principal | U0
kleben coller | U12
Kleinfamilie, die (-n) famille parents-enfants | U1
Kleinigkeit, die (-en) détail | U2
Klischee, das (-s) cliché, stéréotype | U4
Kneipe, die (-n) bistrot, café | U5
kommunizieren (mit +D**)** communiquer (avec) | U0

Kompromiss, der (-e) (einen Kompromiss finden) compromis | U1
konfliktiv conflictuel/le | U1
konstitutionell constitutionnel/le | U6
Konsum, der (Sg.) consommation | U14
Kontakt, der (-e) (zu +D**)** contact | U2 / U8
kontaktfreudig sociable, liant/e | U3
Konvention, die (-en) (die Konventionen in Frage stellen) convention (mettre en cause les conventions) | U11
Konzentrationsfähigkeit, die (Sg.) capacité de concentration | U12
Konzentrationslager, das (-) camp de concentration | U16
Konzert, das (-e) concert | U5
Konzession, die (-en) concession | U6
Kraft, die (¨-e) force | U11
Krankheit, die (-en) maladie | U10
Krawatte, die (-n) cravate | U14
kreativ créatif / créative | U4 / U8 / U14
Kreativität, die (Sg.) créativité | U12
Krieg, der (-e) guerre | U15 / U16
Kriterium, das (Kriterien) critère | U7
Kritik, die (-en) critique | U10
Kritik üben (an +D**)** critiquer (qqn / qqch.) | U10
kritisch critique | U16
kritisieren critiquer | U10 / U12
kulinarische Angebot, das (-e) offre culinaire | U5
Kultur, die (-en) culture | U0
Kulturangebot, das (-e) offre culturelle | U6
kümmern, sich (um +A**)** occuper, s' (de) | U2 / U14
Kunst, die (¨-e) art | U11
Künstler, der (-) / Künstlerin, die (-nen) artiste | U11
Künstlerszene, die (-n) scène artistique | U5
Kunststoff, der (-e) plastique (matière) | U13

L

Labor, das (-e) laboratoire | U4
Lage, die (Sg.) site (emplacement), situation | U3 / U7
Leben, das (-) (sich das Leben nehmen) vie (mettre fin à ses jours) | U11
lebendig vivant/e | U2
Lebensmittel, das (-) denrée alimentaire | U14
Lebensstil, der (-e) mode de vie | U13
lebenswert où il fait bon vivre | U6
Lehrer, der (-) / Lehrerin, die (-nen) professeur, enseignant/e | U0
Lehrjahr, das (-e) année d'apprentissage | U3
Lehrling, der (-e) apprenti/e | U3 / U4
leiden (unter +D**) (ei-i-i)** souffrir (de) | U10
leihen (+D) (+A) prêter (qqch. à qqn) | U14
leisten (etwas für die Gesellschaft leisten) faire, accomplir | U16
Leistung, die (-en) performance | U10
Leistungsdruck, der (Sg.) compétitivité, pression | U10
Leistungssport, der (Sg.) sport de compétition | U10
Leistungszentrum, das (-zentren) centre d'entraînement (sportif) | U10
lieb gentil/le | U0
Liebe, die (Sg.) amour | U11
Lieblingsessen, das (Sg.) plat préféré | U2
Lob, das (Sg.) louange | U10
loben louer | U10
locken (mit +D**)** attirer, appâter (avec) | U5
locker détendu/e | U2
löschen effacer | U0
Lust haben (etwas zu tun) avoir envie (de faire qqch.) | U4
Luxus, der (Sg.) luxe | U5 / U7

M

Mahnmal, das (-e) mémorial | U16
malen peindre | U12
Maler, der (-) / Malerin, die (-nen) peintre | U11
Mangelberuf, der (-e) métier où l'on manque de personnel qualifié | U3
Mannschaft, die (-en) équipe | U10
Marillenpalatschinken, der (-) omelette fourrée aux abricots (en Autriche) | U6
Marke, die (-n) marque | U7
Material, das (Materialien) matériau | U7
Mathestunde, die (-n) maths | U0
Mauer, die (-n) mur | U15
Mauerbau, der (Sg.) construction du mur | U15
Mauerfall, der (Sg.) chute du mur | U15
meckern (über +A**)** râler (contre) | U5
Medien, die (Pl.) médias | U0
Medientechnik, die (Sg.) technique multimédia | U3
Meer, das (-e) mer | U13
mehrere plusieurs | U2
mehrmals (die Woche) plusieurs fois (par semaine) | U2
Mehrwegflasche, die (-n) bouteille consignée | U13
Melange, die (Sg.) café au lait (en Autriche) | U6
Menschenliebe, die (Sg.) philanthropie | U12
Mentaltrainer, der (-) / Mentaltrainerin, die (-nen) coach mental | U10
Miete, die (-n) loyer | U2
Mietpreis, der (-e) prix de location, loyer | U5
Migrationshintergrund, der (¨-e) (mit Migrationshintergrund) origine migratoire | U9
Minister, der (-) / Ministerin, die (-nen) ministre / ministre | U14
Mischung, die (-en) mélange | U5
missachten mépriser | U8
miteinander l'un avec l'autre, les uns avec les autres | U2
Mitglied, das (-er) membre | U9
Mittag, der (-e) (zu Mittag essen) midi (déjeuner) | U0
Mittagspause, die (-n) pause de midi | U0
Monarchie, die (-n) monarchie | U6
Monument, das (-e) monument | U16
Mord, der (-e) meurtre, assassinat | U6
Morgen, der (-e) (am Morgen) matin | U0
Müll, der (Sg.) **(Müll trennen)** déchets (trier les déchets) | U13
Müllmanagement, das (Sg.) gestion des déchets | U13
Museum, das (Museen) musée | U12
Mut, der (Sg.) courage | U11
mutig courageux / courageuse | U8
Mutter, die (¨-) mère | U0
Mythos, der (Mythen) mythe | U6

N

nach|denken (über +A**)** réfléchir (à) | U12
nachhaltig durable | U8
Nachhaltigkeit, die (Sg.) développement durable | U7
Nachmittag, der (-e) (am Nachmittag) après-midi | U0
Nachteil, der (-e) inconvénient | U1
Nachwuchszentrum, das (-zentren) centre de formation | U10

Naturwissenschaft, die (-en) science | U4
Naturwissenschaftler, der (-) / Naturwissenschaftlerin, die (-nen) scientifique | U4
naturwissenschaftlich scientifique | U4
nett gentil/le | U0 / U8
neu (Neues entdecken) nouveau / nouvelle (découvrir qqch. de nouveau) | U0 / U5
neugierig curieux / curieuse | U0 / U5
Neuheit, die (-en) nouveauté | U3
niedrig bas/se, peu élevé/e | U14
Nobelpreis, der (-e) prix Nobel | U16
Nostalgie, die (Sg.) nostalgie | U15

O

Ober, der (-) garçon, serveur | U6
offen ouvert/e | U1
öffentlich publiquement | U10 / U12
Öffentlichkeit, die (Sg.) opinion publique | U10
Öffnung, die (Sg.) ouverture | U15
ökologisch (de manière) écologique | U7
Olympiasieger, der (-) / Olympiasiegerin, die (-nen) champion/ne olympique | U10
Oma, die (-s) mamie | U0
Opa, der (-s) papi | U0
Oper, die (-n) opéra | U11
Opfer, das (-) victime | U15 / U16
Optik, die (Sg.) aspect | U7
Ostalgie, die (Sg.) nostalgie du temps de la RDA | U15
Osten, der (Sg.) Est | U15
österreichisch-ungarisch austro-hongrois/e | U6
Ostzone, die (Sg.) zone est | U15

P

Parlament, das (-e) parlement | U6
Partei, die (-en) parti | U14
Patchwork-Familie, die (-n) famille recomposée | U1
Pause, die (-n) pause, récréation | U0
Pausenbrot, das (-e) sandwich | U0
pflichtbewusst conscient/e de ses devoirs | U6
Physiker, der (-) / Physikerin, die (-nen) physicien / physicienne | U16
Plastik, das (Sg.) plastique | U13
Plastikmüll, der (Sg.) déchets plastiques | U13
Plastiktüte, die (-n) sac en plastique | U13
(Sport-)Platz, der (¨-e) terrain de sport | U9
Politiker, der (-) / Politikerin, die (-nen) homme politique/ femme politique | U16
positionieren, sich (gegen +A**)** positionner, se (contre) | U12
Prachtstraße, die (-n) boulevard | U6
prägen marquer | U6
praktisch pratique | U0
Präsident, der (-en) / Präsidentin, die (-nen) président/e | U16
Preis, der (-e) prix | U7
Produkt, das (-e) produit | U14
produzieren produire | U7 / U13
psychisch psychique | U10
psychologisch psychologique | U10

Q

Qualität, die (Sg.) qualité | U7
Querdenker, der (-) / Querdenkerin, die (-nen) non-conformiste | U8

R

rasant à toute vitesse | U5
Rassismus, der (Sg.) racisme | U9
reagieren (auf +A**)** réagir (à) | U12
realisieren réaliser | U3
recyceln recycler | U13
reduziert → reduzieren réduit/e → réduire | U7
regelmäßig régulièrement | U9 / U14
Regenbogenfamilie, die (-n) famille arc-en-ciel | U1
regieren gouverner, régner | U6
Regierungsviertel, das (-) quartier du gouvernement | U5
Regime, das (Sg.) régime | U15
reich riche | U5
Reiseziel, das (-e) destination | U5
Rentner, der (-) / Rentnerin, die (-nen) retraité / retraitée | U2
reparieren réparer | U14
respektieren respecter | U8
respektiert → respektieren respecté/e → respecter | U16
Ressource, die (-n) ressources | U13 / U14
Restaurant, das (-s) restaurant | U5
Rindsgulasch, das (Sg.) goulache de bœuf | U6
Rollenverteilung, die (Sg.) répartition des rôles | U1
Ruhe, die (Sg.) **(Ruhe haben)** tranquillité, calme | U10
Rundfahrt, die (-en) circuit (touristique) | U5

S

Sachertorte, die (-n) gâteau viennois au chocolat | U6
Sammlung, die (-en) collection | U12
schaffen (a-u-a) créer | U12
schätzen apprécier | U5
scheinen (ei-ie-ie) sembler | U5 / U15
schicken (+D) (+A) envoyer (qqch. à qqn) | U0
Schicksal, das (-e) destin | U16
Schicksalsschlag, der (¨-e) coup du destin | U6 / U16
Schild, das (-er) panneau | U12
schlafen (ä-ie-a) dormir | U0
Schlagobers, das (Sg.) crème chantilly (en Autriche) | U6
Schloss, das (¨-er) château | U6
Schnee, der (Sg.) neige | U9
Schönheit, die (Sg.) beauté | U11
schrecklich terrible | U15
Schriftsteller, der (-) / Schriftstellerin, die (-nen) écrivain/e | U16
schüchtern timide | U0
Schule, die (-) (in die Schule gehen) école | U0
Schüler, der (-) / Schülerin, die (-nen) élève | U0
schützen protéger | U14
Schwäche, die (-n) (Schwäche zeigen) faiblesse | U8 / U10
Schwester, die (-n) sœur | U0
schwierig difficile | U6
Schwierigkeit, die (-en) difficulté | U0
Secondhandshop, der (-s) magasin (de vêtements) d'occasion | U5
seelisch psychique | U10
Sehenswürdigkeit, die (-en) curiosité, attraction touristique | U3 / U6
Sehnsucht, die (¨-e) nostalgie | U11
selbst tout/e seul/e | U8
selbstbewusst sûr/e de soi | U1
selbstlos désintéressé/e | U1
Selbstmord, der (-e) suicide | U11
selbstsicher sûr/e de soi | U0
selbstständig autonome | U0
selten rarement | U14
Seniorenheim, das (-e) maison de retraite | U2
Serviettenknödel, der (-) quenelle | U6
Shoppen, das (Sg.) shopping | U7
Shopping, das (Sg.) shopping | U3
sicher sûr/e | U4
Sieg, der (-e) victoire | U9
Siegel, das (-) sceau | U14
simsen envoyer un SMS | U0
Sinn, der (-e) sens | U11

Sinn des Lebens, der (Sg.) sens de la vie | U11
sinnvoll sensé/e, de façon sensée | U13
skypen skyper | U0
Smartphone, das (-s) smartphone | U0
SMS, die (-) SMS, texto | U0
so ... wie nie zuvor aussi ... que jamais auparavant | U2
Sortiment, das (-e) assortiment | U5
sozial social/e | U4
Soziale Medien, die médias sociaux | U0
spannend passionnant/e | U4
sparen économiser | U7
Spaß haben (an +D) apprécier, aimer (qqch.) | U7
Spaß machen (+D) faire plaisir | U4 / U7
spazieren gehen promener, se | U5
speichern sauvegarder | U0
Spezialität, die (-en) spécialité | U6
Sport, der (Sg.) **(Sport treiben)** sport (faire du sport) | U9
Sportler, der (-) / Sportlerin, die (-nen) sportif / sportive | U9
Sportnation, die (-en) nation du sport | U9
(Sport-)Platz, der (¨-e) terrain de sport | U9
Sprachnachricht, die (-en) message vocal | U0
Spur, die (-en) trace | U15
staatlich de l'État | U5
Stadion, das (Stadien) stade | U9
Stadtbild, das (Sg.) paysage urbain | U6
Städtereise, die (-n) visite de la ville | U5
Städtereiseziel, das (-e) ville de destination | U5
Stadtführung, die (-en) visite guidée de la ville | U5
Stadtteil, der (-e) quartier | U5
Stadtviertel, das (-) quartier | U5
Stadtzentrum, das (-zentren) centre-ville | U5
Star, der (-s) star | U10
Stärke, die (-n) force | U8
steigen (ei-ie-ie) monter, augmenter (der Handel steigt) | U5 / U14
steigern augmenter, améliorer | U12
sterben (für +A **/ wegen** +D**) (i-a-o)** mourir (pour / à cause de) | U6 / U16
Stiefmutter, die (¨-) belle-mère | U0
Stiefvater, der (¨-) beau-père | U0
stigmatisiert → stigmatisieren stigmatisé/e → stigmatiser | U10
Stofftasche, die (-n) sac en tissu | U13
Straßenbahn, die (-en) tramway | U6
Streetart, die (Sg.) art urbain | U12
streiten, sich (mit +D**) (ei-i-i)** disputer, se (avec qqn) | U1
Strohhalm, der (-e) paille | U13
Strom, der (Sg.) courant | U14
strukturiert → strukturieren structuré/e → structurer | U1
Stück, das (-e) pièce (dansée) | U11
Studie, die (-n) étude | U12
Studiengang, der (¨-e) filière | U4
studieren étudier, faire des études | U4
Stunde, die (-n) heure | U0
Stundenplan, der (¨-e) emploi du temps | U0
suchen chercher | U4
süß mignon/ne | U0
Symbol, das (-e) symbole | U5 / U16

T

Tageszeit, die (-en) moment de la journée | U0
tanken faire le plein (de) | U2
Tanz, der (¨-e) danse | U11
Tänzer, der (-) / Tänzerin, die (-nen) danseur / danseuse | U11
Tanztheater, das (Sg.) théâtre dansé | U11
tauschen (mit +D) échanger (avec qqn) | U14
teamfähig capable de travailler en équipe | U1
Technik, die (Sg.) technique | U3
technisch technique | U4
teil|nehmen (an +D**) (i-a-o)** participer (à) | U15
teilen (mit + D) partager (avec qqn) | U14
teilen, sich (die Miete) partager, se (le loyer) | U2
Teilung, die (Sg.) division | U15
telefonieren (mit +D) téléphoner (à) | U0
teuer cher / chère | U7
Theater, das (-) théâtre | U5
Thron, der (-e) trône | U6
tolerant tolérant/e | U2 / U8
toll extra, super | U0
Tourist, der (-en) / Touristin, die (-nen) touriste | U5
Tradition, die (-en) tradition | U6
traditionell traditionnel/le | U1
tragen (ä-u-a) porter | U7
tragisch tragique | U11
Trainer, der (-) / Trainerin, die (-nen) entraîneur / entraîneuse | U10
Trainingsplan, der (¨-e) plan d'entraînement | U10
trauen, sich oser | U8 / U10
Traumberuf, der (Sg.) métier de rêve | U4
träumen (von +D) rêver (de) | U2
Treffpunkt, der (-e) lieu de rendez-vous | U6
Trend, der (-s) (im Trend liegen) tendance | U1 / U7
trennen trier | U13
Triumph, der (-e) triomphe | U9
Turnen, das (Sg.) gymnastique | U9

U

über|nehmen (i-a-o) (Verantwortung übernehmen / eine Firma übernehmen) assumer (des responsabilités) ; reprendre (une entreprise) | U3 / U13
übernachten (bei +D) passer la nuit (chez qqn) | U2
überwinden (i-a-u) surmonter ; franchir | U0 / U8
um ... Uhr à ... heure(s) | U0
um|bauen transformer | U2
um|bringen, sich (i-a-a) suicider, se | U11
um|gehen (mit +D**) (e-i-a) (sinnvoll mit Ressourcen umgehen)** manier (faire un bon usage des ressources) | U13
Umfeld, das (Sg.) **(ein gutes Umfeld haben)** environnement | U10
Umwelt, die (Sg.) environnement | U13
umweltfreundlich (de manière) écologique | U7 / U13
umweltschädlich polluant/e | U7
unbeteiligt indifférent/e | U8
ungewöhnlich inhabituel/le | U14
Universität, die (-en) université | U4
unsicher qui manque d'assurance | U1
Unsicherheit, die (-en) incertitude | U11
unstrukturiert non structuré/e | U1
Unternehmen, das (-) entreprise | U4 / U12
Unternehmer, der (-) / Unternehmerin, die (-nen) entrepreneur / entrepreneuse | U3
Unternehmergeist, der (Sg.) esprit d'entreprise | U3
Unterricht, der (Sg.) cours | U0
unterschiedlich différent/e | U1 / U8

unterstützen soutenir | U13
Unterstützung, die (Sg.) soutien | U10
unterwegs en route | U5
Unverpackt-Laden, der (¨-) magasin proposant des produits non conditionnés | U13
(un-)wohl fühlen, sich sentir bien (mal), se | U15

V

Vater, der (¨-) père | U0
verändern modifier | U1 / U14
verändern, sich changer, s' / transformer, s' | U 11
Veranstaltungstechnik, die (Sg.) technique événementielle | U3
Verantwortung, die (-en) responsabilité | U13
verantwortungsbewusst conscient/e de ses responsabilités | U3
verbessern, sich (in +D**)** améliorer, s' | U0
verbinden (i-a-u) relier | U8 / U9
verboten → verbieten interdit/e → interdire | U16
Verbraucher, der (-) / Verbraucherin, die (-nen) consommateur / consommatrice | U14
verbrennen (e-a-a) brûler | U13
verbringen (Zeit mit +D**) (i-a-a)** passer (son temps avec qqn) | U2
verbunden → verbinden uni/e → unir, relier | U2
verdienen (gut verdienen) gagner | U3
Verein, der (-e) club | U9
vereinbaren (mit +D**)** concilier (qqch. avec qqch.) | U1
vereinen regrouper | U8
verfolgt → verfolgen persécuté/e → persécuter | U16
Vergangenheit, die (Sg.) passé | U16
vergessen oublier | U16
Vergessen, das (Sg.) oubli | U16
Vergleich, der (-e) (im Vergleich) comparaison | U5

Vergnügungspark, der (-s) parc d'attractions | U3
verheiratet → heiraten (+A) marié/e → se marier (avec qqn) | U0
verlassen (ä-ie-a) quitter, abandonner | U0 / U15
verlieren (ie-o-o) perdre | U8
Verlorenheit, die (Sg.) perte | U11
vermissen ressentir, regretter l'absence de | U0
vermitteln (+D) (+A) **(ein Bild vermitteln von** +D**)** transmettre (qqch. à qqn) | U5 / U9 / U12
veröffentlichen rendre public / publique, publier | U16
verpackt → verpacken emballé/e → emballer | U13
Verpackung, die (-en) emballage | U13
verrückt fou / folle | U11
verschieden différent/e | U2 / U8
verschmutzen salir, polluer | U13
versorgen (+A) occuper de, s' | U1
verstehen (e-a-a) comprendre | U0
Vertrauen, das (Sg.) confiance | U11
verwenden utiliser | U14
verwöhnen choyer | U3
verzichten (auf +A**)** renoncer (à) | U13
Verzweiflung, die (Sg.) désespoir | U11
Video, das (-s) vidéo | U0
Vielfalt, die (Sg.) diversité | U8
vielfältig varié/e | U9
voneinander l'un/e de l'autre | U8
vor|stellen, sich (+A) imaginer, s' | U7
vorbei fini/e | U16
Vorbild, das (-er) (für +A**)** modèle | U13 / U16
Vormittag, der (-e) (am Vormittag) matin | U0
Vorteil, der (-e) avantage | U1

W

wachsen augmenter | U5
Wahrzeichen, das (-) emblème | U5
weg|werfen (i-a-o) jeter | U13
Weltmeister, der (-) / Weltmeisterin, die (-nen) champion/ne du monde | U10
weltweit dans le monde entier | U3
werben (für +A**) (i-a-o)** faire de la publicité (pour) | U5
Werbeslogan, der (-s) slogan publicitaire | U5
Werk, das (-e) œuvre | U16
Werkstatt, die (¨-en) atelier | U4
Wert legen (auf +A**)** attacher de l'importance (à) | U5
wertvoll précieux / précieuse | U9
Westen, der (Sg.) Ouest | U15
Westzone, die (Sg.) zone ouest | U15
WG, die (-s) → Wohngemeinschaft, die (-en) communauté, coloc | U2
wichtig (für +A**) (jemandem wichtig sein)** important/e | U2 / U7
wieder|verwerten recycler | U13
Wiedervereinigung, die (Sg.) réunification | U15
wiedervereint → wiedervereinen réunifié/e → réunifier | U15
Wiederverwertung, die (-en) recyclage | U14
Wiener Schnitzel, das (-) escalope viennoise | U6
wirtschaftlich économique | U7
Wissenschaft, die (-en) science | U12
Wissenschaftler, der (-) / Wissenschaftlerin, die (-nen) scientifique | U16
(un-)wohl fühlen, sich (ne pas) sentir bien, se | U15
Wohnform, die (-en) forme d'habitation | U2
Wohnprojekt, das (-e) projet d'habitation | U2
Wohnung, die (-en) appartement | U2 / U5
Wohnzimmer, das (-) salon, salle de séjour | U2
wunderschön superbe | U15

Z

zahlen payer | U7
Zahn, der (¨-e) (sich die Zähne putzen) dent (se brosser les dents) | U0
Zärtlichkeit, die (-en) tendresse | U11
Zeit verbringen (mit +D**) (i-a-a)** passer du temps (avec) | U8
Zeitdruck, der (Sg.) **(unter Zeitdruck sein)** course contre la montre | U1
zeitgenössisch contemporain/e | U12
Zeitschrift, die (-en) magazine, revue | U6
Zeitung, die (-en) journal | U6
zerstören détruire | U14
Ziel, das (-e) objectif | U14
zu Hause à la maison (chez soi) | U12
zu tun haben (mit +D**)** avoir à faire (avec) | U16
zu|nehmen (i-a-o) augmenter | U14
Zukunft, die (Sg.) avenir, futur | U8 / U9 / U16
zum ... Mal pour la ...fois | U6
zurück|fahren (nach Hause) (a-u-a) rentrer (à la maison) | U0
zurück|gehen (nach Hause) (e-i-a) rentrer (à la maison) | U0
zurück|kehren retourner, revenir | U1
zusammen ensemble | U1 / U2
zusammen|gehören accorder, s' / aller ensemble | U8

Zusammenleben, das (Sg.) vie en commun, cohabitation | U1
Zuschauer, der (-) / Zuschauerin, die (-nen) spectateur / spectatrice | U9
Zweite Weltkrieg, der (Sg.) Seconde Guerre mondiale | U15

Lexique français-allemand

A

à ... heure(s) um ... Uhr | U0
à la maison (chez soi) zu Hause | U12
à toute vitesse rasant | U5
abandonner verlassen (ä-ie-a) | U0 / U15
abattu/e → abattre erschossen → erschießen (ie-o-o) | U15
accéder (à) erreichen +A (gut / schlecht zu erreichen) | U3
acclimater, s' ein|leben, sich | U0
accomplir leisten (etwas für die Gesellschaft leisten) | U16
accorder, s' zusammen|gehören | U8
acheter kaufen, ein|kaufen | U5 / U7
acheteur / acheteuse Käufer, der (-) / Käuferin, die (-nen) | U7
actuel/le aktuell | U7
adapter, s' an|passen, sich (an +A) | U8
admirer bewundern | U8
adresser la parole (à) an|sprechen (i-a-o) | U8 / U10
adulte Erwachsene, der / die (-n) | U2
aide Hilfe, die (Sg.) | U5
aider helfen (+D) (i-a-o) | U8
aimable freundlich | U3
aimer (qqch.) Spaß haben (an +D) | U7
aller ensemble zusammen|gehören | U8
Alliés Alliierten, die (Pl.) | U15
alternatif / alternative alternativ | U2
améliorer steigern | U12
améliorer, s' verbessern, sich (in +D) | U0
amener (qqn à faire qqch.) bringen (+A) (zu +D) (jemanden zum Lachen bringen) (i-a-a) | U12
ami/e Freund, der (-e) / Freundin, die (-nen) (Freunde finden) | U0
amitié Freundschaft, die (-n) (Freundschaft mit +D schließen) | U8
amour Liebe, die (Sg.) | U11
ancien/ne ehemalig | U2
ancien/ne (personne âgée) Ältere, der / die (-n) | U2
année d'apprentissage Lehrjahr, das (-e) | U3
appareil Gerät, das (-e) | U14
appartement Wohnung, die (-en) | U2 / U5
appartenir (à) gehören (zu +D) | U6 / U16
appâter (avec) locken (mit +D) | U5
appli App, die (-s) | U0
apprécié/e beliebt | U3 / U5 / U10
apprécier schätzen; Spaß haben (an +D) | U5 / U7
apprenti/e Auszubildende, der / die (-n), Lehrling, der (-e) | U3 / U4
après-midi Nachmittag, der (-e) (am Nachmittag) | U0
architecture Architektur, die (Sg.) | U6
argent Geld, das (Sg.) | U1 / U2
arrondissement Bezirk, der (-e) | U5
art Kunst, die (¨-e) | U11
art urbain Streetart, die (Sg.) | U12
artiste Künstler, der (-) / Künstlerin, die (-nen) | U11
aspect Aussehen, das (Sg.), Optik, die (Sg.) | U7
assassinat Mord, der (-e) | U6
assassiné/e → assassiner ermordet → ermorden | U6 / U16
assortiment Sortiment, das (-e) | U5
assumer (des responsabilités) über|nehmen (i-a-o) (Verantwortung übernehmen) | U13
astuce Geheimtipp, der (-s) | U5
atelier Werkstatt, die (¨-en) ; AG, die (-s) → Arbeitsgemeinschaft, die (-en) | U0 / U4
atmosphère Atmosphäre, die (Sg.) | U6 / U12
attacher de l'importance (à) Wert legen (auf +A) | U5
atteindre (un objectif) erreichen (ein Ziel) | U11 / U14
attendre (de qqn) erwarten (von + D) | U10
attention Aufmerksamkeit, die (Sg.) | U2
attirer (avec) locken (mit +D) | U5
attraction Attraktion, die (-en) | U3
attraction touristique Sehenswürdigkeit, die (-en) | U3 / U6
augmenter wachsen, zu|nehmen (i-a-o), steigern, steigen (ei-ie-ie) | U5 / U12 / U14
aussi ... que jamais auparavant so ... wie nie zuvor | U2
austro-hongrois/e österreichisch-ungarisch | U6
autobus Bus, der (-se) (mit dem Bus fahren) | U0
autocollant Aufkleber, der (-) | U14
autonome selbstständig | U0
avantage Vorteil, der (-e) | U1
avenir Zukunft, die (Sg.) | U8 / U9 / U16
aventure Abenteuer, das (-) | U3
avoir à faire (avec) zu tun haben (mit +D) | U16

médias Medien, die (Pl.) | U0
médias sociaux Soziale Medien, die | U0
mélange Mischung, die (-en) (in Österreich) | U5
membre Mitglied, das (-er) | U9
mémoire Erinnerung, die (-en) | U15 / U16
mémorial Gedenkstätte, die (-n), Mahnmal, das (-e) | U15 / U16
ménage (tenue de la maison) Haushalt, der (-e) | U1 / U2
mépriser missachten | U8
mer Meer, das (-e) | U13
mère Mutter, die (¨-) | U0
message Botschaft, die (-en) | U12
message vocal Sprachnachricht, die (-en) | U0
métier Beruf, der (-e) (in den Beruf zurückkehren) | U1 / U3 / U4
métier (manuel) Handwerk, das (Sg.) | U3
métier (nécessitant une formation) Ausbildungsberuf, der (-e) | U4
métier de rêve Traumberuf, der (Sg.) | U4
métier où l'on manque de personnel qualifié Mangelberuf, der (-e) | U3
mettre (un vêtement) an|ziehen (+A) (ie-o-o) | U0
mettre en cause in Frage stellen | U11
mettre fin à beenden | U10
meurtre Mord, der (-e) | U6
midi (déjeuner) Mittag, der (-e) (zu Mittag essen) | U0
mignon/ne süß | U0
ministre / ministre Minister, der (-) / Ministerin, die (-nen) | U14
mode de vie Lebensstil, der (-e) | U13
modèle Vorbild, das (-er) (für +A) | U13 / U16
modèle familial Familienmodell, das (-e) | U1
modeler gestalten | U8 / U9
modeste bescheiden | U3
moment de la journée Tageszeit, die (-en) | U0
monarchie Monarchie, die (-n) | U6
monter steigen (ei-ie-ie) (der Handel steigt) | U14
monter (sur) steigen (auf +A), besteigen (+A) | U5 / U6
monument Denkmal, das (¨-er), Monument, das (-e) | U6 / U15 / U16
mourir (pour / à cause de) sterben (für +A / wegen +D) (i-a-o) | U6 / U16
mouvement Bewegung, die (-en) | U9 / U11
moyenne Durchschnitt, der (Sg.) (im Durchschnitt) | U8
mur Mauer, die (-n) | U15
mur de Berlin Berliner Mauer, die (Sg.) | U15
musée Museum, das (Museen) | U12
mythe Mythos, der (Mythen) | U6

N

nation du sport Sportnation, die (-en) | U9
ne plus marcher kaputt|gehen (e-i-a) | U14
neige Schnee, der (Sg.) | U9
nombre Anzahl, die (Sg.) (+G) | U5
nombre d'habitants Einwohnerzahl, die (-en) | U5
non-conformiste Querdenker, der (-) / Querdenkerin, die (-nen) | U8
nostalgie Nostalgie, die (Sg.), die Sehnsucht (Sg.) | U11 / U15
nostalgie des pays lointains Fernweh, das (Sg.) | U15
nostalgie du temps de la RDA Ostalgie, die (Sg.) | U15
nouveau / nouvelle (découvrir qqch. de nouveau) neu (Neues entdecken) | U0 / U5
nouveauté Neuheit, die (-en) | U3

O

objectif Ziel, das (-e) | U14
obtenir bekommen | U0 / U2 / U5
occupation Besetzung, die (-en) | U15
occuper (de), s' kümmern, sich (um +A), versorgen | U1 / U2 / U14
œuvre Werk, das (-e) | U16
offre Angebot, das (-e) | U5 / U9
offre culinaire kulinarische Angebot, das (-e) | U5
offre culturelle Kulturangebot, das (-e) | U6
offrir bieten (ie-o-o) | U3
omelette fourrée aux abricots Marillenpalatschinken, der (-) (in Österreich) | U6
opéra Oper, die (-n) | U11
opinion publique Öffentlichkeit, die (Sg.) | U10
opposé/e gegensätzlich | U15
ordinateur Computer, der (-) | U4
ordures Abfall, der (¨-e) | U13
origine Herkunft, die (Sg.) | U9
origine migratoire Migrationshintergrund, der (¨-e) (mit Migrationshintergrund) | U9
oser trauen, sich | U8 / U10
où il fait bon vivre lebenswert | U6
oubli Vergessen, das (Sg.) | U16
oublier vergessen | U16
Ouest Westen, der (Sg.) | U15
ouvert/e offen | U1
ouverture Öffnung, die (Sg.) | U15
ouvrir eröffnen | U3

P

paille Strohhalm, der (-e) | U13
paix Frieden, der (Sg.) | U14 / U15 / U16
panneau Schild, das (-er) | U12
papi Opa, der (-s) | U0
parc d'attractions Vergnügungspark, der (-s) | U3
parc de loisirs Freizeitpark, der (-s) | U3
parler an|sprechen (i-a-o) | U8 / U10
parents Eltern, die (Pl.) | U0
parlement Parlament, das (-e) | U6
part (de) Anteil, der (-e) (an +D) | U14
partager (avec qqn) teilen (mit + D) | U14
partager, se (le loyer) teilen, sich (die Miete) | U2 / U5
parti Partei, die (-en) | U14
participer (à) teil|nehmen (an +D) (i-a-o) | U15
particulièr/e besonders | U5 / U16
parvenir gelangen (ins Meer) | U13
passé Vergangenheit, die (Sg.) | U16
passer du temps (avec) Zeit verbringen (mit +D) (i-a-a) | U2 / U8
passer la nuit (chez qqn) übernachten (bei +D) | U2
passer pour gelten als (+N) (i-a-o) | U1
passer, se geschehen (ie-a-e) | U16
passionnant/e spannend | U4
patrie Heimat, die (Sg.) | U9
pause Pause, die (-n) | U0
pause de midi Mittagspause, die (-n) | U0
pauvre arm | U5
payer zahlen | U7
pays (natal) Heimat, die (-en) | U9
pays producteur Herstellungsland, das (¨-er) | U7
paysage urbain Stadtbild, das (Sg.) | U6
peindre malen | U12
peintre Maler, der (-) / Malerin, die (-nen) | U11
perdre verlieren (ie-o-o) | U8
père Vater, der (¨-) | U0

Éditions maison des langues

www.emdl.fr

MIXTE
Papier issu de sources responsables
FSC™ C134275